Mamadou NGOM

PRECIS DE FISCALITE DES AFFAIRES

Volume 1

Principes de fiscalité
Fiscalité directe
Fiscalité locale

Edition – 2024/2025

BSDA n° 41249 21 0814 du 21 août 2014

ISBN : 978-2-84524-036-0

2024 Presses Universitaires du Sahel
33, rue MZ-198, Mermoz, Dakar – Sénégal

mamadoungom13@gmail.com

Edition 2024/2025

A la Jeunesse du Monde en quête
de savoir utile et fécond

SOMMAIRE

Deuxième Partie

Volume 2

AVANT PROPOS

L'évolution rapide du droit fiscal africain et sénégalais en particulier, m'a conduit à faire la mise à jour périodique du précis de fiscalité des affaires. Il convient de préciser que cette édition revue et améliorée est présentée en deux volumes. Celle-ci est le volume premier du genre. Il consacre l'étude des principes fondamentaux de fiscalité, la fiscalité directe et la fiscalité locale. La partie fiscalité directe est traitée en deux parties qui abordent d'une part l'impôt sur le résultat des sociétés et d'autre part l'impôt sur le revenu des personnes physiques. L'originalité de cette idée se fonde dans un souci d'augmenter le nombre d'études de cas et les propositions de solutions qui s'y attachent.

Ecrire un ouvrage en fiscalité des affaires relève alors d'une démarche prudentielle qui pose d'importantes questions de fond et de forme.

A ses origines, le mot fiscalité, dérivé du terme « fiscus », désignait la corbeille que les romains utilisaient pour collecter les contributions données par les populations contribuables. Le terme Fisc, issu de la notion de fiscalité prend forme et désigne couramment l'ensemble des administrations publiques qui ont en charge le traitement des impôts, taxes, droits, redevances et sanctions afférentes.

L'impôt apparait alors comme source de financement de la première organisation humaine qui remonte au Clan. Les pharaons utilisaient l'impôt comme moyen de couverture des dépenses de la dynastie. L'empire romain y a eu recours pour financer ses dépenses de guerres et d'infrastructures. Les mercantilistes ont utilisé les droits de douane comme moyen privilégié de la mise en œuvre de leur politique économique. De même J. B. Colbert a utilisé l'impôt pour mettre en application sa politique industrielle, commerciale et artisanale en s'appuyant sur les théories mercantilistes.

La fin de la Révolution française de 1789, marque ainsi une période charnière de la fiscalité. Les méthodes coercitives et contraignantes cèdent leurs places à une contribution à caractère universel qui suggérait d'avantage une participation du citoyen à l'effort solidaire de financement public. Les impôts et taxes sont désormais perçus comme des prélèvements obligatoires au profit des collectivités publiques.

Si l'impôt ne revêt pas de contrepartie déterminée dans sa définition, la taxe quant' à elle est le prix du service rendu par cette même collectivité publique.

Avec la naissance de l'Etat moderne, apparaissent également de nouveaux concepts qui ont véritablement transformés la notion d'impôt qui devient principalement la manifestation des autorités publiques, donc l'affaire des gouvernements. C'est là, l'expression de la souveraineté nationale qui est un principe du droit constitutionnel qui accorde à l'Etat des prérogatives que ne disposent pas les autres agents économiques. Parmi ces prérogatives, on cite celles d'administrer et de gérer les impôts.

De nos jours, la fiscalité est devenue la grande affaire des agents économiques même s'il n'est pas un phénomène nouveau. Avec l'introduction dans les universités et instituts de formation des modules d'enseignement de la fiscalité des affaires, une nouvelle démarche doit impérativement être entreprise : Il s'agit de concilier pour cette discipline, la théorie et la pratique.

Le professeur, disait Maurice Cozian est « *un contemplatif dont la vocation est de méditer sur les mystères de la sainte fiscalité, alors que le praticien, plongé dans le monde, s'active à soigner les misères fiscales des contribuables* ». Donc notre démarche se veut théorique et pratique à la fois.

Ce précis s'efforce d'examiner les principes fondamentaux de la fiscalité des affaires en utilisant des techniques et procédés fiscaux simples, succinctes et objectives.

L'intérêt de ce précis est qu'il permet aux usagers de mieux comprendre la fiscalité sénégalaise et africaine en général sous une approche quantitative. C'est là qu'il convient de rappeler que la fiscalité en tant que matière économique est de fait soumise aux principes juridiques qui organisent et réglementent sa mise en application afin de lui rendre toute sa richesse interprétative pour une gestion saine et optimale des impôts.

Eu égard à l'importance attachée à la fiscalité des affaires, l'architecture profond de cet ouvrage, se tisse autour de thèmes centraux qui marquent l'intérêt de la connaissance et de la maîtrise des impôts. Car la fiscalité : c'est l'affaire de tous les agents économiques.

Ce volume 1 étant structuré en quatre parties permet de comprendre aisément les fondamentaux de la fiscalité. Il s'agit de l'antichambre du droit fiscal, car permet à l'usager d'accéder librement à l'étude des impositions de toutes natures. Dans ce volume, il est abordé la fiscalité directe et la fiscalité locale. Par fiscalité directe entendons-nous l'impôt sur revenu (IR) au sens de la classification économique. L'IR comprend l'impôt sur le résultat des sociétés (IRS) et l''impôt sur revenu des personnes physiques (IRPP).

C'est dans le volume 2 que sont étudiées les taxes sur le chiffre d'affaires, les droits d'enregistrement et de timbre. Force est de reconnaître que l'étude de ces différents impôts, taxes et droits, est subordonnée à la connaissance et au respect des obligations fiscales. C'est en toute évidence, qu'il est traité une partie consacrée au contrôle fiscal et procédures contentieuses pour conclure l'œuvre intégrale.

Ce précis de fiscalité est certes riche en développement, mais ne revêt nullement un caractère exhaustif au sens de l'analyse et de l'interprétation. Il vient modestement en appoint aux besoins de formation, d'assistance et de perfectionnement des usagers du droit fiscal ouest africain en général et sénégalais en particulier.

L'auteur

Précis de Fiscalité des Affaires
Mamadou Ngom

Première Partie

PRINCIPES FONDAMENTAUX DE FISCALITE

Les impôts sont anciens et occupent tellement nos activités quotidiennes que Maurice Cozian s'est autorisé à dire : « *Les impôts existent, ils sont de tous les temps et de tous les lieux, il est donc inutile d'épiloguer sur l'existence d'une société sans impôt* ».

Dans ce contexte, il est alors clair qu'il n'existe pas d'économie sans impôt. Il faut admettre que l'une des premières sources de financement des Etats est l'impôt, à côté des ressources naturelles, l'emprunt et les transferts. Cela remet alors en cause l'expression « paradis fiscal » pour ne pas l'évoquer comme notion économique profitable. Même si dans certaines économies, le prélèvement fiscal est à son plus bas niveau, il n'en reste pas moins que le coût économique de renoncement aux impôts et taxes par les autorités publiques subi une lourde compensation.

La fiscalité africaine, s'inspire profondément du modèle français qui est issu de la codification napoléonienne. A la suite de plusieurs reformes, elle s'oriente vers un modèle de fiscalité de développement basée en partie sur les textes communautaires de l'UEMOA[1] à l'image des directives visant à harmoniser les législations fiscales africaines.

[1] Union économique et monétaire ouest africaine

Précis de Fiscalité des Affaires
Mamadou Ngom

1

NOTION D'IMPOT

I/ PRINCIPES FONDAMENTAUX

I.1- Définition de l'impôt

C'est en 1930, que Gaston Jèze[2] proposa la première définition moderne de l'impôt. Ainsi écrit-il : *l'impôt est une prestation pécuniaire requise des particuliers (personnes autres que l'Etat) par voie d'autorité à titre définitif et sans contrepartie déterminée, en vue de la couverture des charges publiques.*

La contribution de John. M. Keynes, a permis une meilleure prise en compte du rôle de l'Etat, bien au-delà de ses responsabilités régaliennes traditionnelles. En effet, les enseignements tirés de la crise économique de 1929, ont renforcé le rôle de l'Etat devant ses charges de plus en plus importantes et urgentes auxquelles il devrait faire face. Il fallait alors renchérir la définition de Jèze de manière substantielle. C'est ainsi que l'impôt devient en plus de son rôle de couverture des charges publiques, un moyen de régulation économique et sociale.

Dans la perspective de prolongement de la définition de Jèze, l'apport de Keynes renchérie les rôles de l'impôt en lui attribuant d'autres fonctions. Keynes érige l'Etat comme acteur économique de premier plan ; on passe désormais à un impôt justicier, chargé de corriger les inégalités sociales, et réguler l'activité économique. Cette démarche s'appuie sur la transition au passage d'un Etat gendarme à un Etat providence.

---

[2] Cours de Finance publique - année 1930/1931

I.2- Fondements de l'impôt

L'examen des fondements de l'impôt nous conduit à étudier les positions de différents acteurs, considérés comme les précurseurs de la pensée fiscale. Il s'agit d'examiner d'abord les maximes d'Adam Smith[3] développées par l'école que je nommerai celle des « formules moralistes ». Ensuite nous y associons les démarches de deux écoles qui se sont historiquement opposées et qui pourtant se retrouvent dans leurs conclusions. Il s'agit de l'école de la conception individualiste, influencée par les théoriciens de l'école libérale, et celle du devoir social qui confère à l'Etat un rôle qui lui est propre dans la recherche du bien-être de la Nation.

I.2.1- Ecole des formules moralistes

Cette école a comme père fondateur Adam Smith, elle s'appuie sur quatre maximes qui fondent l'originalité de l'impôt.

- La première maxime s'articule sur l'équité fiscale, elle met l'accent sur l'imposition de toutes les catégories de revenus. Ainsi soutient le père de l'économie politique que tout individu bénéficiant des services de l'Etat doit contribuer le plus possible aux impôts quel que soit la nature de son revenu en proportion de ses facultés, autrement dit sa capacité contributive.

- La deuxième maxime, stipule que l'impôt supporté par un individu doit être certain et non arbitraire. C'est en cela que Smith soutient que la période, le mode de paiement et le volume d'impôt à payer doit être clair et précis à l'endroit de l'agent qui contribue. Cette maxime s'appuie sur la transparence fiscale.

- La troisième maxime soutient que le prélèvement de l'impôt doit se faire à la période la plus commode pour le contribuable. Cette maxime qualifiée de commodité fiscale met le contribuable dans une situation d'aisance en matière de paiement. L'impôt doit ainsi être payé petit à petit en fonction des affaires réalisée.

- Enfin, la quatrième maxime, repose sur un schéma de collecte d'impôt assis sur l'efficacité. Au soutient de cette maxime Adam Smith est préoccupé par le volume des impôts et ces frais de prélèvement, à savoir « tout impôt devrait être établi de façon à prélever le moins possible sur le peuple, et à le priver le moins possible au-delà de ce qu'il fait entrer dans le Trésor public ».

---

[3] Adam Smith (1723 – 1790) in, « Recherches sur la nature et les causes de la richesse des nations », publiée en 1776.

I.2.2- Ecole de la conception individualiste

Les tenants de cette école considèrent l'impôt comme une sorte de prime d'assurance, un prix que le citoyen doit payer au gouvernement en contrepartie des services publics, notamment la garantie de l'ordre, de la sécurité et de la bonne gouvernance. Dans cette idée, l'académicien Charles Montesquieu disait à cet égard : *les revenus de l'Etat sont une portion que chaque citoyen donne de ses biens pour avoir la sureté de l'autre ou pour en jouir agréablement.* Cette thèse, reprise par l'école libérale est adoptée par Leroy Beaulieu[4], pour qui : *l'impôt est le prix des services que l'individu reçoit de l'Etat.*

I.2.3- Ecole du devoir social

Les adeptes de cette école s'appuient sur la solidarité sociale à savoir, tous les citoyens sont solidaires, chacun devant contribuer au financement des charges communes de la Nation. Il est alors souhaitable de rappeler sévèrement l'article 101 de la Constitution française de 1793 qui dispose *: nul citoyen n'est dispensé de l'honorable obligation de contribuer aux charges publiques.* La déclaration des droits de l'homme et du citoyen de 1789 énonce aussi dans son article 13 en ces termes : *une contribution commune est indispensable, elle doit être répartie entre les citoyens en raison de leurs facultés.*

A l'évidence, chacune de ces écoles élabore des procédés et démarches qui s'érigent en critères conduisant aux régimes d'impositions optimales. Toutefois même si elles ne recouvrent pas toutes les notions essentielles de l'impôt et leurs différentes caractéristiques, elles abordent différemment et de façon conséquente les fondements de l'imposition.

Il convient de souligner que le prélèvement fiscal est un fait institutionnel lié à l'existence d'un système socioéconomique souverain. Il s'agit de concilier la souveraineté politique et la souveraineté fiscale qui sont intimement liées. L'impôt est alors fondamentalement une manifestation de la souveraineté de l'Etat. Cette souveraineté trouve son fondement dans la manifestation de la volonté populaire, traduite par la loi exprimée par les représentants du peuple.

---

[4] Economiste officiel de la troisième république française

En droit fiscal, l'impôt ne peut s'instituer que par la loi. Le peuple doit, en effet consentir à l'impôt par l'intermédiaire de ses représentants élus. Le vote par les parlementaires confère à l'impôt en plus de sa légalité, toute sa légitimité et sa force. Ainsi l'impôt est exigé de tous les individus quelques soient leur qualité et doit être payé par eux. Ce principe appelé individualité de l'impôt implique deux caractéristiques : l'universalité de l'impôt et de la territorialité de l'impôt.

I.3- Individualité de l'impôt

I.3.1- Universalité de l'impôt

Du principe d'universalité se dégage l'égalité des citoyens devant l'impôt. En effet aucun privilège ne peut être consenti en matière fiscale à la seule exception de ceux autorisés par la loi, qui seule peut déroger au principe d'universalité de l'impôt.

Nous citerons à titre d'exemple les conventions internationales dont les principaux objectifs sont d'éviter la double imposition, de lutter contre la fraude fiscale ou aller dans le sens de créer un ordre fiscal international. Il s'y ajoute les exemptions accordées aux économiquement faibles en vue de corriger les inégalités sociales. Par ailleurs, les avantages fiscaux accordés au régime du code des investissements et ceux du statut des entreprises franches d'exportation ont pour objet principal, la stimulation de l'investissement, la création d'emploi et la relance des exportations.

I.3.2- Territorialité de l'impôt

La notion de territorialité évoque l'application de la loi fiscale dans l'espace. En effet, c'est l'évidence car un Etat ne peut exercer son droit fiscal qu'à l'intérieur de son territoire national.

En application du principe de la territorialité, toute personne domiciliée ou résidente habituellement sur un territoire donné est soumise aux règles et lois fiscales de l'Etat où elle réside pour la totalité de ses revenus. Le principe de territorialité veut également que la loi fiscale s'applique de semblable manière sur chaque point du territoire national.

II/ FONCTIONS DE L'IMPOT

L'examen des fonctions de l'impôt nous conduit à aborder la politique fiscale d'un pays. L'impôt ne peut plus être perçu comme uniquement un moyen de couverture des dépenses publiques, il est incontestablement devenu l'expression de la stratégie économique des gouvernements.

Au soutien de cette thèse, Joseph Schumpeter va plus loin dans sa démarche en affirmant : *rien ne montre plus clairement le caractère d'une société et d'une civilisation que la politique fiscale suivie par ses politiciens.* Il poursuit en ces termes : *si l'impôt n'est pas tout, il est dans tout et en tout état de cause dans les principes dynamiques appelés à enfanter la croissance.*

Il convient de signaler en toute évidence que la politique fiscale ne peut être analysée à l'exclusion de la politique budgétaire qui en constitue la matrice fondamentale. C'est sur cette idée que l'on s'appuie pour reprendre la classification de Robert Musgrave[5] . Cette classification examine les différents axes de la politique budgétaire en trois fonctions principales de l'impôt. Ces fonctions s'articulent autour de l'affectation, la redistribution et la régulation.

II.1- Fonction d'affectation

La fonction d'affectation est perçue comme une fonction financière, car assure une allocation efficiente des ressources et leurs distributions adéquates entre besoins privés et besoins publics.

En situation de production comportant des rendements croissants, le rôle de l'Etat peut conduire à stimuler cette production à rendement croissant en lui appliquant une tarification au coût marginal, ou mieux l'exonérer. L'Etat veillera à cet effet à promouvoir les activités génératrices d'externalités positives et endiguer celles entrainant des externalités négatives.

II.2- Fonction de redistribution

La fonction de redistribution a pour objet principal la réduction des inégalités financières entre agents économiques. Elle a un caractère essentiellement social, ainsi on le qualifie de fonction sociale

[5] Robert Musgrave (1910 – 2007) in « Theory of Public Finance 1959 »

Il consiste à imposer lourdement les revenus très élevés et procéder à la redistribution de cet excédent au profit des agents économiquement faibles ou déficitaires. La fonction de redistribution vise une répartition des revenus assise sur la notion d'équité fiscale. Cette fonction joue donc un rôle essentiellement social.

II.3- Fonction de régulation

Aussi appelé économique, cette fonction vise la régulation de la conjoncture économique. La fonction de régulation assure un bon fonctionnement des politiques de stabilisation économique et sociale menée par les gouvernements. Cette fonction corrige les fluctuations économiques conjoncturelles, elle conduit l'économie sur le sentier de la croissance, assure un taux d'emploi élevé et garantie aussi, la stabilité des prix

À titre illustratif, la crise économique de 2008 a connu l'interventionnisme étatique du point de vue fiscal afin de lutter contre des spéculateurs financiers. Car il est avéré que les domaines réglementés sont plus souvent, ceux soumis au respect des obligations fiscales. Aussi, lors de la crise sanitaire du Covid 19, la majorité des Etat ont procédé à un cadrage budgétaire pour sécuriser l'économie devant une crise profondément subie et non voulue.

2

LES SYSTEMES FISCAUX

Les systèmes fiscaux selon Maurice Duverger[6], sont des constellations dont les impôts en constituent les étoiles. On en déduit alors que c'est l'ensemble des différents impôts et les procédés techniques utilisés pour leur application qui déterminent le système fiscal.

Par ailleurs la structure fiscale s'apparente à l'ensemble des impôts existants et leurs poids respectifs dans les recettes fiscales globales.

I/ CRITERES D'UN SYSTEME FISCAL OPTIMAL

Evoquer la notion d'optimum sous l'angle purement fiscale, suscite plusieurs interrogations dont nous en retenons ces deux qui suivent :

- Comment répartir la charge fiscale entre les agents économiques sans compromettre l'objectif de croissance durable ?
- Quels sont les principes et règles qui garantissent un système fiscal performent, attractif et efficient ?

Il convient dès lors de préciser que chaque Etat choisit son système fiscal selon les principes fondamentaux de sa politique économique et sociale en toute souveraineté. Il s'y ajoute aussi l'efficacité du système organisationnel de son Administration fiscale.

Nombres de critères universels sont plébiscités, mais retenons en les plus usités. Ceux-ci s'articulent autour des notions d'équité fiscale, de neutralité, d'efficacité de l'impôt et de la liberté de gestion fiscale.

---

[6] Finances publiques, Edition PUF, 520 p

I.1- Equité fiscale

L'équité fiscale stipule que la répartition de la charge fiscale doit être équitable. Autrement dit chaque agent économique soumis à l'impôt doit payer sa juste part. Du fait que les revenus individuels sont différents, chaque agent doit contribuer selon sa capacité contributive.

Cette notion de capacité contributive est fonction du revenu, du patrimoine et du niveau de sa consommation de la personne imposable. Elle traduit l'aptitude marginale du contribuable à supporter sa charge fiscale. Cela implique donc une progressivité l'impôt au gré du revenu et de la situation sociale.

I.2- Neutralité fiscale

La neutralité fiscale est le principe le plus controversé, mais riche en approche analytique. C'est en ce sens qu'on l'examine suivant deux approches.

- Au sens macroéconomique, un bon système fiscal ne doit pas provoquer de charge fiscale excédentaire, il doit minimiser toute répercussion négative sur l'allocation des ressources. Les impôts ne doivent pas donc provoquer de distorsions dans les choix budgétaires.

- Du point de vue microéconomique, un impôt est neutre s'il ne modifie pas considérablement le comportement du consommateur ou du producteur à la suite de sa variation.

Face à la réalité des évènements, il en résulterait que l'impôt est rarement neutre, car tout impôt suscite un effet-revenu ou un effet-substitution. Donc le prélèvement de l'impôt contribue à exercer des effets sur la consommation, la production et les revenus.

L'application de l'impôt permet de modifier la structure de la demande globale, sa répartition en biens de consommation et biens d'investissement. Sa mise en œuvre permet aussi à l'Etat d'agir sur la fonction de production en stimulant les facteurs capital-travail. Sur la base de ces considérations, la neutralité de l'impôt devient une illusion, mais reste un idéal à atteindre.

I.3- Efficacité fiscale

L'efficacité fiscale est la technique fiscale qui contribue à un meilleur prélèvement des recettes fiscales. Ainsi pour assoir un système fiscal efficace, on peut se placer à deux niveaux d'analyse toujours axés sur le niveau de prélèvement fiscal.

I.3.1- Taux de pression fiscale

La pression fiscale permet d'apprécier l'impact du niveau de prélèvement d'un pays donné.

- Au sens microéconomique, un impôt est efficace, lorsque le coût de prélèvement de cet impôt est largement couvert par les recettes générées par ce même impôt.
- Au sens macroéconomique, il convient d'apprécier la pression fiscale par un agrégat appelé taux de pression fiscale défini comme suit :

$$\text{Taux de pression fiscale} = \frac{\sum \text{recettes fiscales}}{\text{PIB}} \times 100$$

En retenant le calcul du PIB au prix du marché on peut écrire :

PIB = ∑Valeurs ajoutées
+ Impôts sur la consommation (TVA et droits d'accises)
+ Droits et taxes sur les importations
- Subventions sur les produits.

L'appréciation de la pression fiscale dépend en grande partie de la nature du système fiscal, de sa structure et du recours privilégié sur tel ou tel impôt. La pression fiscale permet aussi de cibler les impôts dominants et ceux qui présentent un caractère efficace ou inefficace.

L'idée d'un taux plafond préconisé par les physiocrates dont le chef de fil est François Quesnay semble être une mesure bien pertinente, car consiste à établir un bouclier fiscal ou butoir. Cette façon de faire permet d'établir un maximum d'imposition.

I.3.2- Courbe de Laffer

Le modèle d'Arthur Laffer soutenu par des économistes de l'offre est traduit par une courbe du nom de l'auteur dénommée : Courbe de Laffer. C'est une modélisation économique qui permet de fixer des limites du niveau de prélèvement fiscal.

En effet un niveau de prélèvement élevé conduira une baisse des recettes fiscales dictée par plusieurs facteurs qui peuvent être d'ordre économique (baisse du rendement du travail) ou social (troubles ou tensions sociales)

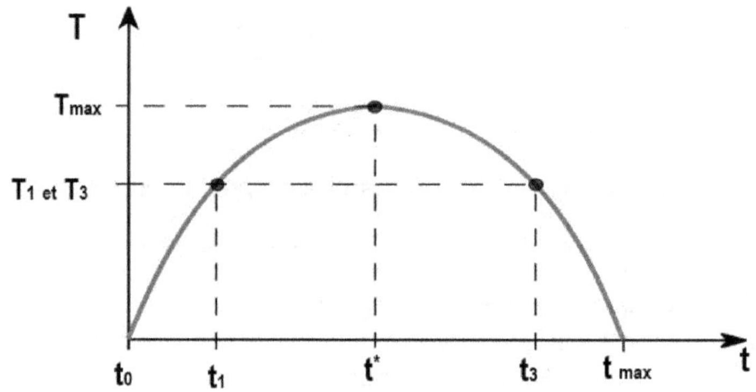

T= Recettes fiscales
t= Taux moyen d'imposition
t= taux d'imposition optimale*
t_{max} = taux d'imposition maximale

Remarque : Pour un taux d'imposition nul (t_0) les recettes fiscales sont nulles. Ce qui laisse présager une situation anarchique en l'absence de recettes fiscales.

Au fur et à mesure que le taux de pression augmente les recettes fiscales suivent une tendance haussière jusqu'à t* où elles atteignent le maximum.

Au-delà de t* les recettes fiscales baissent, car le butoir est atteint. Ainsi toutes pressions supplémentaires peuvent rendre inefficace l'action de l'impôt.

Enfin, un niveau nul de recette fiscale est atteint lorsque le taux de prélèvement est à 100%. Car si tous les revenus constitués sont payés en impôts, les situations de non-travail, ou d'économie souterraine ou de tensions sociales deviennent inévitables.

Cette approche, certes pertinente devrait aussi inclure la nature d'un système fiscal dans une économie, sa structure, qui en grande partie influe sur le degré d'acceptabilité de l'impôt par les citoyens. Ainsi disait Kenneth Clarke[7], « une structure fiscale efficace doit permettre un maximum de rendement et un minimum de mécontentement »

Une approche sectorielle de l'appréciation de la pression fiscale dans les pays en développent consistera à repartir l'économie en trois segments selon l'essai du modèle d'analyse de Hamid Fall[8] :

- Le secteur national structuré regroupant les entreprises régulièrement constituées, assujettie au régime du bénéfice réel qui pourrait bénéficier d'un recadrage fiscal pour une meilleure compétitivité.

- Le segment international, maillon complexe du modèle justifié par le jeu de fusions, d'absorptions, de délocalisations, de représentations et de partenariats etc., induit une réflexion sur la fraude fiscale internationale qui sans doute à contribuer à une règlementation des prix de transfert.

- Le secteur de l'économie souterraine où sont logées les activités clandestines, non officielles, qui échappent plus facilement à l'emprise de la fiscalité et du droit social.

[7] Chancelier de l'Echiquier en Grande Bretagne

[8] Etude n° 9 (2010) portant pression fiscale et migration sectorielle de l'entreprise in « la fiscalité dans tous ses états »

I.4- Liberté de gestion fiscale et ses limites

Par principe, l'Administration fiscale ne s'immisce pas dans la gestion de l'entreprise, elle n'a donc pas à porter de jugement sur les résultats, même médiocres, de la gestion financière de l'entreprise. C'est alors aux dirigeants d'entreprises qu'il appartient de prendre les décisions de gestion en toute liberté au respect des dispositions fiscales légales et règlementaires.

Cette façon de faire est conforme aux principes de la liberté de gestion fiscale. Mais comme toute liberté, celle-ci n'est pas absolue et il existe bien des limites à ne pas dépasser. Ces dites limites ont pour noms : abus de droit et acte anormal de gestion.

I.4.1- Abus de droit

L'abus de droit consiste à élaborer des montages dans le seul but d'éluder l'impôt. « C'est le péché des surdoués très malintentionnés » affirme Cozian. Cette pratique peut se présenter tantôt comme une simulation, tantôt comme une fraude. Et c'est en cette dernière qu'il frise la malhonnêteté poursuit –il.

La simulation peut être traduite par la ruse malintentionnée utilisée pour endormir le vérificateur fiscal. La fraude par conséquent ayant un caractère fiscal est définie et analysée diversement par la loi. La théorie de l'abus de droit dans son expression se traduit par des montages, des artifices et autres manœuvres frauduleuses dans le seul but d'éluder l'impôt.

La procédure d'établissement de l'abus de droit par l'Administration fiscale est très délicate, parfois même complexe. C'est en cela que la répression de l'abus de droit, doit par conséquent être soumise préalablement à un arbitrage qui permet en toute légitimité de faire porter à la personne incriminée, la charge de la fraude ou de la simulation.

I.4.2- Acte anormal de gestion

L'acte anormal de gestion, consiste pour le contribuable à faire supporter à l'entreprise une perte ou une charge qui, par sa nature ou son montant, n'est pas justifiée ou non liées à l'exploitation.

La manifestation de l'acte anormal de gestion est la résultante de pratiques non conformes à la liberté de gestion. Car ces dites pratiques contraires à l'intérêt social, constituent généralement des infractions telles que les abus de biens sociaux ou abus de crédit social.

L'acte anormal de gestion s'applique souvent en matière d'imposition directe. Elle peut revêtir plusieurs formes à savoir, calculer exagérément le salaire versé à un employé ou imputer des libéralités consenties à des parents ou amis non-membres du personnel de l'entreprise.

La procédure de répression des actes anormaux de gestion confère à l'Administration fiscale la possibilité d'établir des redressements fiscaux. Pareils redressements permettent d'écarter l'intrus mis en place, de calculer l'impôt sur l'opération frauduleuse et d'y ajouter une pénalité sans compter les intérêts de retard de paiement s'il y a lieu.

II/ LE BUDGET, DETERMINANT DU SYSTEME FISCAL

Le Budget est un acte prévisionnel qui autorise durant un exercice la perception des impôts et des dépenses de l'Etat. Le Budget est donc un ensemble de comptes qui décrivent pour une année fiscale toutes les ressources et dépenses de l'Etat.

Au préalable, il convient d'établir une nette comparaison entre budget privé et budget public. Ces deux documents présentent des différences importantes tant du point de vue des objectifs ainsi que les moyens, techniques et méthodes utilisées. Si les objectifs visés par le budget privé sont la recherche d'un profit maximal, alors ceux de l'Etat visent, avant tout, la satisfaction de l'intérêt général pour le bienêtre des citoyens.

Donc, Il est utile de préciser que cet objectif de recherche de bienêtre pour tous, relève de la théorie des démarches optimales. Il est évident que cette théorie, même si elle n'est pas absolument réaliste demeure un idéal pour tout Gouvernement.

Actuellement le terme Budget est abandonné par le droit positif d'un grand nombre de pays qui ont choisi l'expression loi de finances, même si certains auteurs y voient une légère différence.

II.1- Les lois de finances

Les lois de finances recouvrent plusieurs types de lois qui sont toutes soumises au vote du Parlement en tant qu'autorité budgétaire et approuvées par le Chef de l'Etat.

II.1.1- Loi de finances initiale

La loi de finances initiale (LFI) autorise la perception des ressources de l'État et des impositions de toutes natures prélevées sur les personnes autres que l'État. C'est également elle qui emporte l'autorisation pour l'État d'emprunter pour effectuer des dépenses publiques.

II.1.2- Loi de finances rectificative

Les lois de finances rectificatives (LFR) appelés aussi « collectifs budgétaires » modifient en cours d'exercice budgétaire les dispositions de la LFI. Le vote des LFR permet notamment de corriger les hausses et baisses des dépenses et aussi les recettes prévues dans la LFI par des autorisations de mouvements de crédits et de réévaluations du niveau des recettes budgétaires.

II.1.3- Loi de règlement

La loi de règlement est une loi de finances qui contrôle l'exécution du Budget de l'Etat. Elle arrête le montant définitif des recettes et des dépenses, ainsi que le résultat budgétaire (déficit ou excédent) qui en découle.

Les attributs de la loi de règlement sont décrits par l'article 49 de la Directive n°06/2009/CM/UEMOA portant loi de finances au sein de l'UEMOA.

La loi de règlement d'un exercice constate le montant définitif des encaissements de recettes et des ordonnancements de dépenses. A ce titre, elle :

- Rend compte de la gestion de la trésorerie de l'Etat et de l'application du tableau de financement de l'Etat ;
- Arrête les comptes et les états financiers de l'Etat et affecte les résultats de l'exercice budgétaire

- Rend compte de la gestion et des résultats des programmes visés à l'article 12 de la présente Directive. (Il s'agit de la décomposition des crédits budgétaires ouvert dans les ministres et institutions en programme),

II.2- Les principes budgétaires

La présentation du Budget s'appuie au respect de cinq grands principes du droit budgétaire classique (annualité, unité, universalité, spécialité et équilibre).

II.2.1- Principe d'annualité

Le principe d'annualité stipule le vote du Budget de l'État chaque année. L'exercice budgétaire coïncide avec l'année civile en France comme dans les économies africaines en particulier le Sénégal. Toutefois le principe d'annualité peut avoir des dates d'application différentes comme ce fut le cas de la Grande-Bretagne, du Japon et du Canada qui font débuter l'exercice budgétaire le 1er avril. En outre pour les USA il faut noter le 1er octobre.

I.2.2- Principe d'unité

Le principe d'unité impose le respect des règles suivantes :

- Le Budget doit être retracé dans un document unique ;
- Le Budget doit être présenté de façon détaillée ;
- Les recettes et dépenses doivent être de même nature afin de pouvoir être additionnées.

Le respect du principe d'unité aiderait à assurer aux parlementaires une bonne lisibilité du Budget, et donc, un contrôle effectif sur les finances de l'État. En outre les budgets supplémentaires et autres décisions modificatives votés en cours d'exercice doivent aussi se conformer à cette règle.

II.2.3- Principe d'universalité

Le principe d'universalité veut que l'ensemble des recettes et dépenses soit inscrit au Budget pour leur montant global. Ce principe se décompose en deux règles :

- La règle de non-compensation, qui interdit la compensation des dépenses et recettes. Autrement dit, il n'est pas possible de soustraire certaines dépenses de certaines recettes ou de soustraire des recettes de certaines dépenses.

- La règle de non-affectation, qui interdit l'affectation d'une recette à une dépense déterminée. L'application de cette règle conduit à verser toutes les recettes dans une caisse unique.

Le respect du principe d'universalité permet à l'autorité budgétaire de conserver son pouvoir de décision et de gestion des fonds publics en s'appuyant sur les notions de solidarité et d'unité nationales.

II.2.4- Principe de spécialité

Le principe de la spécialité s'appuie sur le respect de la présentation du Budget chapitre par chapitre, article par article et sa division en rubrique d'investissement et de fonctionnement.

Le respect de ce principe vise à assurer une information suffisante afin de permettre l'exercice d'un contrôle efficace sur l'exécution et le suivi budgétaire.

II.2.5- Principe d'équilibre

Il est légitime de ne plus analyser l'équilibre comme principe budgétaire au même titre que les quatre principes précités. Cet équilibre recherché qui est une règle d'or pour les tenants des méthodes classiques, doit être profondément réaménagé.

En effet au lendemain de la crise économique de 1929, les travaux de Keynes ont soutenu que « l'équilibre budgétaire qui est une opération financièrement saine, n'est pas forcément économiquement rentable ». Il est évident que les comptes satisfassent au principe d'équilibre, mais pas forcément les budgets. Donc la question de l'équilibre reste un enjeu politique toujours sensible.

3

CARACTERISTIQUES ET SOURCES DU DROIT FISCAL

Le droit fiscal est le domaine du droit public qui traite les rapports entre l'Etat et les particuliers (personnes physiques et morales autres que l'Etat) par l'intermédiaire des impôts. Il ne peut être considéré comme une science fondamentale. Il relève de procédés techniques plus empiriques que théoriques.

A cet effet le droit fiscal est plus un produit de l'histoire qu'un produit de raisonnement. Il faut entendre que les textes fiscaux sont inaltérables, et seule la loi peut procéder à leurs changements. Donc la prise en compte d'une variable afin d'en déduire des relations de causalité n'est pas pertinente en droit fiscal. Par variable, on apprécie le caractère d'un phénomène qui change durant sa période d'observation, alors qu'ici les textes ont un caractère immuable et ne sauraient variés au gré de l'Administration fiscale ou de la volonté du contribuable.

Force est de reconnaître que la pratique fiscale de nos jours a tendance à s'inspirer davantage des théories des démarches optimales qui en constitue le fond plutôt que de jouer le rôle d'une simple fonction politique. A ce niveau d'entendement, nous pouvons sans doute apprécier le droit fiscal à sa juste valeur et le considérer comme une véritable science.

I/ CARACTERISTIQUES DU DROIT FISCAL

Les caractéristiques du droit fiscal s'articulent autour de son autonomie et son réalisme. En toute évidence si le fond est économique, la forme rédactionnelle est juridique, ce qui lui confère toute sa complexité.

I.1- Autonomie du droit fiscal

Bien que disposant d'une autonomie propre, le droit fiscal est aussi logé à la charnière du droit des affaires et du droit comptable. C'est à ce titre qu'il traite différemment les agents économiques selon ses propres définitions et propres classifications des impôts et taxes.

A cet effet, on peut retenir la particularité du langage fiscal qui repose sur des critères de contingence. A chaque situation donnée, une définition concordante lui est attribuée. A titre d'exemple, la classification accordée aux sociétés opaques (qui ont une personnalité fiscale propre) et les sociétés transparentes (qui n'ont pas de personnalité fiscale) permet d'établir l'assujettissement à l'impôt sur les sociétés.

I.2- Réalisme du droit fiscal

L'application du droit fiscal s'étend sur les situations de fait des agents économiques et non sur leurs situations juridiques. Cette démarche s'appuie sur le principe de la prééminence de la réalité économique sur l'apparence juridique dans les cas d'imposition. A titre d'exemple les assiettes d'imposition s'appuient essentiellement sur le prix du marché à la place de celui mentionné sur l'acte juridique à l'exception de ceux relatifs aux procès-verbaux de vente.

L'activité économique réelle de la personne imposable définie plus souvent le régime d'imposition plutôt que la situation juridique du contribuable. Ainsi retient on que c'est l'activité réelle qui fait l'objet d'imposition. C'est sur cette idée que le droit fiscal est amené à faire des corrections sur certaines données comptables et financières pour mieux justifier l'aspect du réalisme économique.

II/ SOURCES INTERNES

Les sources internes sont caractérisées par la prédominance de la loi qui constitue la seule véritable source du droit fiscal. Toutefois les autres sources viennent renforcer les dispositions légales par l'analyse et l'interprétation.

II.1- La loi

La loi est la source fondamentale du droit fiscal. L'article 67 de la Constitution confirme cette prédominance en ces termes : « ... La loi fixe les règles concernant l'assiette, le taux et les modalités de recouvrement des impositions de toutes natures... ». Il convient aussi de préciser que le Parlement est habilité à voter annuellement la loi des finances ; celle-ci définit les recettes fiscales de l'Etat en vertu du respect des choix budgétaires.

Eu égard à la pluralité des lois fiscales, il est judicieux de réunir l'ensemble des textes fiscaux dans un document cadre, harmonieusement codifié appelé Code général des impôts (CGI). C'est ainsi qu'il est institué au Sénégal un Code général des impôts dont la première adoption se rapporte à la loi 76-93 du 12 août 1976. Plusieurs autres codifications et réformes ont été entreprises jusqu'à ce jour pour une meilleure harmonisation des textes fiscaux au contexte socioéconomique du Sénégal et à la géopolitique communautaire et mondiale.

II.2- Les actes règlementaires

L'Exécutif dispose d'un pouvoir réglementaire normal dans toutes les matières autres que celles qui relèvent du domaine de la loi. Les actes réglementaires sont constitués des décrets présidentiels et arrêtés ministériels pris par le pouvoir exécutif.

Ces actes permettent alors au pouvoir exécutif de déterminer et de préciser les conditions d'application d'une loi. Un acte réglementaire doit se conformer aux textes de loi dont il tient ses fondements pour en assurer son application.

II.3- La doctrine administrative

La doctrine administrative résulte des commentaires et interprétations apportés par l'Administration fiscale relativement à l'application des lois et règlements fiscaux. En droit fiscal africain, la doctrine administrative est constituée des circulaires, notes et instructions qui précisent les dispositions d'une loi en interprétant les principes, et définissent les procédés et modalités d'application de cette loi fiscale.

La doctrine administrative englobe aussi les lettre administrative portant sur des réponses aux questions posées par des experts ou simples citoyens contribuables à l'Administration fiscale. Par suite, la doctrine administrative est opposable à l'Administration fiscale par les citoyens eux-mêmes qui peuvent en contester la validité auprès des tribunaux compétant en matière fiscale.

II.4- La jurisprudence

Par jurisprudence, on entend les jugements rendus par les tribunaux compétents dans le domaine fiscal ; le plus souvent suite à une contestation par un citoyen contribuable. La jurisprudence permet alors d'éclairer sur la façon dont les tribunaux interprètent les textes fiscaux.

L'interprétation française rapporte que lorsque l'Administration fiscale constate que le juge adopte une orientation qui s'oppose à sa propre doctrine, elle peut intervenir pour obtenir du Parlement le vote d'une loi confirmant ses propres analyses et annulant la création jurisprudentielle.

III/ SOURCES EXTERNES

Les sources externes du droit fiscal sont constituées essentiellement des conventions fiscales internationales, des directives et des règlements à caractère communautaires

III.1- Les conventions internationales

Les conventions fiscales internationales sont constituées par des traités et accords internationaux. Ceux-ci sont définis comme étant des accords négociés et signés de façons bilatérales ou multilatérales. Les conventions ont principalement pour objet d'éviter la double imposition, de lutter contre la fraude fiscale et en dernier ressort ; promouvoir le développent économique.

Il résulte alors que la double imposition peut être perçue à la fois comme source d'injustice sur le plan individuel et constitue un frein au jeu des relations économiques internationales.

C'est en 1922 qu'est créé un groupe d'experts au sein de la SDN[9] chargé de l'élaboration de modèles de conventions fiscales. En octobre 1928, une réunion générale d'experts gouvernementaux en matière de double imposition et d'évasion fiscale convoquée par la SDN a adopté deux séries de textes. Il s'agit des modèles de conventions destinés à éviter les doubles impositions et ceux axés sur l'assistance administrative et judiciaire en matière de recouvrement fiscaux. A l'heure actuelle le droit fiscal international se veut de plus en plus interventionniste, surtout dans le cadre de l'harmonisation des marchés et de lutte contre le sous-développement.

Il convient de rappeler la force juridique de ces conventions, confirmée par l'article 98 de la Constitution, « les traités et accords régulièrement ratifiés ou approuvés ont, dès leur publication, une autorité supérieure à celle des lois internes sous réserve pour chaque accord ou traité, de son application par l'autre partie ».

III.2- Les sources communautaires

Elles sont constituées des règlements et directives fiscaux édictés par le Conseil des Ministres de l'UEMOA[10]. Les directives fixent aux Etats membres les objectifs à atteindre, dans un certain délai, en précisant expressément les modalités d'imposition. Les Etats membres de l'Union doivent à cet effet prendre les dispositions législatives, réglementaires et administratives nécessaires pour se conformer aux directives.

La plupart de ces directives ont pour objet l'harmonisation des textes fiscaux : c'est le cas pour les directives énumérées ci-dessous au numéro qui suivent :

- 02/2011/CM/UEMOA portant harmonisation de la fiscalité applicable aux entreprises d'investissement à capital fixe au sein de l'UEMOA ;
- 02/2010/CM/UEMOA portant harmonisation de la fiscalité applicable aux valeurs mobilières dans les Etats membres de l'UEMOA ;
- 01/2008/CM/UEMOA portant harmonisation des modalités de détermination du résultat imposable des personnes morales au sein de l'UEMOA ;

[9] Société des Nations
[10] Ibid. 1

- 06/2009/CM/UEMOA portant loi de finance au sein de l'UEMOA ;

- 07/2001/CM/UEMOA portant régime harmonisé de l'acompte sur impôt assis sur les bénéfices au sein de l'UEMOA ;

- 02/98/CM/UEMOA portant harmonisation des législations des Etats membres en matière de TVA ;

- 03/98/CM/UEMOA portant harmonisation des législations des Etats membres en matière de droits d'accises

En outre, on note le règlement n° 08/2008/CM/UEMOA portant adoption des regles visant à eviter la double imposition au sein de l'UEMOA et des regles d'assitance en matiere fiscale

4

FACTEURS DE L'IMPOSITION

Les facteurs pour lesquels l'imposition est établie, s'étendent du champ d'application au recouvrement. Pour la détermination des éléments constitutifs de l'impôt, nous faisons recours au théorème Mehl rapporté comme suit : « Tout impôt atteint une matière imposable en la personne d'un contribuable, à l'occasion d'un événement ou d'une situation qui en constitue le fait générateur ».

L'appréciation du théorème formulé par Lucien Mehl, nous conduit à analyser deux grands aspects de l'imposition. Il s'agit de l'étendue de l'imposition et des outils ou paramètres de l'imposition.

I/ ETENDUE DE L'IMPOSITION

I.1- Champ d'application

C'est le domaine de définition de l'impôt, le champ d'application couvre les personnes et opérations imposables. Pour une meilleure compréhension du champ d'application, qui varie suivant chaque catégorie d'impôt, il est utile de différencier les notions d'exonération et d'exemption. Ces deux notions ont un point commun : c'est l'affranchissement d'impôt. Elles sont différentes du fait de la localisation du champ d'application.

I.1.1- Notion d'exonération

L'exonération vise les personnes et opérations qui sont dans le champ d'application mais affranchies de la charge fiscale pour plusieurs raisons. Ces raisons sont souvent d'ordre économiques, sociales, sanitaires, littéraires, artistiques etc. En cas d'exonération la personne imposable n'est pas recherchée en paiement d'impôt quand bien même qu'elle est dans le champ d'application.

I.1.2- Notion d'exemption

L'exemption fiscale vise les personnes, opérations ou actes qui sont hors du champ d'application. Etant entendu qu'ils sont hors du champ d'application, l'impôt ne saurait être réclamé A titre d'exemple la taxe sur la valeur ajoutée ne s'applique pas à l'impôt sur les traitements et salaires.

I.2- Personnes imposables

Les personnes imposables sont celles sur lesquelles pèsent les obligations et les charges fiscales. A cet effet on note plusieurs vocables pour désigner la personne imposable. Les plus usuels sont le contribuable, le redevable et l'assujetti

I.2.1- Le contribuable

Le contribuable est la personne au nom de qui la dette fiscale est juridiquement établie. Au sens économique le contribuable est la personne qui supporte effectivement le poids de l'impôt. C'est le cas de l'acheteur, le titulaire d'un revenu ou d'un patrimoine.

I.2.2 - Le redevable

Le redevable est un collecteur d'impôt. Par exemple en matière d'impôt sur les traitements et salaires, le contribuable de droit et de fait est le salarié : Il est le contribuable légal. L'employeur étant le contribuable réel est appelé ici redevable, car il opère la retenue à la source, ensuite, est tenu de la verser au Trésor public ou aux services fiscaux.

I.2.3 - L'assujetti

En matière de taxe sur le chiffre d'affaires (TCA) notamment la TVA, on a tendance à utiliser le terme assujetti. Ce terme est aujourd'hui entendu dans un sens plus large que celui du redevable ou du contribuable. L'assujetti désigne à la fois la personne qui, tantôt est contribuable, tantôt et redevable.

L'article 354 CGI définit l'assujetti à la TVA comme « toute personne qui exerce de manière indépendante et quel qu'en soit le lieu, une activité économique, quels que soient les buts poursuivis ou les résultats obtenus ».

On conclut que les personnes ciblées sont : les producteurs, les commerçants grossistes, les prestataires de services, les importateurs, les négociants de biens d'occasion, les représentants fiscaux et les assujettis volontaires.

II/ PARAMETRES DE L'IMPOSITION

II.1- Fait générateur

Le fait générateur est l'événement (le phénomène, l'opération ou la situation) qui donne naissance à la créance fiscale. C'est le phénomène économique ou l'acte juridique qui permet de déclencher le mécanisme de l'imposition. On peut aussi dire le fait par lequel sont réalisées les conditions légales nécessaires pour asseoir l'impôt.

II.2- Matière imposable

Mehl définit la matière imposable comme « l'élément ou la richesse économique dans lequel l'impôt prend directement ou indirectement sa source ». Autrement dit, le support de l'imposition. Ainsi la matière imposable dans sa diversité peut être :

- **un bien**, qu'il soit meuble ou immeuble en cas de mutation, transaction, conservation ou d'occupation etc. Le caractère corporel ou incorporel du bien est aussi analyser pour apprécier les différentes assiettes d'imposition en matière de TVA ou de droit d'enregistrement

- **un service**, en cas de prestations lorsqu'il est grevé de TVA et taxes assimilées. Il s'y ajoute les impôts sur le revenu comme ceux provenant des professions non commerciales ;

- **un produit**, relativement aux rémunérations de revenus de valeurs mobilières et autres catégories d'intérêts reçus d'exploitations industrielles et commerciales ;

- **une charge**, qu'elles soient d'exploitation, financières, exceptionnelles et même fiscales (redevances, droits de douanes) en cas d'assujettissement à la TVA ;

- **un revenu**, lors de sa constitution (IR), lorsqu'il est dépensé (TVA) et en cas d'immobilisation ou de jouissance (contributions foncière) ;

- **un capital** au sens d'un patrimoine lors des opérations de restructuration de société et aussi en cas de donation à titre onéreux comme à titre gratuit, qu'elle soit entre vifs ou pour cause de décès.

II.3- Base imposable

Il s'agit du volume sur lequel l'impôt est calculé, on l'appelle aussi assiette dans un sens plus large. La base imposable constitue la donnée chiffrée sur laquelle on applique un taux de taxe.

Il convient de distinguer la matière imposable de la base imposable. Ainsi du point de vue de la TVA, la matière imposable est le produit ou le service alors que la base imposable est le prix de ce produit ou service.

Pour une même matière imposable, la base imposable varie en fonction de l'usage ou de l'affectation de la matière imposable. C'est le cas d'un immeuble par exemple.

En cas de location, la base imposable est la valeur locative. Lorsque l'immeuble est occupé, il procure une jouissance à l'occupant, ainsi contribution foncière réclamée est assis sur la valeur cadastrale ou surface corrigée. En cas de cession, les bases imposables aux droits d'enregistrements sont le prix d'aliénation de l'immeuble (prix de cession) pour l'acquéreur et la plus-value immobilière pour le cédant.

II.4- Liquidation de l'impôt

La liquidation de l'impôt consiste à calculer le montant de l'impôt, il s'agit d'appliquer le tarif sur la base imposable. Certains impôts comportent un ou plusieurs tarifs tels l'IS et selon le régime du droit commun ou le régime privilégié du code des investissements. D'autres sont calculés selon un barème établi d'avance par le Fisc en fonction du niveau du revenu.

II.5- Exigibilité de l'impôt

L'exigibilité est définie comme étant le droit conféré à l'Administration fiscale ou au Trésor de faire valoir auprès du redevable, le paiement d'impôt. Elle détermine la période durant laquelle l'impôt doit être payé.

Il peut arriver que le fait générateur coïncide avec l'exigibilité comme le cas de la TVA en matière d'importation lors du franchissement du cordon douanier en vue de la mise à la consommation. Dans ce cas la TVA exigible est payée au moment du fait générateur.

Par ailleurs, pour toutes les autres opérations soumises à la TVA, les deux notions ne coïncident pas. L'exigibilité intervient dans un certain délai après le fait générateur.

II.6- Recouvrement de l'impôt

Le recouvrement de l'impôt confère au Trésor public ou à l'Administration fiscale le droit de réclamer les sommes qui leurs sont dues. Certains impôts doivent être payés spontanément au moment de la déclaration, telle la TVA. D'autres en revanche sont appelés par les services des impôts qui dressent un avis d'imposition à l'endroit de tous les contribuables sur la base d'une liste appelée rôle de l'impôt.

Il convient de noter que certains impôts sont retenus à la source comme en matière de traitement et salaires. Enfin certains sont versés d'abord pour ensuite être enrôlé comme le cas des droits d'enregistrement.

Récapitulation : En prenant le cas d'un salarié qui entame le mois, le fait générateur est fixé lors du traitement du salaire par le comptable. Son salaire constitue la matière imposable, la base imposable est le montant du salaire taxable. La liquidation consiste à calculer son impôt.

Si l'employeur est le redevable, le salarié en est le contribuable. La période de paiement de l'impôt sur le revenu par l'employeur traduit l'exigibilité. Toutefois il est préférable de ne pas attendre le recouvrement qui donne droit à l'Administration fiscale ou le Trésor de réclamer les sommes qui leurs sont dues.

Précis de Fiscalité des Affaires
Mamadou Ngom

5

OBLIGATIONS FISCALES ET PRINCIPES DE RECOUVREMENT

I/ OBLIGATIONS FISCALES

Les obligations fiscales des contribuables et redevables sont intimement fondées sur les déclarations qu'ils établissent. Ces dites déclarations sont présumées exactes et sincères.

Le système déclaratif a pour corollaire le droit de contrôle et de communication conféré aux services des impôts. Il est évident que la plupart des vérifications ou contrôles s'appuie sur la comptabilité financière. Cette comptabilité est en effet un système d'information mis en place pour rendre compte de toutes les opérations faites par le contribuable.

I.1 - Obligations déclaratives

Le système de l'impôt sur le revenu est déclaratif. Le contribuable déclare l'existence de son activité et de ses revenus. L'une des premières obligations déclaratives est constatée lors de la constitution de l'entreprise. il s'y ajoute la déclaration d'existence de l'activité qui doit se faire dans les 20 jours qui suivent la date d'ouverture ou de commencement des opérations imposables.

La déclaration d'existence est adressée au chef du service des impôts compétent par lettre recommandée en double exemplaires. Elle doit indiquer notamment, les prénoms et nom ou la raison sociale, l'adresse et la profession du contribuable, et s'il y a lieu, le numéro de ses comptes courants bancaires et postaux, ainsi que l'emplacement des locaux de production et de vente.

La déclaration doit être accompagnée, le cas échéant d'une copie des statuts de l'entreprise, du registre de commerce, du bail commercial ou professionnel ou de tout autre titre justificatif de l'occupation

En cas de cessation d'activité, le contribuable doit produire dans 30 jours une déclaration pour son imposition à l'IR ou à l'IS selon le cas. Il liquide la TVA exigible en procédant aux différentes régularisations prévues par la loi fiscale.

Il convient de préciser préalablement, que l'impôt est portable et non quérable. C'est là, un principe qui résume les obligations fiscales nées du système déclaratif. Ainsi, il appartient au contribuable ou redevable d'aller faire le versement de l'impôt et non d'attendre le passage des collecteurs d'impôts comme ce fut le cas durant la période médiévale.

I.2 - Obligations comptables

La loi fiscale fait obligation aux redevables de tenir une comptabilité complète, régulière et sincère prescrite par le SYSCOHADA[11] en vigueur. Les documents financiers et comptables sont déclarés dans les délais requis pour chacun d'entre eux.

I.2.1 – Déclaration des documents comptables

La comptabilité doit être tenue et présentée en langue française. Lorsqu'une pièce ou un document comptable est présenté dans une langue autre, une traduction certifiée par un traducteur assermenté doit être présentée à toute réquisition des agents chargés de l'assiette, du contrôle ou du recouvrement des impôts, droits, taxes et redevances.

La comptabilité peut être tenue sous forme dématérialisée répondant aux normes prévues par la loi fiscale et par arrêté du Ministre chargé des finances.

Les personnes soumises à l'IS ou l'IR doivent produire chaque année une déclaration de leurs états financiers annuels au plus tard le 30 avril suivant l'exercice d'imposition, accompagnée de la fiche de déclaration fiscale de l'exercice d'imposition.

---

[11] Le SYSCOHADA peut être définit comme le système comptable retenu ou préconisé par l'Acte uniforme n°7 portant Organisation et Harmonisation des comptabilités sises dans les Etats membres qui ont signés le traité de l'OHADA.

OHADA signifie Organisation pour l'Harmonisation en Afrique du Droit des Affaires.

Les contribuables visés, sont donc tenus de fournir en 5 exemplaires les états financiers sous peine de taxation d'office après mise en demeure. Ces dits états financiers doivent désormais être visés exclusivement par un expert-comptable ou société d'expertise comptable, un comptable agrée ou une société de comptabilité régulièrement inscrit(e) à l'ONECCA[12] conformément à l'arrêté du Ministre chargé des finances n°01954 du 9 février 2018.

Précision : Les personnes soumises à la procédure de visa sont celles ayant obligation de produire des états financiers à l'exception de celle soumises au système minimal de trésorerie tel que défini par le SYSCOHADA[13].

I.2.2 - Obligation de conserver les documents comptables

La sincérité des écritures de gestion étant préservée par le droit fiscal, il est fait obligation au contribuable de conserver les documents et pièces comptables pendant une période de 10 ans.

De même, les personnes agréées à tenir des écritures comptables pour le compte de leurs clients, comme les comptables indépendants. Ces derniers sont non seulement soumis à cette obligation de conserver les documents comptables, mais aussi, ils doivent veiller à l'exactitude de leur contenu.

I.3 – Obligation de collecter et de payer l'impôt

I.3.1 - Obligation de collecter l'impôt

Le contribuable est souvent amené à jouer le rôle d'auxiliaire du Trésor en collectant l'impôt ou la taxe. Il est appelé alors redevable légale. C'est là une servitude à laquelle il ne peut échapper. Il convient de rappeler quelques cas usuels où le redevable est tenu d'opérer des retenues à la source à l'exclusion de la TVA, de la TAF et des droits d'accises :

- l'employeur en matière d'impôt sur les traitements et salaires ;
- le locataire ou l'agence immobilière en matière de revenus locatifs ;

[12] Ordre National des Experts Comptables et Comptables Agréés

[13] Système comptable retenu par l'acte uniforme n°7 portant Organisation et Harmonisation des comptabilités sises dans les Etats membres qui ont signés le traité de l'OHADA (Organisation pour l'harmonisation en Afrique du droit des affaires)

- le bénéficiaire des services en matière de BNC ;
- les chefs d'entreprise sur les rémunérations d'associés et de parts de bénéfices :
- l'établissement de crédit en matière de revenus de créances, dépôts et cautionnements ;
- la douane en matière de BIC sur les importations et du prélèvement de conformité fiscale (PCF).

I.3.2 - Obligation de payer l'impôt

Le contribuable produisant la déclaration, doit aussi et surtout s'acquitter du montant des impôts, droits, taxes, redevances, intérêts, amendes et pénalités dont il est redevable dans les délais propres à chaque créance du Trésor.

II/ PRINCIPES DE RECOUVREMENT

Le principe de recouvrement des impôts est fondé sur la règle de séparation de l'ordonnateur et du comptable. Ce principe est dicté par la directive n°07/2009/CM/UEMOA du 26 juin 2009 portant règlement général sur la comptabilité publique.

II.1 – Règle de séparation de l'ordonnateur et du comptable.

Les opérations relatives à l'exécution des budgets ou à la gestion des biens de l'Etat et des autres organismes publics font intervenir deux catégories d'agents. Sont visés d'une part, les administrateurs de crédits et les ordonnateurs, d'autre part, les comptables.

II.1.1 – Fonctions d'administrateurs et d'ordonnateurs

Il y a lieu de préciser que les fonctions d'administrateur et celles d'ordonnateur peuvent être cumulées tel que rapporté par l'article 5 de ladite directive. En revanche, les fonctions d'ordonnateur et celles de comptable sont incompatibles.

Les administrateurs de crédits de l'Etat constatent les droits, liquident les recettes, proposent les engagements de dépenses et en préparent la liquidation. Parmi les administrateurs de crédits, on en distingue deux catégories :

➢ **Les administrateurs proprement dits** qui ont la mission d'administrer les recettes et dépenses de la partie du Budget de l'Etat mis à leur disposition.

➢ **Les ordonnateurs** quant' à eux prescrivent l'exécution des recettes et dépenses. C'est en ce sens qu'ils apprécient l'opportunité de la dépense, (ou recette) d'en ordonner le paiement ou le recouvrement.

Il est important de souligner que la directive n° 07/2009/CM/UEMOA portant règlement général sur la comptabilité publique modifie celle n° 06/97/CM/UEMOA qui attribuait au Ministre chargé des Finances la qualité d'ordonnateur principal unique des recettes et des dépenses du Budget de l'Etat, des budgets annexes et des comptes spéciaux du Trésor.

Désormais, avec l'avènement des Budgets programmes, opérationnels en 2020 au Sénégal, les ministres et les présidents des institutions constitutionnelles sont ordonnateurs principaux des crédits, des programmes et des budgets annexes de leur ministère ou de leur institution, sous réserve du pouvoir de régulation des crédits budgétaires et de gestion de la trésorerie de l'Etat du Ministre chargé des finances, et du pouvoir du contrôleur financier tel que rapporté par l'article 8 de ladite directive 07/2009.

Toutefois c'est au Ministre chargé des finances qu'il revient de publier un document de référence de budget pluriannuel dénommé DPBEP[14], servant de base à l'élaboration de la loi de finances de l'année à venir.

Le DPBEP définit sur une période de trois ans les orientations, le niveau global des recettes attendues et des dépenses projetées sur la base de l'évolution de la conjoncture économique nationale et internationale conformément à la directive n° 01/2009/CM/UEMOA du 27 mars 2009 portant Code de la transparence dans la gestion des finances publiques au sein de l'UEMOA, reprise par la loi n° 2012-22 du 27 décembre 2012 portant Code de transparence dans la gestion des finances publiques au Sénégal.

---

[14] Document de Programmation Budgétaire et Economique Pluriannuelle

Cette façon de faire répond à la démarche de la gestion axée sur les résultats (GAR) qui se traduit par une déconcentration progressive du pouvoir d'ordonnateur principal en direction des ministères sectoriels, et des présidents d'institution constitutionnelles.

II.1.2 – Fonctions de comptables publics

Le comptable public est un agent de l'Etat assermenté. Il est défini selon l'article 16 de la directive 07/2009, comme tout agent public régulièrement habilité pour effectuer, à titre exclusif, au nom de l'Etat ou d'un organisme public, des opérations de recettes, de dépenses ou de maniement de titres, soit au moyen de fonds et valeurs dont il a la garde, soit par virement interne d'écritures, soit par l'intermédiaire d'autres comptables.

Ainsi distingue-t-on différentes catégories de comptables publics que l'on classe en deux grandes familles suivant l'article 17 de la directive sus cités. Il s'agit d'une part des comptables deniers et valeurs et d'autre part des comptables d'ordre.

II.1.2.1- Les comptables deniers et valeurs

Ils sont habilités à manier et à conserver des fonds publics, des valeurs de portefeuille, bons, traites, obligations, rentes et actions de sociétés nationales. Les comptables deniers et valeurs sont :

➢ **Les comptables directs du Trésor** chargés d'exécuter toutes opérations budgétaires, financières, et de trésorerie de l'Etat, des budgets annexes et des comptes spéciaux du Trésor. Ils sont sous l'autorité directe du Ministre chargé des finances

➢ **Les comptables des administrations financières** qui sont des agents des impôts et de la douane chargés en particulier du recouvrement d'impôts, de droits de douanes, de redevances et de recettes diverses, ainsi que des sanctions fiscales et douanières dans les conditions fixées par les lois fiscales et douanières.

➢ **Les agents comptables des établissements publics** chargés exécuter toutes les opérations de recettes et de dépenses budgétaires ainsi que toutes les opérations de trésorerie de l'établissement auprès duquel ils sont accrédités.

En ce qui concerne les établissements publics, le chef des services de la comptabilité, a la qualité de comptable principal. A cet effet, il rend ses comptes à la Cour des comptes.

II.1.2.2- Les comptables d'ordre

Les comptables d'ordre sont ceux qui centralisent et présentent dans leurs écritures et leurs comptes les opérations financières exécutées par d'autres comptables.

Précisions : Les fonctions de comptable d'ordre ne sont pas incompatibles avec celles de comptable deniers et valeurs.

Les fonctions de directeur chargé de la comptabilité publique ou de directeur chargé du Trésor sont incompatibles avec les fonctions de comptable public. Article 17 Directive 07/2009

II.2- Recouvrement des impôts

Le recouvrement est constitué par l'ensemble des opérations ayant pour but la perception de l'impôt par le Trésor ou l'Administration fiscale. C'est la phase d'encaissement de l'impôt. On peut différentier trois formes de recouvrement :

- **Le recouvrement par versement spontané** qui est effectué à une date précise définie par la loi. Il permet au contribuable de procéder lui-même à l'impôt dont il est redevable, d'en faire la déclaration et le versement. L'IR et la TVA entre dans cette définition.

- **Le recouvrement suite à un avertissement** à payer ou d'un extrait du rôle d'imposition aussi appelé avertissement est un avis d'imposition adressé au contribuable portant échéance bien déterminée. Les contributions foncières et la CEL sont ainsi visées.

- **Le recouvrement par retenue à la source** est un prélèvement d'office effectué par l'administration fiscale ou un quelconque redevable sur un revenu imposé. Les prélèvements libératoires sur certains revenus de valeurs mobilières sont traités ainsi.

Le recouvrement des impôts et taxes directs au Sénégal était du ressort du Trésor, jusqu'au transfert progressif des compétences en matière de recouvrement des impôts directs au comptable de l'Administration fiscale.

Pareille procédé, même non conforme aux règles primaires du contrôle interne en matière de gestion prudentielle est motivée par le souci d'accroître le rendement fiscal, dont une unité institutionnelle procède à l'établissement de l'assiette et au recouvrement. Les impôts indirects ont toujours connu le même sort du fait qu'ils sont recouvrés par l'Administration fiscale et par la Douane en matière d'importation. Dans tous les cas, ces deux institutions sont placées sous la tutelle du Ministre chargé des finances.

6

CLASSIFICATIONS DES IMPOTS ET TAXES

La grande majorité des économies du monde a adopté un système d'impôt multiple pour des raisons de politiques économiques et sociales plus efficaces. Maurice Allais[15] oriente ses recherches vers la notion d'impôt dominant. Il s'agit de substituer aux impôts sur le revenu actuel un impôt dominant sur le capital.

L'impôt à taux unique suscite aussi un débat, car les adeptes de cet impôt soutiennent que son caractère simpliste garantit son efficacité et son succès économique.

Devant ces analyses évolutives conduisant à un meilleur prélèvement des recettes fiscales, il n'en reste pas moins que les impôts revêtent toujours un caractère pluriel qui nous pousse à étudier des classifications traduites selon les formes de perception, les bases et les affectations.

I/ CLASSIFICATION ADMINISTRATIVE

La classification administrative est la plus connue du grand public, elle correspond à une forme d'organisation administrative. Elle distingue les impôts directs et les impôts indirects. C'est une classification selon le mode de perception

[15] Economiste français, Prix Nobel d'économie en 1988

I.1- Impôts directs

Les impôts directs sont constitués des impôts perçus par voie de rôles nominatifs permettant. Les rôles permettent d'assoir directement l'imposition sur la base d'un document établi par l'Administration au nom de chaque contribuable et renseignent sur sa personnalité, la matière imposable et du montant de l'impôt dû.

Du point de vue technique, l'impôt direct est permanent, son fait générateur intervient à une date fixe prédéfinie. Sont classés dans l'ordre des impôts directs : l'impôt sur le revenu des personnes physiques (IRPP), l'impôt sur les sociétés (IS), les droits d'enregistrements, la contribution économique locale (CEL), les contributions foncières etc.

I.2- Impôts indirects

Les impôts indirects sont en principe acquittés par le contribuable mais par l'intermédiaire d'un tiers collecteur. Ces impôts sont perçus sans qu'il ait recours aux rôles nominatifs. Il s'agit des impôts qui frappent les actes intermittents traduisant l'emploi de ressources à l'occasion d'opérations de production et de consommation de biens et services.

Parmi les impôts indirects on cite la taxe sur la valeur ajoutée (TVA), la taxe sur les activités financières (TAF), la taxe sur les assurances, les droits de timbres, les droits d'accises etc.

Il convient de noter que la répartition des compétences en matière de recouvrement n'est pas absolue. C'est ainsi que certains impôts directs sont recouvrés par l'Administration fiscale et non par le Trésor. Au Sénégal nombres d'impôts directs sont assis et recouvrés par l'Administration fiscale depuis janvier 2010 en ce qui concerne le suivi et la surveillance de l'assiette.

II/ CLASSIFICATION BUDGETAIRE

La classification budgétaire désigne les impôts en fonction des collectivités publiques à savoir l'Etat et les collectivités locales. C'est ainsi que ces impôts sont perçus au profit du Budget de l'Etat ou du budget des collectivités territoriale.

II.1- Impôts d'Etat

Les impôts d'Etat sont ceux perçus au profit du Budget de l'Etat. Ils sont constitués de l'IR, de la contribution forfaitaire à la charge des employeurs (CFCE), de la TVA et taxes assimilées, des droits d'enregistrements et de timbres.

II.2- Impôts locaux

Les impôts locaux sont perçus au profit des collectivités territoriales. Ils sont composés des contributions foncières, de la contribution économique locale (CEL), des patentes et de la licence. On y ajoute aussi la taxe sur la publicité, la taxe d'enlèvement des ordures ménagères (TEOM) et différentes taxes afférentes à l'occupation du domaine public.

II.3- Impôts mixtes

Certains impôts synthétiques qui regroupent des impôts d'Etat et impôts locaux à la fois, sont appelés impôts mixtes. La contribution globale unique (CGU) et la contribution globale foncière (CGF) entrent dans cette définition.

III/ CLASSIFICATION ECONOMIQUE

La classification économique suit une démarche technique, elle est la plus usuelle et portent sur le revenu depuis sa naissance et ses différentes affectations. C'est en ce sens qu'on le définie comme une classification selon la base de calcul. Elle permet de mieux appréhender l'élément économique sur lequel se fonde le prélèvement fiscal.

La classification économique distingue trois catégories d'impôts : les impôts sur le revenu, les impôts sur la dépense et les impôts sur le capital.

III.1- Impôts sur le revenu

Les impôts sur le revenu s'identifient par le fait qu'ils frappent le revenu lors de sa constitution avant même qu'il ne soit utilisé.

Les impôts sur le revenu sont définis en fonction de la catégorie des revenus du contribuable. Aux impôts sur le revenu on associe l'impôt sur le revenu des personnes physiques (IRPP) et l'impôt sur le résultat des sociétés (IS et IMF)

Les impôts sur le revenu ont un caractère général et sont très souvent annuels. L'imposition peut revêtir un caractère proportionnel ou progressif sur le revenu des ménages (IRPP). Leurs prélèvements peuvent être fixes ou variables. Les impôts sur le revenu constituent en moyenne près du tiers des recettes fiscales des économies de l'UEMOA.

III.2- Impôts sur la dépense

Les impôts sur la dépense sont des impôts sur la consommation, ils appréhendent le revenu au moment où il est dépensé. A titre d'exemple, nous citons la taxe sur la valeur ajoutée (TVA) et la taxe sur les activités financières (TAF) et les droits d'accises.

Les impôts sur la dépense sont d'un très bon rendement, grâce à leur application générale à la quasi-totalité des ventes de biens et services. Ce sont les impôts les plus liquides dans la mesure où, ils couvrent facilement les 2/3 des recettes fiscales.

III.3- Impôts sur le capital

Les impôts sur le capital frappent le revenu quand il est accumulé dans le patrimoine. Ils peuvent être perçus de façon régulière, telles les contributions foncières ; comme ils peuvent revêtir un caractère irrégulier en matière de droit d'enregistrement portant sur les mutations entre vifs ou mutations pour cause de décès.

Les impôts sur le capital considérés comme des impôts sur le patrimoine, sont efficaces, car en plus de leur caractère fiscal, ils assurent aussi un contrôle et un suivi administratif et institutionnel.

IV/ AUTRES CLASSIFICATIONS ECONOMIQUES

Ces classifications ont pour objet d'appréhender l'impôt suivant des critères socioéconomiques.

IV.1- Impôts réels et impôts personnels

L'impôt réel aussi appelé impôt impersonnel, frappe le revenu ou le bien sans tenir considération de la personnalité du contribuable. Dans la catégorie de ces impôts on cite la TVA, les droits d'accises et certains droits d'enregistrement.

L'impôt personnel en revanche prend considération de la personnalité, la situation économique, financière et sociale du contribuable. L'IRPP entre dans cette catégorie d'impôt.

IV.2- Impôts de quotité et impôts de répartition

L'impôt de quotité comporte un tarif déterminé d'avance et s'applique sur toute la base imposable mais son produit dépend souvent de la situation économique. Les impôts concernés sont la TVA, l'IR et l'IS

L'impôt de répartition est en général prédéfini, ensuite sa masse est repartie sur l'ensemble des contribuables en fonction des éléments imposables. Son rendement étant connu d'avance, le taux résultera alors de la répartition. Les contributions foncières entrent dans cette définition.

IV.3- Impôts proportionnels et impôts progressifs

Cette classification relève des propriétés alternatives des impôts de quotité. Ainsi un impôt est dit progressif lorsque le taux augmente en fonction de la base imposable ou de la matière imposable. Tandis que le caractère d'un impôt proportionnel repose sur l'application d'un taux fixe sur une base imposable.

Application 01

Questions théoriques

Répondre par Vrai ou Faux aux arguments qui suivent en y adjoignant un bref argumentaire.

1. Keynes érige l'Etat comme un acteur, pouvant corriger les inégalités et réguler l'économie par le levier fiscal.
2. La loi est la seule véritable source du droit fiscal
3. L'école de la conception individualiste considère l'impôt comme une prime d'assurance
4. L'impôt direct frappe le revenu lorsqu'il est dépensé.
5. La loi de règlement autorise la perception des impôts.
6. L'acte anormal de gestion correspond à l'abus de droit.
7. Le principe de neutralité fiscale est une illusion.
8. Un impôt d'Etat est perçu au profit des collectivités locales.
9. En droit fiscal africain, l'impôt est quérable
10. André est agriculteur, il exploite un domaine agricole utilisant une main d'œuvre salariée. André est exonéré de l'IR.
11. Il n'y a pas de salaire fiscal pour un exploitant individuel
12. Les sociétés transparentes n'ont pas de personnalité fiscale propre.
13. Un impôt réel prend considération de la personnalité du contribuable.
14. Les revenus des professions libérales font partie de la catégorie des BNC
15. La redevance est plutôt une taxe qu'un impôt.

Application 02

Questions théoriques

Répondre brièvement aux questions qui suivent :

1/ Quelles sont les dispositions fiscales qui permettent d'éviter la double imposition, et la fraude fiscale. En quoi sont-elles efficaces ?

2/ Est-il vrai qu'en cas de divergences entre comptabilité et fiscalité, le droit fiscal prime dans le domaine de la mise en recouvrement ? Pourquoi ?

3/ Le Ministre chargé des finances peut-il attribuer une exonération permanente à un agent économique ? Pourquoi ?

4/ L'Etat peut-il rechercher en paiement d'impôt un étranger qui réside dans son pays d'origine. Argumentez

5/ En quoi une exonération fiscale est-elle différente d'une exemption fiscale

Application 03

Questions théoriques

Examiner chacune des assertions suivantes et déterminer, dans un bref argumentaire, les parts de vérité ou d'erreurs qu'elles comportent. Les réponses commenceront par Vrai ou Faux

1) Le droit fiscal

- **i)** est harmonieusement codifié dans le code général des impôts
- **ii)** est autonome par rapport au droit des affaires et au droit comptable

2) la détermination de l'assiette de l'impôt

- **iii)** est toujours effectuée par l'administration fiscale
- **iv)** est effectuée par les services comptables de l'entreprise en matière d'imposition sur les traitements et salaires.

3) L'efficacité fiscale

- **v)** peut être mesurée par un agrégat macroéconomique
- **vi)** stipule l'égalité des contribuables devant l'impôt

Application 04

Questions théoriques

Examiner chacune des assertions suivantes et déterminer, dans une réponse argumentée, les parts de vérité et d'erreurs qu'elles comportent. Les réponses commenceront par Vrai ou Faux

1) Fonctions de l'impôt

i) La fonction d'affectation conduit à réglementer la production d'externalités négatives

ii) La fonction de régulation réduit les inégalités financières entre agent économiques

2) Principes budgétaires

iii) La loi de finance initiale arrête le montant définitif des recettes et des dépenses du Budget

iv) Le principe d'universalité autorise la compensation des recettes et dépenses budgétaires

3) Critères des systèmes fiscaux

v) consiste uniquement à payer ses impôts dans les délais prévus

vi) peut mettre en œuvre des abattements ou des réductions d'impôts

SOLUTIONS

Application 01

Réponses aux questions théoriques

1. Vrai – selon Keynes l'impôt doit aussi servir à réguler l'activité économique et à corriger les inégalités sociales.
2. Vrai – car confirmée par la Constitution en son article 67.
3. Vrai – car cette école prône « qu'une contribution commune est indispensable pour la sécurité sociale ».
4. Faux – l'impôt directe frappe le revenu lors de sa constitution
5. Faux – la loi de règlement arrête les montants définitifs du Budget
6. Faux – si les deux constituent des limites à la liberté de gestion, mais sont différents suivant les pratiques ou procèdes.
7. Vrai – la neutralité de fiscale est une illusion, mais reste un idéal à atteindre.
8. Faux – l'impôt d'Etat est perçu au profit du Budget de l'Etat.
9. Faux- l'impôt est portable en droit fiscal africain
10. Faux – il est imposable du fait qu'il utilise une main d'œuvre (salaire) fiscale
11. Vrai – car la rémunération de l'exploitant individuel n'est pas déductible
12. Vrai – car elle ne dispose pas de patrimoine au sens du droit fiscal
13. Faux – car l'impôt réel est impersonnel
14. Vrai – car ils rendre dans le champ d'application des BNC
15. Vrai – car la redevance est une taxe spécifique

Application 02

Réponses aux questions théoriques

1/ Il s'agit des conventions fiscales internationales ; elles sont efficaces car concourent à promouvoir le développement.

2/ Vrai, car en matière de mise en recouvrement le droit fiscal prime sur le droit comptable.

3/ Faux, car l'exonération est du domaine de la loi.

4/ Vrai, dans la mesure où l'existence d'une convention fiscale prévoit l'application de cette disposition.

5/ Si l'exonération vise à affranchir les personnes et opérations inclues dans le domaine de définition, l'exemption affranchies celles qui sont hors du champ d'application.

Application 03

Réponses aux questions théoriques

1) Le droit fiscal

I) Vrai – la loi (CGI) étant la source fondamentale du droit fiscal, les textes fiscaux y sont codifiés article par article, et partie par partie.

II) Vrai – le principe d'autonomie est une caractéristique du droit fiscal

2) La détermination de l'assiette de l'impôt

iii) Faux – Elle peut aussi être déterminée par le contribuable suivant certaines impositions

vi) Vrai – L'IR suit le régime de la déclaration contrôlée.

3) L'efficacité fiscale

v) Vrai – Le taux de pression fiscale en est le plus utilisé

vi) Faux – le TPF mesure plutôt le niveau de prélèvement. C'est plutôt le principe d'universalité qui stipule l'égalité devant l'impôt.

Application 04

Réponses aux questions théoriques

1) Fonctions de l'impôt

i) Vrai - la fonction d'affection appelé aussi fonction financière permet aussi de corriger les externalités négatives issues de l'exploitation

ii) Faux – C'est la fonction de redistribution ou fonction sociale qui corrige les inégalités sociales en agents économiques

2) Principes budgétaires

iii) Faux - La LFI autorise la perception de l'impôt et autres ressources budgétaires.

iv) Faux - l'universalité du Budget es assis sur les règles de non-compensation et de non-affectation

3) Critères d'un système fiscal optimal

v) Faux – les critères visent à garantir un maximum de rendements et un minimum de mécontentements.

vi) Vrai - Car la liberté de gestion fiscale, accorde aux contribuable la faculté d'opérer librement des abattements et réductions prévus par la loi.

Précis de Fiscalité des Affaires
Mamadou Ngom

7

EVOLUTION DES IMPOTS ET TAXES AU SENEGAL

Trois grandes périodes peuvent être retenues pour décrire l'évolution globale du système fiscal sénégalais. Il s'agit d'abord de la période coloniale jusqu'au début de la première grande codification, ensuite la deuxième grande codification de 1992 et enfin la période marquant la grande codification de 2012.

I/ DE LA PERIODE COLONIALE A LA PREMIERE GRANDE CODIFICATION

I.1- Période coloniale

Le système fiscal sénégalais connaît une évolution complexe si on tient de ses diverses catégories d'impôt. Toujours, retenons que c'est par une délibération de la commission du Conseil colonial du 17 novembre 1941, approuvée au mois de décembre de la même année que l'Impôt général sur les revenus (IGR) et les impôts sur le revenu (IR) sont institués au Sénégal. Ce système fiscal calqué sur celui de la France en vigueur depuis 1918 a fait l'objet de plusieurs modifications.

I.2- Première grande codification

A la suite de longues œuvres de réformes, l'ensemble des textes fiscaux prenant en compte les réalités sénégalaises, sont codifiés dans un document cadre appelé Code général des impôts au Sénégal. Il s'agit de la première grande codification traduite en 1977 par l'adoption de la loi 76- 93 du 12 août 1976.

Si divers réaménagements sont effectués depuis cette date, il convient de souligner que c'est à partir des années 1990 que la fiscalité sénégalaise a connu un tournant important et stratégique. Il s'agit de l'entrée en vigueur de la loi 90-01 du 02 janvier 1990 qui supprime les impôts cédulaires en instituant un système d'imposition unique pour les sociétés et pour les personnes physiques.

Ensuite la loi 90-10 du 26 juin 1990 va introduire pour la première fois au Sénégal le système de généralisation de la TVA aux prestations de services à l'exception des opérations bancaires pour lesquelles est instituée une taxe spéciale dénommée taxe sur les opérations bancaires (TOB). L'effet de la généralisation de la TVA entraine en toute évidence la dissolution de la taxe sur les prestations de services (TPS) dans la TVA.

II/ DEUXIEME GRANDE CODIFICATION

II.1- Reformes des années 1990

La deuxième grande codification est intervenue 1992 avec la loi 92-40 du 09 juillet 1992 portant Code Général des Impôts. Cette codification a permis l'introduction des textes antérieurs non abrogés rendant plus complexe les mécanismes de liquidation de l'impôt.

Avec la dévaluation du franc CFA intervenue le 11 janvier 1994, il fallait réaménager la structure des taux de la TVA pour tenir compte de l'harmonisation des tarifs douaniers et systèmes fiscaux dans le cadre de l'UEMOA. De plus, il fallait transformer la taxe d'égalisation (TE) en un véritable acompte de la TVA par la loi 95-31 du 29 décembre 1995.

II.2- Reformes du régime de l'alternance de 2000

II.2.1- Grandes réformes de 2004

L'alternance politique de l'an 2000 a institué deux processus de simplification et de modernisation du système fiscal : il s'agit de la loi 2004-07 du 06 février 2004 portant procédure spéciale d'aide à la régularisation fiscale et la loi 2004-12 de la même date qui modifie certaines dispositions du Code général des impôts. C'est ainsi qu'il est institué un nouvel impôt synthétique pour les petites entreprises dénommé Contribution globale unique (CGU).

D'autres modifications sur l'IS, la fiscalité locale, le précompte en matière de TVA, l'enregistrement sur les actes de sociétés et sur les successions sont introduites en vue de stimuler la compétitivité des entreprises. Il s'y ajoute un nouveau régime du code des investissements portant loi 2004-06 du 6 février 2004 qui s'aligne sur une politique de stimulation de l'investissement direct étranger et national.

II.2.2- Réformes de 2004 à 2008

En 2006, la loi 2006-17 du 30 juin 2006 modifie certaines dispositions de l'IS à savoir la baisse du taux de l'IS fixé à 25%. S'agissant des impôts indirects le précompte en matière de TVA et le régime des exonérations sont réaménagées. En matière de droits d''enregistrement, des modifications sont apportées sur les droits de mutation de véhicules et sur la tarification des passeports, il est institué aussi des droits à payer sur les visas de séjour au Sénégal.

Toujours en 2006 la loi 2006-42 du 21 décembre 2006 renforce le régime des sanctions fiscales et prévoit la possibilité aux sociétés civiles professionnelles d'opter pour leur assujettissement à l'IS.

Enfin les derniers aménagements durant cette période, portent sur les lois 2008-01 et 2008-02 du 8 janvier 2008. La première consacre la reconnaissance de l'autonomie fiscale de la femme mariée en introduisant l'égalité entre le mari et l'épouse dans le calcul du quotient familial et la suppression de l'imposition commune. La loi 2008-02 par ailleurs institue une taxe parafiscale en lieu et place d'une redevance due par les usagers de la route. Toujours dans cette même année la loi 2008-46 institue la redevance sur l'utilisation des télécoms (RUTEL) et une modification des taux des droits d'accises portant sur les alcools et les tabacs.

III/ TROISIEME GRANDE CODIFICATION

III.1- Codification de 2012

Le législateur a très tôt pris connaissance de la complexité du Code et qu'il fallait le rendre plus accessible aux usagers, car nombres de dispositions fiscales n'étaient plus adaptées au contexte économique et social en perpétuelle mutation.

Compte tenu de tous ces dysfonctionnements, le Gouvernement a choisi de refondre le dispositif fiscal afin de le rendre plus lisible pour mieux articuler les objectifs poursuivis dans le cadre de sa politique économique et sociale. Toutefois c'est la codification qui a le plus subit de corrections les années qui suivent sa rédaction. Avec la mise en place d'un droit fiscal commun incitatif, des changements majeurs apparaissent dans cette codification.

En matière d'IS les limites à déduction des charges sont assouplies. Aussi les conditions d'éligibilité à certains régimes de faveur deviennent plus accessibles. Toutefois cela n'a pas empêché de rehausser le taux de l'IS à 30%. L'impôt minimum forfaitaire sur les sociétés (IMF) est désormais calculé au prorata de chiffre d'affaires.

En ce qui concerne l'IR, il convient de noter le remplacement du quotient familial par la réduction d'impôt pour charge de famille et la suppression des droits proportionnels sur les impôts cédulaires, entrainant le maintien du seul droit progressif. L'événement marquant de ce réaménagement est la baisse généralisé de l'IRPP et la production d'un nouveau barème de calcul de la CGU portant sur la quotité en raison du chiffre d'affaires. On y associe aussi l'introduction de la contribution globale foncière (CGF) comme impôt synthétique.

En matière d'impôt sur la dépense, il est indiqué une première suppression progressive du précompte en matière de TVA et l'élargissement de la TOB qui devient taxe sur les activités financières (TAF).

En ce qui concerne les droits d'enregistrement et de timbres, des baisses d'impôts sont constatées sur les opérations de restructuration de sociétés et sur les droits de mutation. En revanche la vignette s'apprécie et change de mode de prélèvement en frappant tous les engins à moteur utilisés au Sénégal. Enfin si les formules de timbres mobiles à valeur faciale inférieure à 1 000 francs disparaissent, il n'en reste pas moins que celles à forte valeur faciale subissent à l'aide d'une formalisation assise sur la délivrance de quittance par l'Administration fiscale. Un fait marquant dans ce domaine est l'entrée en vigueur de l'application de la réciprocité des visas payants et la hausse du minimum de perception en matière d'enregistrement qui passe de 2 000 francs à 5 000 francs.

Enfin dans la partie portant procédures fiscales apparaissent la formalisation du droit d'éclaircissement et de justification et le renforcement des autres moyens de contrôle de l'Administration fiscales. Le contrôle sur place va s'étendre sur 12 mois pour les grandes entreprises

III.2- Reformes issues de la codification de 2012

III.2.1- Reformes de 2014 et 2015

En toute évidence, cette nouvelle codification a très tôt ralenti le rythme de croissance des recettes fiscales, qui a comme conséquence des pertes significatives de ressources budgétaires. Pour maintenir les grands équilibres du Budget fortement tributaire des recettes fiscales, la loi 2014-29 du 3 novembre 2014 relative à la loi des finances pour l'année 2014 introduit de nouvelles réformes. Parmi celle-ci, on note l'institution d'une contribution dans le domaine des télécommunications dénommée « Prélèvement spécial sur le secteur des télécommunication (PST) » et une légère hausse des droits d'accises sur l'alcool.

Comme autres aboutissements de cette codification de 2012, on souligne la grande réforme introduite par la loi 2015-06 du 23 mars 2015. L'objectif majeur de cette réforme est d'apporter une plus grande clarté sur des dispositions contenues dans la loi 2012-31 afin de les rendre plus simples et complètes.

Ces réformes ont aussi marqué, une baisse considérable de 50% des droits de mutation immobilière entre 2013 et 2015 et autres baisse des droits d'enregistrement en matière d'opérations de restructuration de sociétés. Les procédures fiscales logées au livre 4 de ladite codification ont fait l'objet d'un toilettage, atténuant les complexités rédactionnelles constatées afin de faciliter l'analyse et l'interprétation des données fiscales.

En définitive, les dernières reformes en date sont intervenus en 2018 et traduites par les lois n° 2018-10 du 30 mars 2018 et n° 2018-24 du 06 juillet 2018. Ces lois, ci-dessus citées ont apporté une touche significative sur les impôts locaux et les droits d'enregistrement.

III.2.2- Reformes de 2018

La loi 2018-10 institue le remplacement la patente par un impôt dénommé « Contribution économique locale » prélevé sur la valeur locative des locaux d'exploitation et sur la valeur ajoutée de l'activité de l'entreprise. Cette nouvelle imposition conduit à affranchir de taxe le matériel et l'outillage qui était sévèrement logé dans la patente et uniformise les contributions foncières à 5% quel que soit la nature des locaux.

L'impôt, relativement au forfait optionnel dénommé la contribution globale foncière (CGF) est modifiée par des paiements exprimés en mois de loyer. De plus le dispositif sécuritaire sur les prix de transfert est renforcé.

Les reforme sur les droits d'accise instaure désormais une taxe sur les sachets en plastique et un élargissement du champ d'application des droits accises sur les véhicules de tourisme et sur les boissons non alcoolisés à l'exclusion de l'eau. La loi 2018-24 de la même année augmente les taux de droits d'accise sur les tabacs et produits cosmétiques. Il est institué au titre de cette loi des prélèvements portant sur les compagnies d'assurance, sur l'or non monétaire destiné à l'exportation et sur les opérations de consignation de produits pétroliers et d'avitaillement en hydrocarbure des navires battant pavillon étranger. Enfin le prélèvement spécial sur le secteur des télécommunications de la contribution pour le développement économique est remplacé par la contribution spéciale sur le secteur des télécommunications (CST)

En somme, ces dernières reforme en date ont permis d'élargir l'assiste de certains impôts, droits et taxes. Elles ont pour autres objet améliorer le climat des affaires, lutter contre les externalités négatives en ce qui concerne la dégradation de l'écosystème environnementale et la santé humaine.

III.2.3- Reformes de 2019 à nos jours

Dans un souci d'assurer une meilleure mobilisation des recettes fiscales qui jusque-là avaient un caractère parafiscal, certains prélèvements sont désormais perçus au profit du Budget de l'Etat. Cette façon de faire assure une meilleure efficacité du dispositif de contrôle de l'assiette de ces impôts et taxes. Ainsi l'annexe fiscale de la loi 2018-29 du 19 décembre 2018 portant loi de finances 2019 apporte des reformes sur le Prélèvement de soutien au secteur de l'Energie, la Taxe d'usage de la route, le Prélèvement au profit du Conseil sénégalais des Chargeurs et les redevances pour assignation de fréquences radioélectriques. Il convient de noter dans cette foulée que le taux de la Contribution spéciale du service des télécommunications baisse de 0,5 point en passant à 4,5%.

L'année fiscale 2020 est marquée par l'entrée en vigueur du Budget programme traduit par la loi 2019- 17 du 20 décembre 2019 portant loi de finances.

L'annexe fiscale 2020 est essentiellement orientée sur les PME et PMI. Il est amer de constater qu'en l'absence de Statut propre à ces entreprises, les poids plumes et poids lourds boxent sur le même ring. Autrement dit les entreprises quel que soit leur taille ou activité sont imposées de la même façon si elles sont soumises au régime du bénéfice réel exceptées celles admises au régime du faveur à l'image des entreprises minières, gazières ou pétrolières.

C'est dans un souci de mettre en place un prélèvement plus adapté qui allie simplicité et efficacité que le calcul de la CGU est simplifié et portera désormais sur deux taux de taxe à savoir 5% pour les prestataires de services et 2% pour les commerçants et producteurs.

Dans cette perspective l'exposé des motifs précise « il est proposé d'adopter de nouvelles mesures d'accompagnement des PME notamment en vue prendre en compte la spécificité des entreprises du secteur numérique. Il est ainsi accordé aux nouvelles PME une exonération en matière d'Impôt Minimum Forfaitaire et de Contribution forfaitaire à la charge des employeurs pour une durée de 3 ans à partir de leur création. Parallèlement, il est institué de supprimer le minimum de perception de 500 000 francs prévu en matière d'IMF dû par les sociétés qui avait un effet confiscatoire pour les PME en situation de déficit. »

En outre, il est institué en plus de l'acompte de sur BIC 3%, un prélèvement de 12% dénommé Prélèvement de conformité fiscale (PCF) affecté aux importateurs qui ne souscrivent pas régulièrement à leurs obligations déclaratives et de paiement.

Avec l'avènement la pandémie liée à la propagation du Covid-19, des réaménagements exceptionnels à caractère temporaire ont été faits sur les échéanciers de déclarations et de paiements des impôts et taxes

En somme, le droit fiscal sénégalais bien qu'étant réel et positif est aussi évolutif en vue d'une meilleure prise en compte des critères d'efficacité fiscale conduisant à un système plus optimal. C'est ainsi que l'Institution d'un guichet unique logé à la Direction des Investissements, a pour mission d'informer, de conseiller d'assister les investisseurs en vue de la mise à disposition des régimes privilégiés en vigueur accordés aux secteurs éligibles.

Avec toutes ces reformes apportées au système fiscal sénégalais, il n'en reste pas moins que le taux de pression fiscale n'atteint pas les 20% retenus par les critères de convergence de l'UEMOA. Avec la redéfinition des comptes nationaux en 2014, entrée en vigueur en 2018 le ratio recettes fiscales sur PIB s'est déprécié du fait de l'appréciation substantielle de PIB après l'ajustement de cet agrégat. Sur l'horizon 2024 le Sénégal espère atteindre ce taux selon les prévisions du Document de Programmation Budgétaire et Economique Pluriannuelle

En somme, pour une fiscalité assise sur l'approche de la théorie des démarches optimales, le rôle du législateur est de la soumettre en état de veille permanente, d'où l'importance des reformes.

Deuxième Partie

IMPOSITION DU RESULTAT DES SOCIETES

L'impôt sur les sociétés est un impôt général, il frappe le revenu fiscal global de la personne morale concernée. C'est un impôt annuel, calculé à taux proportionnel sur le bénéfice fiscal selon les règles d'assiette à observer.

L'assujettissement à l'IS résulte de la qualité de la personne qui réalise les bénéfices quelle que soit la nature de ces derniers. Il convient dès lors de faire la distinction entre les sociétés opaques et les sociétés transparentes pour déterminer le régime fiscal applicable. Si cette distinction est opérante, il n'en reste pas moins que le critère objectif qui détermine le régime fiscal est celui qui distingue les sociétés de capitaux, des sociétés de personnes.

Les sociétés dites opaques sont celles auxquelles le droit fiscal reconnaît une personnalité fiscale propre c'est à dire qui ont la qualité de contribuable. Ces sociétés sont alors assujetties à l'IS car imposées ès qualité personne morale.

En revanche les sociétés transparentes n'ont pas cette qualité. Ce qui expose les associés recevant la part qui leur revienne du bénéfice au paiement de l'IR. Parmi les sociétés transparentes, il est utile de préciser que les sociétés de copropriété sont réputées ne pas avoir de personnalité distincte de celles de leurs membres en matière d'impôt direct et de droits d'enregistrement. Ainsi les associés sont traités comme s'ils étaient directement propriétaires des immeubles dont ils profitent de la jouissance.

Précis de Fiscalité des Affaires
Mamadou Ngom

8

PRINCIPES GENERAUX ET CHAMP D'APPLICATION

I/ PRINCIPES GENERAUX

I.1 - Définition du bénéfice imposable

Le bénéfice imposable est une notion fiscale, il est déterminé à partir du bénéfice net qui est de nature comptable. Dans la pratique, le résultat imposable à l'IS est déterminé à partir du résultat comptable auquel il faut réintégrer les charges non déductibles fiscalement et déduire les produits non imposables.

L'article 8 CGI définit la notion de bénéfice imposable ci-dessous ramené par ces deux paragraphes :

Le bénéfice imposable est le bénéfice net déterminé d'après le résultat d'ensemble des opérations de toutes natures effectuées par les sociétés et personnes morales, y compris notamment les cessions d'éléments quelconques de l'actif, soit en fin d'exploitation dans les conditions prévues à l'article 259, soit en cours d'exploitation.

Toutefois, les titulaires de titres miniers d'hydrocarbures ainsi que les entreprises qui leur sont associées dans le cadre des protocoles ou accords sont tenus, pour leurs opérations pétrolières sur le territoire de la République du Sénégal, de calculer leur résultat fiscal de manière séparée pour chaque zone de prospection, d'exploration ou d'exploitation dans leurs activités en amont.

Cette définition est plutôt analytique, et repose sur l'ensemble des opérations de toutes natures réalisées au cours d'un seul exercice et entant dans l'assiette d'imposition.

L'article 8 CGI, poursuit en ces termes que « Le bénéfice net est constitué par la différence entre les valeurs de l'actif net, à la clôture et à l'ouverture de la période dont les résultats doivent servir de base à l'impôt, diminuée des suppléments d'apports et augmentée des prélèvements effectués au cours de cette même période par l'exploitant ou les associés. L'actif net s'entend comme l'excédent des valeurs d'actif sur le total formé au passif par les créances des tiers, les amortissements et les provisions justifiées ».

Cette deuxième définition se fonde sur la comparaison de deux bilans successifs. Il s'agit d'une approche différentielle qui définit l'actif net comme suit :

Actif net = Actif brut – (dettes du passif + amortissements + provisions justifiées)

En définitive, le résultat imposable découle de la différence entre l'actif net de l'exercice N et l'actif net de l'exercice N-1, traduite ci-dessous :

Résultat imposable = (Actif net exercice N) – (Actif net exercice N-1)

Remarque : le résultat imposable (RI) étant une notion fiscale, on en déduit que, le résultat imposable est égal au résultat fiscal (RF) ; soit RI = RF.
Ainsi, compte tenu du principe du réalisme du droit fiscal, RF est obtenu par la différence entre les produits imposables et les charges déductibles.

RF = Produits imposables – Charges déductibles

Il convient de préciser que les produits imposables sont constitués des seuls produits devant entrer dans l'assiette. De même les charges déductibles sont constituées des seules charges admises en déduction fiscale. Donc la définition ci-dessus est inopérante dans la pratique, mais reste fondamentalement le point de départ de nos analyses.

En toute évidence, il convient dès lors de corriger le résultat comptable déjà connu en lui ajoutant les charges comptabilisées, mais non admises en déduction fiscale. Ensuite soustraire de ce même résultat comptable les produits comptabilisés mais faisant l'objet d'exonération.

Cette correction étant fait après l'arrêté des comptes, entre dans la définition des traitements extra comptables. On peut alors écrire la formule suivant :

$$RF = RC + \sum REC - \sum DEC$$

REC = Réintégration extra comptable
DEC = Déduction extra comptables

I.2 - Période servant de base d'imposition

En vertu des dispositions de l'article 7 CGI : l'impôt est établi chaque année sur les bénéfices réalisés pendant l'année précédente ou dans la période des douze mois dont les résultats ont servi à l'établissement du dernier bilan, lorsque cette période coïncide avec l'année civile.

Par exception, la période d'imposition peut s'étendre sur plus de 12 mois sans préjudice au principe d'annuité. C'est le cas par exemple d'une entreprise nouvelle qui commence son premier exercice comptable au courant du second semestre de l'année civile. Dans ce cas de figure, un bilan provisoire arrêté au 31 décembre de la première année d'activité (N) doit être établi. Mais l'exercice pourrait s'allonger jusqu'au 31 décembre N+1, période supérieure à l'année civile constituée de 12 mois.

La période d'imposition peut être inférieure à l'année civile, lorsque l'activité a démarré au courant du premier semestre de l'année civile ou cessé au courant de l'année. Dans ce cas le bilan est établi sur un période inférieure à 12 mois

Par ailleurs, si des bilans successifs ont été dressés au cours d'une même année, l'impôt dû au titre de l'année suivante est calculé sur le résultat des bilans cumulés.

Les règles suivantes résument ainsi les principes de détermination de la période d'imposition :

- Il doit être établi une imposition par année même si aucun exercice n'a été arrêté au cours de cette année ;

- Il ne doit être établi qu'une imposition par année même si plusieurs bilans ont été dressés au cours de cette année.

II/ CHAMP D'APPLICATION DE L'IS

II.1 – Les personnes imposables à l'IS

L'article 4 CGI définit les personnes assujetties à l'IS en précisant que les sociétés par actions et les sociétés à responsabilité limité quel que soit leur objet à l'exclusion de la société unipersonnelle où l'associé unique est une personne physique entrent dans le champ d'application.

Les sociétés de fait, les groupements d'intérêt économique (GIE), les sociétés en nom collectif (SNC), les sociétés en participation, les sociétés en commandite simple, les sociétés à responsabilité limitée à associé unique personne physique et les sociétés civiles professionnelles optent pour leur assujettissement à l'IS. L'option doit être notifiée à l'Administration avant la fin du quatrième mois de l'exercice au titre duquel la personne morale souhaite être soumise pour la première fois à l'impôt sur les sociétés. Elle est définitive et irrévocable.

L'assujettissement à l'IS porte aussi sur la part de bénéfice correspondant aux droits des commanditaires, sauf option à l'IS. Il y a aussi la part de bénéfice correspondant aux droits des associés des associations en participation, y compris les syndicats financiers et les sociétés de copropriétaires de navires, dont les noms et adresses n'ont pas été indiqués au Fisc.

Sont également soumises à l'IS aux termes de l'article 4 CGI :

1- les sociétés civiles, quelle que soit leur forme, lorsqu'elles se livrent à une exploitation ou à des opérations présentant un caractère industriel, commercial, agricole, artisanal, forestier ou minier. Toutefois, les sociétés civiles, se livrant à des opérations de nature agricole ou artisanale, peuvent opter pour l'imposition selon le régime des sociétés de personnes ;

2- les commanditaires pour la part des bénéfices sociaux correspondant à leurs droits, sauf option de la société en commandite simple à l'impôt sur les sociétés ;

3- la part de bénéfices correspondant aux droits des associés des sociétés en participation, y compris les syndicats financiers et les sociétés de copropriétaires de navires, dont les noms et adresses n'ont pas été indiqués à l'administration ;

4- les établissements publics, les organismes de l'Etat ou des collectivités locales, à la condition qu'ils jouissent de l'autonomie financière et se livrent à une activité à caractère industriel ou commercial ou à des opérations à caractère lucratif ;

5- les personnes morales domiciliées à l'étranger lorsqu'elles sont bénéficiaires de revenus fonciers au Sénégal ou de plus-values provenant de la cession d'immeubles sis au Sénégal ou de droits y relatifs ou réalisent des plus-values à la suite de cessions de valeurs mobilières ou de droits sociaux détenus dans des entreprises de droit sénégalais ;

Il en est de même des plus-values résultant de la cession de droits sociaux réalisée à l'étranger se rapportant directement ou indirectement à des titres miniers ou d'hydrocarbures au Sénégal.

6- les sociétés d'investissement à capital fixe prévues par la loi uniforme 2007-15 du 19 février 2007 ainsi que les sociétés d'investissement à capital variable ;

7- les sociétés coopératives de consommation lorsqu'elles possèdent des établissements, boutiques ou magasins pour la vente ou la livraison de denrées, produits ou marchandises ;

8- les sociétés coopératives et unions de coopératives d'industriels, de commerçants et d'artisans ;

9- les sociétés coopératives de production ;

10- les sociétés d'assurances et de réassurances, y compris celles à forme mutuelle ;

II.2 – Territorialité de l'IS

II.2.1 – Principe de la territorialité de l'IS

L'article 3 CGI dispose : *l'impôt est dû à raison des bénéfices réalisés au Sénégal sous réserve des dispositions des conventions internationales relatives aux doubles impositions.*

Cette notion de bénéfice réalisé au Sénégal traduit la notion de bénéfice provenant d'entreprises exploitées au Sénégal. Autrement dit une société établie au Sénégal et qui dispose à l'étranger d'établissements n'est imposée à l'IS que sur les bénéfices qui proviennent des entreprises installées au Sénégal.

II.2.2 – Dérogation au principe de territorialité de l'IS

Les dispositions des conventions fiscales internationales dérogent souvent au principe de territorialité. Ainsi l'imposition d'un revenu, qui relève normalement de l'IS au Sénégal, compte tenu des règles de territorialité ne s'applique pas, car le Sénégal a signé des conventions fiscales avec nombres de pays et d'organismes étatiques.

III/ – LES EXEMPTIONS A L'IS

Pour des raisons d'ordre économique, social ou même technique, certaines personnes n'entrent pas dans le champ d'application de l'IS. Aux termes de l'article 5 CGI les personnes suivantes sont exemptées de l'impôt, dans la limite de leur objet social :

1- les groupements d'achat de consommation qui se bornent à réunir les commandes de leurs adhérents et à distribuer dans leurs magasins de dépôt les denrées, produits et marchandises qui ont fait l'objet de ces commandes ;

2- les caisses de crédit agricole mutuel ;

3- les organismes coopératifs agricoles et leurs unions, visés par la loi portant statut général des coopératives ;

4- les sociétés d'assurances ou de réassurances mutuelles agricoles, ainsi que les sociétés de statut analogue ;

5- les sociétés de secours mutuels ;

6- les sociétés de développement et d'encadrement rural, à condition que les ressources de celles-ci soient constituées pour 80 % au moins de subventions publiques ;

7- les associations ou organismes privés sans but lucratif, les fondations reconnues d'utilité publique, le waqf public ainsi que le waqf d'intérêt public qui bénéficie d'une reconnaissance d'utilité publique ;

8- les établissements publics, organismes, collectivités et autres personnes morales de droit public sans but lucratif à l'exception :

- des revenus issus de la location des immeubles bâtis et non bâtis dont ils sont propriétaires et de ceux auxquels ils ont droit en qualité de membres de sociétés immobilières de copropriété visées au dernier alinéa de l'article 35 du présent Code[16].

- de l'exploitation des propriétés agricoles et forestières ;

- des revenus de capitaux mobiliers dont ils disposent à l'exclusion des revenus soumis à la retenue à la source en application des articles 203 et 208 du présent code ;

Les personnes morales susvisées doivent tenir une comptabilité distincte qui fait ressortir le résultat net imposable ;

Les exceptions prévues au point 8 du présent article ne sont pas applicables au waqf public et au waqf d'intérêt public qui bénéficie d'une reconnaissance d'utilité publique

9- les sociétés coopératives d'habitat et les groupements, qui procèdent, sans but lucratif, au lotissement et à la construction de logements au profit exclusif de leurs membres ;

10-.les institutions mutualistes ou coopératives d'épargne et de crédit constituées conformément à la loi portant règlementation des systèmes financiers décentralisés, en ce qui concerne leurs opérations de collecte de l'épargne et de distribution du crédit ;

11- les sociétés d'investissement à capital variable pour la partie des bénéfices provenant des produits nets de leur portefeuille ou des plus-values qu'elles réalisent sur la vente des titres ou des parts sociales faisant partie de ce portefeuille

---

[16] Les sociétés qui ont en fait pour unique objet la construction ou l'acquisition d'immeubles ou de groupes d'immeubles en vue de leur division par fractions destinées à être attribuées aux associés en propriété ou en jouissance sont réputées, quel que soit leur forme juridique, ne pas avoir de personnalité distincte de celle de leurs membres, pour l'application de l'impôt

Application 05

Cas de la société Saltigué Informatique

Saltigué Informatique est une SA qui a son siège social à Dakar. Son capital est de 50 millions entièrement libéré. La SA a pour activité, le développement d'ingénierie industrielle en utilisant de nouvelles connaissances dans les domaines des technologies de l'information, dans lesquels elle dispose de nombreux brevets et licences d'exploitation.

Saltigué Informatique a depuis quelques années conquis des parts de marchés sur le plan sous régional grâce à ses filiales et ses réseaux de représentants à l'étranger. On vous informe des opérations qui suivent à la clôture de l'exercice 2018.

1. La société possède à l'étranger, différents immeubles destinés à la location, dont les loyers ont été perçus sur la clientèle des personnes physiques et morales.

2. La société est intervenue dans un important marché, qui a été réalisé par l'intermédiaire d'un agent d'affaires indépendant avec des pays de l'Afrique Centrale. Cet agent d'affaires se charge de la totalité des opérations locales et la société n'est intervenue que pour le paiement des études préalables et l'exportation du matériel convenu à cet effet.

3. La SA procède à des installations d'équipements industriels dans les pays de l'UEMOA. Ces équipements ont été acquis au siège, à Dakar, transportés puis installés sous la direction de chefs d'équipes sénégalais sur les différents sites, dans des pays pour lesquels elle ne possède pas d'établissements stables.

4. Des pertes ont été réalisées par la filiale malienne alors que la filiale guinéenne a réalisé un bénéfice.

5. Saltigué Informatique a participé à une foire au Maroc, pour mieux présenter son savoir-faire. Elle réalise des ventes et supporte des coûts de présentation. En outre les organismes d'aide à l'exportation ont versé, à Saltigué Informatique une prime de participation car n'ayant pas d'établissements au Maroc.

Travail à faire : Analyser pour chacune de ces opérations ci-dessus, l'imposition au regard de l'IS.

Application 06

Cas de la société Saloum Alimentation

Saloum Alimentation est une SARL qui fabrique, exporte et diffuse des produits de grande gastronomie. Son savoir-faire et ses recettes exclusives lui valent une grande notoriété qui dépasse largement les frontières sénégalaises. La croissance de l'entreprise est appuyée par une diversification de ses approvisionnements et de ses sites de fabrication.

Parmi les opérations réalisées au cours de l'exercice 2018, on relève les éléments suivants.

1. L'entreprise a loué, depuis le début de l'année des locaux en Gambie. Elle réalise directement à partir de ces locaux l'importation de noix de cajou qu'elle traite et distribue sur le territoire gambien sous une marque dérivée. Une partie de ces noix de cajou est expédiée au Sénégal pour compléter la production. Les locaux gambiens constituent une simple succursale sans personnalité juridique.

2. L'entreprise a installé un bureau en Guinée Bissau qui réalise exclusivement des opérations d'approvisionnement de noix de cajou à destination au Sénégal.

3. La filiale mauritanienne, de création récente, a enregistré un déficit.

4. Saloum Alimentation perçoit par ailleurs des redevances sur l'utilisation de sa marque dans divers pays africains.

Travail à faire : Analyser les opérations ci-dessus en indiquant pour chacune d'elles leur situation au regard de l'IS.

SOLUTIONS

Application 05

Cas de la société Saltigué Informatique

1. Les loyers, perçus à l'étranger sont imposables au Sénégal au titre de l'IS, s'ils ne sont pas gérés par un établissement stable et autonome : autrement dit une filiale. Cela entrainerait une double imposition économique. C'est-à-dire imposer deux personnes différentes au titre d'un même revenu. De même il y a double imposition juridique du fait que deux pays distincts appliquent l'impôt sur le même revenu.

Par ailleurs, si Saltigué Informatique disposait d'une filiale à l'étranger, celle-ci ayant une autonomie de gestion dans l'exercice de ses fonctions versera à Saltigué Informatique des dividendes imposables au régime des revenus de valeurs mobilières et qui sont susceptibles d'être exonérés à l'IS.

2. L'agent d'affaires est une personne qui jouit d'une autonomie de décision dans l'exercice de ses fonctions. Son intervention ne concerne pas la société, donc n'est pas soumis à l'IS au Sénégal.

Par ailleurs les études et matériels fournis constituent des opérations économiques non détachables de l'activité de l'entreprise sénégalaise ; par conséquent, elles sont soumises à l'IS.

3. Les installations d'équipements industriels réalisées par le personnel établi au Sénégal n'échappent pas à l'IS. Etant entendu que la société ne possède pas dans ces pays d'établissements stables et autonomes, on entend soumettre ces installations à l'IS. Les produits réalisés sont imposables et les charges supportées sont déductibles.

4. La filiale a une personnalité fiscale, donc elle tient une comptabilité complète et dispose d'une autonomie de gestion. Ainsi entendons-nous que les pertes de la filiale malienne ne sont pas déductibles d'IS pour la société Saltigué Informatique. Il en est de même pour les bénéfices de la filiale guinéenne qui ne lui seront pas imposables.

5. Etant donné que la société n'a pas d'établissement stable au Maroc, les charges correspondantes sont normalement déductibles et la subvention imposable. Donc l'opération est bien soumise à l'IS.

Application 06

Cas de la société Saloum Alimentation

1. Les locaux en Gambie, bien que ne disposant pas de personnalité juridique distincte de celle de Saloum Alimentation, constituent un établissement stable hors du Sénégal. Ainsi les opérations réalisées dans le cadre de cet établissement sis en Gambie, ne sont pas assujetties à l'IS sénégalais, mais relèvent de la fiscalité gambienne.

L'importation par la société sénégalaise de noix de cajou en provenance de la Gambie peut être considérée comme une opération d'approvisionnement à l'étranger qui ne pose aucun problème de déduction d'IS au Sénégal

2. Le bureau installé en Guinée Bissau constitue un établissement situé à l'étranger. Mais les opérations réalisées ne constituent pas un cycle commercial complet indépendant des opérations réalisées au Sénégal.

En effet, il convient de préciser qu'en Guinée Bissau, il n'est effectué que des opérations d'approvisionnement décidées par l'entreprise siège installée au Sénégal. Donc lesquelles opérations sont soumises à l'IS au Sénégal

3. La filiale mauritanienne, est une personne morale indépendante donc imposée normalement en Mauritanie. Pour le Sénégal qui retient une approche territoriale de l'IS, les pertes subies dans une filiale étrangère, ne sont donc pas déductibles des résultats de Saloum Alimentation.

4. La question de l'imposition des redevances liées à une activité à l'étranger est généralement résolue en observant la distinction entre le pays de la source du revenu (ici l'extérieur) et le pays de résidence du bénéficiaire (ici le Sénégal).

S'agissant de l'utilisation de la marque, en cas d'absence d'accord de réciprocité fiscale, les revenus correspondants sont normalement compris dans le bénéfice imposable à l'IS.

La plupart des accords fiscaux retiennent le principe que les redevances provenant de l'extérieur et payées à un résident d'un pays donné, partie prenante de l'accord ne sont imposables que dans le pays où le bénéficiaire a son domicile fiscal. Toutefois, dans certains cas, une imposition dans les deux pays donnés peut être prévue suivant un mécanisme de retenue à la source. Il convient dès lors, dans la logique prudentielle d'analyser les redevances perçues au cas par cas.

Précis de Fiscalité des Affaires
Mamadou Ngom

9

IMPOSITION DES PRODUITS D'EXPLOITATION

En principe, tous les produits comptabilisés par une société soumise à l'IS sont imposables lorsqu'ils ne sont pas exonérés. Il convient alors d'étudier ci-après les principales particularités.

Les produits d'exploitation sont constitués des ventes, des variations de stocks, des dettes et créances d'exploitation. Par vente, il faut entendre l'ensemble des sommes encaissées plus les créances acquises et les remboursements des frais de vente.

I/ REGLES DE RATTACHEMENT DES CREANCES ET DETTES :

I.1- Principe

Cette règle consacre le principe de la spécialisation des exercices. Autrement dit à chaque exercice, il faut lui rattacher les produits et les charges qui le concernent et ceux-là uniquement. Ce principe de rapprochement des produits et charges doit reposer sur une comptabilité d'engagement.

En effet dans toute opération économique, on peut distinguer ces trois phases : la commande, l'exécution et la livraison. Alors que sur le plan juridique, la créance est née dès qu'il existe un accord sur la chose et le prix. Il convient alors de différencier la notion de naissance de créance et celle de réalisation du profit. En effet si c'est à la période d'acceptation de la commande que la créance est née, elle ne peut être comptabilisée car le profit est simplement espéré.

Il est évident de se référer au principe de prudence repris par le droit comptable qui interdit de comptabiliser un profit qui n'est pas encore réalisé. C'est à la phase d'exécution que l'on peut savoir si le profit sera réalisé ou pas. Mais force est de reconnaître que la créance espérée est réalisée lors de l'exécution du contrat, donc elle doit être comptabilisée car le profit sera probablement réalisé.

I.2 – Analyse des situations courantes

I.2.1 - Régime des ventes de biens

I.2.1.1 - Régime du droit commun des ventes

La comptabilisation des produits de vente doit intervenir dans l'exercice au cours duquel la livraison des marchandises est réalisée. La date de livraison constitue le fait générateur qui du reste coïncidera avec l'exigibilité de la créance.

Si par ailleurs, des acomptes ou avances ont été versés par le client à la commande, ils ne sont pas retenus parmi les produits de l'exercice ; ils sont à cet effet enregistrés dans un compte d'attente à régulariser (clients avances et acomptes reçus). En principe ces acomptes ne sont pas davantage soumis à la TVA exigible du fait que celle-ci est contenu dans le montant globale, car le fait générateur est déclenché sauf pour le cas des contrat à long terme.

I.2.1.2 - Régime des ventes avec clause de réserve de propriété

Il y a clause de réserve de propriété, dans un contrat de vente lorsque le transfert de propriété est réservé jusqu'au paiement complet du prix. La comptabilisation intervient toujours dans l'exercice au cours duquel est effectuée la livraison. Ainsi le fait générateur se situe à la livraison mais indépendamment de la date de transfert effectif de la propriété.

I.2.2 – Examen du régime des prestations de services

I.2.2.1 - Régime de droit commun

Les fournitures de services sont comptabilisées à la date d'achèvement ou d'accomplissement des prestations. En cas de paiement anticipé, le produit est comptabilisé en toute évidence.

I.2.2.2 - Régime des prestations dites ponctuelles

Il suit le régime du droit commun, c'est à dire le produit est comptabilisé dans l'exercice au cours duquel la prestation est exécutée. Le fait générateur se situe à l'exécution effective du service.

I.2.2.3 - Régime des prestations dites continues

La comptabilisation est faite sur plusieurs exercices à raison de l'exécution de la prestation. Celle-ci suit le principe du rattachement à l'exercice au fur et à mesure de l'accomplissement du service. Les loyers, intérêts et primes d'assurance entrent dans ce régime.

I.2.2.4 - Régime des travaux d'entreprise aboutissant à réception

La comptabilisation des produits se fait à l'inventaire au coût de revient des travaux et prestations. Le coût de revient est rapproché aux charges effectivement engagées et enregistrées au cours de l'exercice.

II/ REGIME DES CONTRATS A LONG TERME

C'est le cas des contrats dont la durée d'exécution excède celle de l'exercice comptable. On peut envisager deux méthodes de comptabilisation : la méthode de l'achèvement des travaux et celle dite d'avancement des travaux

II.1 - Méthode de l'achèvement des travaux

Dans cette méthode, la constatation du produit et de la créance est faite à l'achèvement des travaux c'est à dire à la fin du contrat du fait qu'aucun bénéfice n'est pris en compte en cours d'exécution du contrat. Les travaux publics, les livraisons d'usines, les constructions navales ou aéronautiques entrent dans l'application de cette méthode.

Cette méthode présente le risque d'accroitre considérablement les charges à la clôture de l'exercice d'exécution des travaux. Alors qu'en cas de présomption de réalisation de perte, une provision doit dans ce cas être constatée.

II.2 - Méthode de l'avancement des travaux

La méthode de l'avancement des travaux permet de corriger les inconvénients que présentent ceux de l'achèvement des travaux. C'est plutôt une méthode d'exception, elle permet à l'entreprise d'évaluer avec précision le bénéfice global afin de comptabiliser à la clôture de l'exercice les produits et créances correspondants aux différents stades d'exécution des travaux. Cette évaluation doit se faire au prix de revient des coûts de fabrication compte non tenu de la marge bénéficiaire, en vertu du respect du principe de prudence. Ce qui permet de déterminer le bénéfice partiel se rattachant à l'exercice.

La pratique de cette méthode revêt un caractère prudentiel car repose sur une évaluation au moyen des seuls documents comptables prévisionnels, sans au besoin être confirmé par une démarche statistique inférentielle.

Application 07

Cas de la société Tali

La société Tali est une entreprise de construction de bâtiments et travaux publics. Au cours de l'année N, la société signe deux contrats dont les réalisations s'étalent sur plus d'un an. L'exercice comptable coïncide avec l'année civile. Les prix sont exprimés hors taxe

1- Le premier contrat consiste à la réalisation d'une route dont le coût s'élève à 500 millions de francs. Le marché étant conclu le 01/05/N, présente les modalités de paiements suivantes :

- 20% à la commande :
- 30% le 10/11/N ;
- les 50% restants, six mois après la livraison i-e en mai N+.1.

Au 31/12/N, l'avancement des travaux est conforme aux prévisions et les frais engagés pour l'exécution des travaux s'élèvent à 175 millions de francs.

2- Le second contrat consiste pour la société Tali à produire une étude de faisabilité portant sur la réalisation d'un pont en centre-ville dakaroise. L'affaire étant conclue le 20/10/N sera rémunérée à la réception de l'étude prévue le 20/04/N+1.

<u>Travail à faire:</u> Apporter un argumentaire fiscal relatif à ces opérations

III/ EVALUATION DES CREANCES ET DETTES

III.1 - Créances et dettes libellées en monnaie étrangère

Elles doivent faire l'objet d'évaluation à la fin de l'exercice en fonction du dernier cours de change. Les écarts de conversion des devises, ainsi que des créances et dettes libellées en monnaies étrangères par rapport aux montants initialement comptabilisés seront déterminés à la clôture de chaque exercice en fonction du dernier cours de change et pris en compte pour la détermination du résultat imposable de l'exercice.

III.2 - Créances et dettes libellées en monnaie nationale

Le droit comptable applique le principe du coût historique (ou principe de stabilité de l'unité monétaire ou de nominalisme). Les créances et les dettes sont comptabilisées en fonction de leurs valeurs nominales même si cette dernière change dans le temps par rapport aux monnaies étrangères. Ce principe trop controversé est admis par le droit fiscal mais rejeté dans bien des cas (en matière d'enregistrement) au profit de la valeur vénale. Cette valeur est celle définie par le marché au gré de la loi de l'offre et de la demande.

Toutefois l'entreprise peut créer une provision pour créance douteuse en cas de recouvrement incertain d'une dette, car n'ayant pas la possibilité de déduire fiscalement une provision pour réactualisation de créance.

IV/ ANALYSE DES STOCKS ET PRODUITS EN COURS

Les stocks comprennent l'ensemble des marchandises, matières et produits, qui sont la propriété de l'entreprise et qui interviennent dans le cycle d'exploitation, destinés d'une part à être vendus en l'état ou après transformation, d'autre part à être consommés.

A la fin d'un exercice comptable, des produits peuvent encore être en cours de fabrication, or les charges qui s'attachent à cette production sont déjà passées en comptabilité. Il convient d'évaluer les produits en cours, à leur prix de revient pour les comptabiliser au compte produit.

Les stocks sont aussi évalués à leur prix de revient au cours du jour (prix du marché) si celui-ci est inférieur au coût de revient.

Il convient alors de préciser que les entreprises sont tenues de réaliser au moins une fois par an à l'inventaire physique de leurs stocks. L'inventaire physique est réalisé de préférence en début ou en fin d'année. Il est admis qu'à la date de l'inventaire, l'entreprise peut constituer des provisions pour dépréciation de stocks en application du principe de prudence, lorsque le cours du jour des stocks est inférieur au prix de revient.

Etant entendu que les stocks sont considérés comme produit de l'exercice, leur valorisation permet d'atténuer les charges que l'entreprise a supportées et comptabilisées. Ainsi, en droit fiscal, le stock n'est pas perçu comme une réalité mais plutôt un concept qui permet de différer l'incidence des charges sur le résultat.

IV.1 – Règles de détermination du coût de revient

IV.1.1 - Cas des produits d'approvisionnement

Le coût de revient des produits achetés est constitué par le prix d'achat majoré des frais accessoires d'achat (frais de transport, droits de douane, assurances, commissions) y compris la TVA non déductible. Dans la mesure où l'entreprise est assujettie à la TVA, les stocks sont évalués hors TVA car la TVA est déductible sur celles collectées sur les ventes.

Il convient de préciser que les produits fongibles sont pris en compte à condition qu'ils soient valorisés suivant la méthode du first in first out (FIFO) traduite par première entrée, première sortie (PEPS) ou par la méthode du coût unitaire moyen pondéré (CUMP).

IV.1.2 - Cas des produits finis

Le coût de revient est constitué par l'ensemble des charges directes et indirectes incorporées dans ces produits. Les charges administratives et financières ne sont pas prises en considération. Ainsi les seules charges constitutives du coût de revient sont celles dites d'exploitation c'est à dire les charges d'approvisionnement et de production.

IV.1.3 - Cas des encours et produits semi-finis

La détermination du coût de revient suit la même règle que celle des produits finis

IV.1.4 - Cas des produits résiduels

Ces produits sont évalués au prix du marché le jour de l'inventaire. Ce prix résulte alors de la loi de l'offre et de la demande.

IV.2 – Règles de détermination du cours du jour

Le cours du jour est le prix du marché auquel les produits stockés sont susceptibles d'être vendus le jour de l'inventaire. Lorsque le coût de revient est supérieur au cours du jour, il convient de constituer une provision pour constater cette dépréciation.

Application 08

Cas de la société Dammel SA

Le comptable de l'industrie Dammel SA, au capital de 10 millions entièrement libéré, souhaite avant de clôturer l'exercice 2022 (N), obtenir des précisions sur le traitement fiscal de certaines opérations effectuées et comptabilisées. Les valeurs sont exprimées hors taxe

1. Dammel SA a réalisé une vente de marchandises au cours du mois de décembre 2022 (N) ; la facture ne sera établie et délivrée qu'au début du mois de janvier 2023 (N+1). Montant : 1 400 000F

2. Dammel SA est propriétaire d'un entrepôt aménagé, qu'elle loue à une entreprise voisine. Le loyer est perçu d'avance pour un bimestre ; le dernier règlement a été effectué par le locataire le 03/12/2022 pour 1 200 000F.

3. Dammel SA s'est engagé à effectuer une étude de marché. Le client a versé un acompte le 12/11/2022 d'un montant de 1 200 000F, le solde sera réglé à la fin de la prestation prévue pour le 20 janvier 2023 (N+1).

A la clôture de l'exercice 2022 (N), la société a engagé diverses charges dans l'élaboration de cette étude pour un montant estimé à 3 800 000F.

4. Le stock de la société Dammel SA est composé de matières fongibles. La durée de rotation des stocks est de deux mois.
Les achats des deux derniers mois s'élèvent à :

- 4 000 unités à 5 000F l'unité en novembre
- 6 000 unités à 5 500F l'unité en décembre

L'inventaire physique au 31 décembre 2017 révèle la présence de 4 500 unités en stocks.

Travail à faire : Analyser les opérations ci-dessus en indiquant le traitement comptable admis en droit fiscal pour la détermination du résultat imposable de l'exercice 2022 (N).

V/ IMPOSITION DES PLUS VALUES D'EXPLOITATION.

En principe, le respect du critère d'universalité conduit à imposer tous les produits et profits. Alors il convient d'apporter des exceptions sur certains produits à qui le droit fiscal prévoit des exonérations.

V.1. – Principes généraux

La plus-value d'exploitation est l'excédent de la valeur réelle d'un élément d'actif sur sa valeur comptable. L'élément d'actif doit être entendu comme tout élément de l'actif immobilisé pendant aux moins 5 ans dans le patrimoine.

Sont aussi assimilées à des immobilisations au titre de l'article 19 CGI, les souscriptions à des augmentations de capital par acquisition d'actions ou de parts nouvelles, des sociétés à caractère industriel, installées sur le territoire sénégalais.

La valeur comptable étant la valeur nette figurant au bilan (valeur d'acquisition soustrait du cumul des amortissements) permet de déterminer arithmétiquement la plus-value.

Considérons par :

- PLV, la plus-value ;
- VCN, la valeur comptable nette ;
- PC, le prix d'aliénation traduit ici par prix de cession.

On a PC – VCN = PLV si le résultat est positif. Donc la plus-value est réalisée lorsque, à l'occasion d'une opération de cession, d'apport en société, d'évaluation du portefeuille de la société, d'échange, le prix de cession est supérieur à la valeur comptable. Ainsi le fait générateur est sa réalisation

Par ailleurs lorsque le prix de cession est inférieur à la valeur comptable nette, il s'agit de moins-value et non d'une perte sèche.

V.2. – Critères d'exonération des plus-values d'exploitation

En principe, les plus-values réalisées sur les éléments d'actif en cours d'exploitation sont imposables selon le droit commun. Toutefois, elles peuvent échapper à l'impôt sur les sociétés lorsque les conditions suivantes sont réunies :

- La plus-value doit provenir d'une cession volontaire ou forcée.

- La plus-value doit être relative à la cession d'un élément d'actif immobilisé. A cet effet les valeurs constitutives du portefeuille (titres) sont considérées du point de vue fiscal comme élément de l'actif immobilisé dans la mesure où elles sont entrées dans le patrimoine de l'entreprise 5 ans au moins avant la date de leur cession.

- L'entreprise doit prendre l'engagement de procéder à un réinvestissement dans un délai de 3 ans (à compter de la clôture de l'exercice). Cet engagement doit être annexé à la déclaration fiscale

- Le montant réinvestit doit être égal au prix de revient augmenté de la plus-value.

- Les fonds d'investissement doivent provenir de ressources propres de l'entreprise c'est à dire des bénéfices antérieurs mis en réserve ou des bénéfices réalisés au cours du délai de réinvestissement.

Du fait que les fonds d'investissement doivent provenir de ressources propres, à savoir des bénéfices antérieurs mis en réserve ou des bénéfices réalisés au cours du délai de réinvestissement. On le traduits par des disponibilités. La relation exprimée par le prix de revient (PR) augmenté des plus-values est égale au prix de cession auquel on ajoute le cumul des amortissements.

On peut écrire :

Disponibilités = Prix de revient + Plus-values Disponibilités = Prix de cession + Cumul des amortissements

Application 09

Position du problème : (les valeurs sont exprimées HTVA)
Considérons un bien d'équipement Bêta dont le prix d'acquisition est de 10 000 000F.

Durant l'exercice N le bien est cédé à 7 000 000F et le cumul d'amortissements en cette période s'élève à 6 000 000F.

Travail à faire : Déterminer les disponibilités à réinvestir dans les 3 ans afin de bénéficier de l'exonération de la plus-value.

Examen du problème :
La valeur comptable nette (VCN) est : 10 000 000 - 6 000 000 = 4 000 000
La plus-value (PLV) est réalisée lorsque le prix de cession (PC) est supérieur à la VCN.

D'où PLV = PC – VCN
PLV = 7 000 000 – 4 000 000 = 3 000 000

En principe cette plus-value ne doit pas être imposée en (N) s'il y a des obligations sur 3 ans de réinvestir les disponibilités.

Disponibilités = PR + PLV = 10 000 000 + 3 000 000 = 13 000 000
Ou bien PC + Cumul des amortissements
On a 7 000 000 + 6 000 000 = 13 000 000
Disponibilités = 13 000 000F

SOLUTIONS

Application 07

Cas de la société Tali

1- Pour le premier contrat :
Il s'agit de comptabilité d'engagement consistant à livrer une route. Cette livraison entraîne l'imputation dans les comptes de l'exercice N+1 des produits et charges correspondants.

Ces produits et charges ne doivent concerner que l'exercice N+1. Par conséquent les avances et acomptes reçus durant la période N n'influent pas sur les produits de l'entreprise.

Pour remédier à cette situation, un montant égal au coût des travaux pour ce chantier, soit 175 millions francs au 31/12/N doit être comptabilisé au compte «Travaux en cours » afin de ne pas alourdir le résultat de l'exercice N. Cette façon de faire correspond à l'application de la méthode de l'avancement des travaux

2- Pour le second contrat
Il s'agit de livrer une étude de faisabilité rémunérée à la date de réception qui intervient au courant de l'exercice N+1. Donc les charges liées à cette affaire doivent également être rattachées à cet exercice, c'est à dire N+1, alors que le contrat est conclu en N. A ce titre, un montant équivalent aux charges comptabilisées durant l'exercice N devra être inscrit au compte Prestations de services en cours le 31/12/N

Précision : La comptabilisation des comptes produits et prestations de services en cours permet de constater les montants déjà engagés et non encore facturés.

Application 08

Cas de la société Dammel SA

1- La comptabilisation de la vente doit intervenir dans l'exercice au cours duquel la livraison des marchandises est réalisée. Etant entendu que celle-ci est intervenue en décembre 2022 (N) et que la facture n'est émise qu'en janvier 2018 (N+1), une régularisation comptable doit être tenue avant l'arrêté des comptes pour que cette vente soit affectée au résultat imposable de l'exercice 2022 (N).

2- L'entrepôt est compris dans le patrimoine de Dammel SA donc figure dans le bilan de la société. Les revenus des loyers doivent donc être rattachés à l'exercice correspondant à la location.

Dammel ayant reçu deux mois de loyer, celui de décembre 2022 et celui de janvier 2023 (N+1). En application du principe de la spécialisation des exercices, une régularisation comptable devra être effectuée afin de faire porter le produit locatif de janvier à l'exercice 2023 (N+1) sans préjudice au principe de prudence.

3- La comptabilisation de l'acompte perçu par Dammel SA n'a pas une incidence significative dans l'exercice 2022 (N).

Si la méthode de l'achèvement des travaux est envisagée, les charges engagées au cours de l'exercice 2022 (N) doivent être rattachées à l'exercice de la réalisation totale du service vendu, i-e en 2023 (N+1). Cette méthode est susceptible d'entrainer une perte pour l'exercice N car seules les charges sont comptabilisées

Afin de remédier à cette situation, la méthode de l'avancement des travaux autorise à constater un produit égal par approximation aux charges comptabilisées et l'affecter au titre de l'exercice N.

4- Les matières en stock étant des biens fongibles, il est de toute évidence difficile de savoir à quelle date et à quel prix elles ont été achetées. A cet effet la société Dammel devra se référer à une méthode forfaitaire d'évaluation.

On peut admette la méthode du coût unitaire moyen pondéré (CUMP) ou la méthode dite first in, first out (FIFO). Toutefois, il convient de préciser qu'en application du principe de la permanence des méthodes, la société n'aura pas le droit de changer de méthode, une fois qu'elle en choisit une.
Ci-après analysons ces deux méthodes d'évaluation.

Méthode FIFO :
Les sorties sont valorisées au prix le plus ancien, autrement dit, le plus bas. Ainsi les stocks restant sont évalués au dernier prix d'acquisition ou de production connu

On a 4 500 x 5 500 = 24 750 000

L'évaluation du stock selon la méthode FIFO donne 24 750 000F

Si l'on tient à respecter le principe de prudence, cette méthode ne devrait pas, à notre avis être retenue en période d'inflation.

Méthode du CUMP :

Le prix de revient unitaire moyen pondéré est obtenu par le rapport suivant :

$$\frac{(4\ 000 \times 5\ 000) + (6\ 000 \times 5\ 500)}{4\ 000 + 6\ 000} = \frac{53\ 000\ 000}{10\ 000} = 5\ 300\text{F}$$

On a 4 500 x 5 300 = 23 850 000

L'évaluation du stock selon la méthode du CUMP donne 23 850 000F

Précis de Fiscalité des Affaires
Mamadou Ngom

10

IMPOSITION DES PRODUITS FINANCIERS ET PRODUITS EXCEPTIONNELS

L'imposition des produits financiers et produits exceptionnels conduit à étudier aussi la nature des exonérations sur ces dits produits.

I/ IMPOSITION DES PRODUITS FINANCIERS

I.1 – Régime d'imposition des produits des actions et obligations

Les intérêts des actions et ceux des obligations sont des produits imposables. Ils présentent un caractère bien particulier quant à leur imposition. C'est en cela que la loi fiscale appréhende les revenus des actions selon leur provenance et ceux des obligations selon leur durée.

I.1.1 – Produits des actions

L'action est un titre de propriété, elle confère à son détenteur en plus des droits à l'information et au vote, une rémunération appelée dividende. En principe, les dividendes sont prélevés des bénéfices ou réserves nets d'IS. Ils sont soumis à la retenue à la source au taux de 10% libératoire pour les seules personnes physiques.

Pour les sociétés opaques, deux cas de figures sont envisagés dans un souci d'éviter la double imposition. On a: le régime de l'imposition des sociétés mères et filiales et le régime des sociétés non mères et filiales.

I.1.1.1 – Régime des sociétés mères et filiales

Pour être admises au régime des sociétés mères et filiales, les sociétés quelle que soient leur forme juridique doivent remplir les conditions édictées par l'article 22 CGI.

- les sociétés (mères et filiales) doivent être soumises à l'IS
- la société mère doit avoir son siège social au Sénégal
- elle doit détenir au moins 10% du capital social de la filiale
- la société mère doit s'engager par lettre annexée à la déclaration des résultats, à conserver les actions de la filiale sous forme nominative pendant au moins 2 années consécutives si celles-ci ne sont pas souscrites ou attribuées à l'émission, ou encore ne sont pas inscrites au nom de la société.

Ce régime permet à la société mère qui reçoit les dividendes nets de la filiale de déduire 95% de ces produits bruts de participation. Autrement dit la quote-part de charge est de 5% des dividendes bruts. Cette exonération bien que n'étant pas totale vise à éviter la double imposition du fait que lesdits dividendes proviennent en général du résultat net d'IS.

A cet effet lorsque la société mère entend redistribuer ces dividendes à ses propres associés, elle n'est soumise à aucune retenue d'impôt à condition qu'elle impute le montant de cette redistribution à ses associés au titre du même exercice.

<u>Précision :</u> Cette exonération s'étend aux sociétés holdings de droit sénégalais constituées sous la forme d'une SA ou d'une SARL dont les deux tiers (2/3) au moins de l'actif immobilisé sont composés de participations qui répondent aux conditions fixées par l'article 22.

Toutefois ces sociétés ne peuvent, en dehors de la gestion de participation, exercer que les activités suivantes telles que rapportées l'article 23 CGI:

- effectuer des prestations correspondant à des fonctions de direction, de gestion, de coordination et de contrôle de sociétés du groupe ;

- se livrer à des activités de recherche et de développement au seul profit du groupe ;

- assurer la gestion de la trésorerie du groupe.

I.1.1.2 – Régime des sociétés non mères et filiales

Ce régime est applicable lorsqu'une seule condition d'éligibilité au régime des sociétés mères et filiales n'est pas remplie. Les produits bruts des actions reçues sont exonérés à 60% de l'IS. Il s'agit pour la société mère de ne supporter qu'une quote-part représentative des frais et charges à hauteur de 40% du produit brut de participation.

Etant entendu que l'exonération porte sur le produit brut, alors que la société n'a perçu que le dividende net (car il y a retenue à la source de 10%), il faut entendre réintégrer extra comptablement cette retenue parce qu'elle relève d'un impôt non déductible déjà comptabilisé.

I.1.2 – Produits des obligations

L'obligation, étant un titre de reconnaissance de dette, confère à son détenteur des intérêts appelés coupons reçus périodiquement jusqu'au terme de sa durée de vie.

I.1.2.1 – Intérêts d'obligations à durée inférieure à cinq ans

Les intérêts des obligations à échéance inférieure à cinq ans sont soumis à la retenue à la source au taux de 13%. Cette retenue n'étant pas forcément libératoire.

Donc il n'y a pas d'avantage fiscal à investir sur des obligations émises par des personnes autre que l'Etat pour un période inférieure à 5 ans. En plus du taux de la retenue à la source élevé, le coupon net reçu reste imposable.

I.1.2.2 – Intérêts d'obligations à durée égale au moins à cinq ans

Les produits d'obligations à durée égale ou supérieure à cinq ans sont aussi soumis à une retenue à la source au taux libératoire de tous autres impôts. Ce taux est de 6%.

L'avantage fiscal de ces produits soumis au taux libératoire réside sur la déduction du coupon brut en plus de crédit d'impôt que confère la retenue à la source. Autrement dit une économie d'impôt pour l'investisseur.

Application 10

Cas de la Société Diom SA

La société anonyme Diom, au capital de 40 000 000F entièrement libéré est implantée en banlieue dakaroise. Diom SA possède une solide expérience dans le domaine de l'emballage des produits maritimes.

Pour l'exercice 2018, elle présente un résultat comptable avant impôt de 220 000 000F et un chiffre d'affaires hors taxe de 1 640 000 000F.

L'extrait des opérations sur les produits des actions et obligations fournit les informations suivantes :

1- Diom SA a encaissé des dividendes de sa filiale Saint louisienne dont elle détient 5% des actions sous forme nominative pour un montant net de 1 620 000F.

2- La filiale kaolackoise, une SARL verse des dividendes d'un montant net de 2 160 000F. Diom SA détient depuis 5 ans, 30% des actions de cette filiale. La valeur nominale de ses actions figure au bilan de la SA Diom pour un montant de 4 000 000F.

3- Diom SA a reçu au courant de l'année 2018 un montant de 1 653 000F d'intérêts nets d'obligations remboursables sur trois ans.

4- les intérêts des obligations remboursables sur sept ans reçus par la SA pour la même période s'élèvent pour un montant net de 1 316 000F.

Travail à faire :

I/ Procéder à la régularisation des écritures passées au compte de produit

II/ Déterminer le montant de l'impôt dû au titre de l'exercice 2018

On peut écrire la formule de détermination des valeurs brutes étant entendu que le taux de la retenue et le montant nets sont connus.

Considérant Y, la valeur brute de l'intérêt

Soient α le taux de la retenue à la source en % et VN la valeur nette exprimée et reçues.

On peut écrire la relation suivante :

$$Y - \alpha Y = VN$$
$$Y(1 - \alpha) = VN$$
$$Y = VN / 1 - \alpha$$

La formule générale est traduite ci-dessous

$$\text{Valeur Brute} = \frac{\text{Valeur Nette}}{1 - \alpha}$$

avec α = taux de la RAS

I.2 – Imposition d'autres produits de créances

Les produits concernés sont les intérêts des comptes de dépôts, comptes courants, et les bons de caisse

I.2.1 – Intérêts des comptes de dépôts et comptes courants

Les intérêts reçus des banques (ou agents de change, courtiers en valeurs mobilières ou des comptables du Trésor) rémunérant les dépôts, cautionnements et comptes courants subissent une retenue à la source au taux de 8%. Ce taux est de 16% si les intérêts sont versés par des organismes qui ne sont pas strictement bancaires.

Précision : le taux de 16% s'applique aussi aux jetons de présence et autres rémunérations, ainsi que les revenus des créances, dépôts et cautionnements.

Il est évident que les intérêts reçus soient imposables, et pour leur montant brut. Cela correspondrait à réintégrer extra comptablement la retenue à la source qui est un impôt non déductible et le produits net reçus constituant le solde comptable reste imposable.

Précision : Les intérêts étant comptabilisés à leur valeur brute, il n'en reste pas moins que le solde de cette opération (car la RAS est une charge) représente le résultat net, compte tenu du fait que l'impôt est indissociable de l'opération portant produit reçus.

I.2.2 – Intérêts des bons de caisse

Le bon de caisse est un placement à terme, effectué auprès d'un établissement financier ou non, qui se traduit par la remise d'un bon nominatif. C'est un produit de placement en contrepartie d'un prêt portant intérêt et remboursable à échéance fixe.

Les intérêts des bons de caisse subissent une retenue à la source au taux de 20% libératoire d'IS et d'IRPP. De plus les intérêts seront déduit d'IS pour leur montant brut. On entend réintégrer le montant de la RAS du fait que c'est un impôt sur le revenu non déductible d'IS et constituer un crédit d'impôt pour ce montant en vue de l'anéantir

Précision : Dans le cas où le bon de caisse est réalisé auprès de l'État, on parle alors de bon au Trésor.

I.3 – Produits financiers exonérés en vertu de la loi fiscale

Les produits qui suivent, échappent à l'impôt sur les sociétés, en vertu des dispositions de l'article 105 CGI communes à l'impôt sur le revenu (IR).

Sont exonérés de l'impôt sur le revenu :

1- les intérêts, arrérages et tous autres produits des titres d'emprunt émis par l'Etat ou les collectivités territoriales ;

2- les intérêts, arrérages et tous autres produits des comptes de dépôts ouverts dans les écritures de la Banque de l'Habitat du Sénégal (BHS), ainsi que des prêts et avances, quelle que soit leur forme, consentis à cet établissement ;

3- les intérêts des sommes inscrites dans la limite des montants fixés par arrêté du Ministre chargé des Finances, sur les livrets d'épargne des personnes physiques, à condition qu'ils soient servis par une banque, un système financier décentralisé, un établissement financier ou une caisse d'épargne situés au Sénégal ;

4- les intérêts des prêts consentis aux coopératives ou unions de coopératives créées et fonctionnant conformément à la législation en vigueur, ou des prêts qu'elles consentent ;

5- les intérêts des prêts consentis par la Banque centrale des États de l'Afrique de l'ouest (BCEAO);

6- les intérêts des prêts consentis par l'Agence Française de Développement (AFD) ;

7- les intérêts des prêts consentis à la Banque agricole

8- les intérêts, arrérages et tous autres produits des prêts et avances, quelle que soit leur forme, consentis aux sociétés d'économie mixte qui ont pour objet la promotion et le développement de la petite et moyenne entreprise industrielle, commerciale ou artisanale ;

9- les intérêts, arrérages et tous autres produits des emprunts contractés par la SNHLM ;

La même exonération est applicable aux sociétés d'économie mixte fondées en vue de l'amélioration de l'habitat et à toutes autres sociétés qui se consacrent, avec l'agrément et sous le contrôle de l'Etat, au développement de l'habitat dans la mesure où les prêts sont contractés ou consentis en vue de l'amélioration de l'habitat ou du développement des habitations économiques.

10- les intérêts des valeurs d'Etat ;

11- les lots ainsi que les primes de remboursement rattachés aux bons, lorsqu'ils sont expressément exonérés ;

12- les intérêts, arrérages et tous autres produits

- des prêts des institutions mutualistes ou coopératives d'épargne et de crédit ou d'associations créées et fonctionnant conformément à la loi organique portant réglementation des systèmes financiers décentralisés et à leur objet ;

- que les systèmes financiers décentralisés régis par la loi sus-indiquée servent à leurs clients, dans la limite des montants fixés par arrêté du Ministre chargé des finances ;

13- les intérêts, arrérages et tous autres produits des fonds déposés en gestion, pour une durée minimale de trois (3) ans auprès des entreprises de capital-risque ;

14- les produits, les plus-values et les transactions se rapportant aux titres émis par les Etats membres de l'Union Economique et Monétaire Ouest Africain (UEMOA) en représentation des concours consolidés de la Banque Centrale des Etats de l'Afrique de l'Ouest (BCEAO).

Application 11

Cas de la société Jolof

Jolof est une SARL spécialisée dans la vente de produits électroménagers. Au cours de l'exercice clos le 31/12/18, son chiffre d'affaires hors taxe est de 960 000 000F et le solde du compte de résultat présente un bénéfice comptable avant impôt de 462 500 000F.
L'extrait des produits à analyser s'établit comme suit :

1. Ventes de réfrigérateurs pour un montant hors taxe de 6 000 000F
2. Intérêts nets servis par la BICIS : 1 104 000F
3. Intérêts perçus des bons du trésor non négociables 800 000F
4. Produits nets reçus des bons de caisse : 720 000F.
5. Intérêts perçus du compte de dépôt ouvert à la BHS : 450 000F
6. Commissions et courtages perçus des négociants : 700 000F HTVA
7. Intérêts nets de créances bancaires reçus : 368 000F

<u>**Travail à faire :**</u>

I/ Vous êtes chargés de faire le traitement fiscal des opérations ci-dessus en procédant à des déductions et réintégrations extracomptables afin de déterminer le résultat fiscal

II/ Calculer l'impôt dû et le montant à payer au titre de l'exercice 2018.

II/ IMPOSITION DES PRODUITS EXCEPTIONNELS

II.1 - Les subventions

Il y a plusieurs formes de subventions qui constituent toutes des produits Imposables mais selon des modalités différentes. Parmi ces subventions, on en distingue : les subventions d'équilibre, les subventions d'exploitation et les subventions d'équipement.

II.1.1 – Les subventions d'équilibre et d'exploitation

Les subventions d'équilibre et subventions d'exploitation sont accordées pour compenser des recettes trop faibles. Elles sont imposables dans l'exercice au cours duquel elles ont été allouées et immédiatement.

II.1.2 – Les subventions d'équipement

Les subventions d'équipement sont octroyées par l'Etat ou les Collectivités locales pour aider les entreprises à acquérir ou à financer des activités à long terme. Elles ne sont pas comprises dans les résultats de l'année de leur encaissement.

Les subventions d'équipement sont imposées à concurrence du montant des amortissements pratiqués, à la clôture desdits exercices donc inscrits comptablement au bilan. Les fractions imposables sont égales aux annuités des amortissements si le bien est amortissable.

Lorsque les biens d'équipement ne sont pas amortissables, l'imposition est étalée sur la durée d'inaliénabilité des biens prévue par le contrat de subvention. A l'absence de clause d'inaliénabilité, l'imposition s'étale sur les 10 années suivant celle du versement de la subvention.

II. 2 - Plus-value sur fusion de sociétés et apports partiels d'actif

Les plus-values sur les actions ou parts sociales réalisées à la suite d'opérations de fusion de sociétés (SA ou SARL) ou d'apports partiels d'actif sont exonérées de l'IS suivant les dispositions de l'article 20 CGI.

Par ailleurs les PLV résultant de l'attribution gratuite d'actions ou de parts sociales, à la suite de l'apport par une SA ou une SARL, à une autre société constituée sous l'une de ces formes, d'une partie de ces éléments d'actif bénéficient du régime d'exonération à condition que :

- la société bénéficiaire de l'apport ait son siège social au Sénégal ;
- l'apport se présente sous la forme d'une fusion d'un apport partiel d'actif ou d'une scission de société.

Toutefois, pour bénéficier de ces exonérations, constatée dans l'acte de fusion ou d'apport, la société bénéficiaire de l'apport a l'obligation de calculer, les amortissements annuels à prélever sur les bénéfices ainsi que les plus-values ultérieures résultant de la réalisation de ces éléments, en fonction du prix de revient qu'ils comportaient pour les sociétés fusionnées ou pour la société apporteuse, déduction faite des amortissements déjà pratiqués par elles.

II.3 - Les indemnités

Les indemnités perçues par l'entreprise à la suite de dommages causés à elle sont imposables. Aussi, les indemnités perçues à la suite d'un contrat d'assurance-vie sur un membre du personnel de l'entreprise ou un dirigeant entre dans le champ d'imposition à l'IS. Il en est de même pour les indemnités perçues à l'occasion de vol ou de sinistre.

II.4 - Les abandons de créances

Compte tenu des liens existant entre deux sociétés, il peut arriver que l'une abandonne sa créance au profit de l'autre. La conséquence de cet acte est la disparition de la dette inscrite au passif du bilan de la société bénéficiaire. La croissance de l'actif net de cette dernière qui en résulte, se traduit par une égale augmentation du bénéfice.

En conséquence, l'abandon de créance au profit d'une société correspond à un produit imposable.

II.5 - Les dégrèvements d'impôt

Le dégrèvement est l'acte par lequel l'Administration fiscale, soit répare une erreur du contribuable ou d'elle-même, soit allège l'imposition d'un contribuable prévue par la loi fiscale.

Le montant d'un dégrèvement d'impôt est imposable, lorsque le remboursement de l'impôt a été déduit des produits pour la détermination du résultat fiscal. Par contre, si le montant du dégrèvement ne correspond pas à un impôt antérieurement déduit, il ne doit en principe pas être imposable donc, doit être déduit extra comptablement.

Application 12

FIDES Consortium, une SA au capital de 80 millions entièrement libérés a pour activité la construction métallique dans le domaine public. Implantée dans un pays membre de l'UEMOA, la SA dispose dans d'autres pays membre de l'Union des filiales dénommées respectivement Fides Alpha une SA et Fides Bêta une SARL.

FIDES Consortium détient 40% des actions de Fides Alpha sous forme nominative depuis sa création il y cinq (5) ans. En ce qui concerne FIDES Beta, crée il y a 20 mois, 30% de ses parts sociales sont détenus par FIDES Consortium.

Au cours de l'exercice clos au 31 décembre 2020, FIDES Consortium a réalisé un bénéfice comptable avant impôt de 879 845 000 francs CFA. Son chiffre d'affaires pour la même période est de 12, 425 780 milliards de francs FCA.

L'examen des opérations effectuées au cours de l'exercice 2020 donne les renseignements suivants sur les produits et charges comptabilisés.

1- Dividendes reçus des filiales Fides Alpha et Fides Beta pour des montants nets de retenue à la source égaux respectivement à 3 500 840F et 4 866 000F

2- Coupons à durée égale à cinq reçus respectives d'une collectivité publique et d'une entreprise de droit privé toutes deux établies dans l'espace UEMOA pour des montant respectifs de :

- Bruts : 4 822 000F
- Net de retenue à la source : 7 500 000F HTVA

Nota : les retenues à la source sont de 10% sur les dividendes et 12% libératoire d'impôt sur les sociétés sur les coupons à durée égale à 5 ans.

Travail à faire :

1) Examiner si les cessions de titres entrent dans le champ d'application des droits d'enregistrement. Le cas échéant préciser la matière imposable visée et son assiette.

2) Préciser la situation où la cession de titres ouvre droit à l'impôt sur le revenu. Déterminer la base imposable et l'assiette résultant de ladite cession.

3) Traiter les opérations ci-dessus en analysant les différentes réintégrations extra comptables (REC) et déductions extracomptables (REC)

SOLUTIONS

Application 10

Cas de la Société Diom SA

1- les actions détenues par Diom SA sur sa filiale Saint louisienne sont représentatives de 5% du capital. Ce pourcentage étant inférieur à la limite des 10% ne consacre pas le régime des sociétés mères et filiales. Donc seuls 60% des produits bruts de participation seront portés aux déductions extracomptables.

VN = 1 620 000
VB = 1 620 000 / 1 – 0,10
VB =1 620 000 / 0,90 = 1 800 000

RAS = 1 800 000 x 10% soit 180 000. Ce montant sera réintégré extra comptablement car n'étant pas déductible fiscalement.
Exonération de 60% sur le dividende brut ; soit 1 800 000 x 60% = 1 080 000.

Ou bien la quote-part forfaitaire des frais et charges est :
1 800 000 x 40% = 720 000F

Le montant admis en déduction extracomptable est obtenu en imputant sur la valeur brute des dividendes reçus, le montant de la quote-part forfaitaire des charges.
Soit 1 800 000 – 720 000 = 1 080 000

2- la filiale kaolackoise entre dans le régime de faveur des sociétés mères et filiales car toutes les conditions d'admission sont remplies.
On détermine la valeur brute par la relation suivante :

VN = 2 160 000
VB = 2 160 000 / 0,90 = 2 400 000
RAS à réintégrer = 2 400 000 x 10% = 240 000
Dividende exonéré = 95% Dividende brut
Dividende exonéré = 0,95 x 2 400 000 = 2 280 000.

Ou bien en opérant la déduction de quote-part forfaitaire de la charge 5% sur le dividende brut, on obtient le dividende exonéré.
Soit : 2 400 000 – 120 000 = 2 280 000

3- les intérêts des obligations dont la durée est inférieure à 5 ans, ont subi une RAS au taux de 13%. Ils sont imposables.

Ceci nous conduit à écrire :

VN = 1 653 000
VB = 1 653 000 / (1 – 0,13)
VB = 1 653 000 / 0,87 = 1 900 000

La RAS est donc de 1 900 000 x 13% = 247 000, à réintégrer et le produit net imposable.

4- Intérêts des obligations remboursables sur une période égale ou supérieure à 5 ans. Le taux libératoire de 6% est applicable.

VN = 1 316 000
VB = 1 316 000 / (1 – 0,06)
VB = 1 316 000 / 0,94 = 1 400 000

D'où une retenue de 1 400 000 x 6% soit 84 000
Le taux étant libératoire confère un crédit d'impôt correspondant à la retenue à la source.
On a donc une RAS à réintégrer, et constater un crédit d'impôt pour ce montant.
De plus valeur brut des coupons de 1 400 000 à déduire extra comptablement.

En récapitulant, sur le tableau ci-dessous, on a :

N°	Eléments	REC	DEC
01	Dividendes reçus (régime sociétés non mères et filiales)	180 000	1 080 000
02	Dividendes reçus (régime sociétés mères et filiales)	240 000	2 280 000
03	Coupons à durée inférieure à 5 ans	247 000	
04	Coupons à durée ≥ à 5 ans	84 000	1 400 000
	Total	**751 000**	**4 760 000**

RF = RC + ∑REC – ∑ DEC
RF = 220 000 000 + 751 000 – 4 760 000
RF = 215 991 000F

Calcul de l'IS à payer
Le taux d'impôt de 30% est appliqué sur la base imposable.
Base imposable (BI) = 215 991 000
IS du = BI x 30% = 215 991 000 x 30%
IS du = 64 797 300

IS à payer = IS du – crédit d'impôt
IS à payer = 64 797 300 – 84 000 = 64 713 300
L'IS à payer au titre de l'exercice 2018 est de 64 713 300F

Application 11

Cas de la société Jolof

I/ 1. les ventes portant sur les produits électroménagers sont des opérations soumises à la TVA. Le produit des ventes étant passé en comptabilité, aucune régularisation ne s'impose.

2. les intérêts reçus de la BICIS sont des produits nets d'impôt donc ayant supportés une retenue d'impôt au taux de 8%

VN = 1 104 000
VB = 1 104 000 / (1 – 0,08)
VB = 1 104 000 / 0,92 = 1 200 000

RAS = 1 200 000 x 8% soit 96 000. Cet impôt est non déductible fiscalement, il doit faire l'objet de réintégration extracomptable. Le montant de l'intérêt net est imposable.

3. l'article 105 CGI exonère de l'IS les intérêts des valeurs d'Etat. Il convient alors de déduire du résultat comptable le montant de l'intérêt sur les bons du Trésor.

4. Les intérêts des bons de caisse sont soumis au prélèvement libératoire de 20%. Ils sont déduits de l'IS pour leur montant brut du fait de l'exonération. Il convient alors de réintégrer fiscalement la RAS qui n'est pas admise en déduction d'IS.

VN = 720 000
VB = 720 000 / (1 – 0,20)
VB = 720 000/ 0,80 = 900 000
RAS = 900 000 x 20% soit 180 000.
Crédit d'impôt = 180 000, car le taux est libératoire
Le montant brut de 900 000 est exonéré.

5. l'article 105 CGI exonère de l'IS les intérêts, arrérages et tous autres produits des comptes de dépôts ouverts dans les écritures de la BHS.
Donc on déduit extra comptablement les 450 000F

6. les commissions et courtages sont des produits d'exploitation perçus compte tenu de la TVA, aucune régularisation n'est envisagée car ils sont imposables

7. les intérêts des créances, dépôts, cautionnements et comptes courants perçus des institutions bancaires sont soumis à un prélèvement à la source de 8%.

Ces intérêts sont compris dans le résultat imposable pour leurs valeurs nettes,

VN = 368 000
VB = 368 000 / 0,92 = 400 000

Les produits nets sont imposables et la RAS à réintégrer.
RAS = 400 000 x 8% = 32 000.

En récapitulant, on cumule les REC et les DEC, dans le tableau ci-dessous :

N°	Eléments	REC	DEC
01	Vente de réfrigérateurs		
02	Intérêts servis par la BICIS	96 000	
03	Intérêts des bons de Trésor		800 000
04	Produits de bon de caisse	180 000	900 000
05	Intérêts perçus de la BHS		450 000
06	Commissions et courtages		
07	Intérêts de créances bancaires	32 000	
	Total	**308 000**	**2 150 000**

En considérant RF le résultat fiscal et RC le résultat comptable. On peut écrire :

RF = RC +∑ REC – ∑ DEC
RF = 46 250 000 + 308 000 – 2 150 000
RF = 44 408 000F

II/ Le taux d'impôt de 30% est appliqué sur la BI = 44 408 000.
IS du = 44 408 000 x 30% = 13 322 400
Pour les bons de caisse, le crédit d'impôt est de 180 000 car le taux est libératoire.
IS à payer = 13 322 400 – 180 000 = 13 142 400
IS à payer = 13 142 400F

Application 12

Cas FIDES Consortium SA
Capital : 80 millions entièrement libéré
Activité : Industrie
Exercice : 2020
Traitement TVA du mois d'octobre 2019
RC = 879 845 000 francs CFA
CAHT = 12 425 780 franc CFA

1/ Enregistrement des cessions de titres
Les cessions de titres sont soumises au droit d'enregistrement
- La matière imposable est constituée par la nature du titre
- L'assiette est la valeur vénale réelle (prix du marché)

2/ Imposition des cessions de titres
Les cessions de titres sont soumises à l'IR lorsqu'elle donne naissance à une plus-value.
- La matière imposable est la plus-value
- L'assiette est le montant de la plus-value

3/ Détermination du résultat imposable

n°	opérations	REC	DEC
1	**i)** Dividendes reçus de la filiale Fides Alpha Le régime des sociétés mères et filiales s'applique. RAS = 10%. ➢ Exonération = 95% Div. brut. Dividendes bruts = 3 142 980 / 0,9 = 3 492 200 Dividendes exonérés = 3 317 590 ; La RAS est un impôt non déductible, donc à réintégrer, soit 3 492 200 x 10% = 349 220	349 220	3 317 590
	➢ Quote part de charge = 5% Div. bruts Dividendes nets = 3 142 980 Quote part charge = 3 492 200 x 5% = 174 610 **Nota :** Pour les 2 approches, le même solde de 2 968 370 est trouvé. On en retiendra une seule	174 610	3 142 980

	ii) Dividendes reçus de la filiale Fides Bêta Le régime des sociétés non mères et filiales s'applique. RAS = 10%. ➢ Exonération = 60% Div. brut. Dividendes bruts = 3 797 730 / 0,9 = 4 219 700 Dividendes exonérés = 2 531 820 ; La retenue à la source est un impôt non déductible donc à réintégrer, soit 421 970 ➢ Quote part de charge = 40% Div. bruts Dividende net = 3 797 730 Quotte part de charge = 1 687 880 <u>Nota :</u> Pour les 2 approches, le même solde de 2 109 850 est trouvé. On en retiendra une seule	421 970 1 687 880	2 531 820 3 797 730
2	**iii)** Coupons reçus d'une collectivité publique décentralisée Les intérêts des emprunts obligataires et tous autres titres d'emprunts émis par les Etats membres et leurs collectivités décentralisées sont exonérés. Art. 9, item 4 de la Dir. n° 01/2008/CM/UEMOA		4 822 000
	iv) Coupons reçus d'une entreprise de l'UEMOA. RAS = 12% libératoire ➢ Exonération du coupon brut Coupons bruts = 5 548 266 / 0,88 = 6 304 847 Coupons bruts exonérés = 6 304 847 ; La retenue à la source est un impôt non déductible donc à réintégrer, soit 6 304 847 x 12% = 756 581 Crédit d'impôt = 756 581 ➢ Ou bien le coupon net est déduit extra comptablement Coupon net = 5 548 266 <u>Nota :</u> Pour les 2 approches, le même solde de 5 548 266 est trouvé.	756 581	6 304 847 5 548 266
	Totaux	**1 527 771** **1 862 490**	**16 976 257** **17 310 976**

On peut écrire RF = RC + ∑REC – ∑DEC

$\sum REC_1$ = 349 220 + 421 970 + 756 581 = 1 527 771
$\sum REC_2$ = 174 610 + 1 687 880 = 1 862 490

$\sum DEC_1$ = 3 317 590 + 2 531 820 + 6 304 847 + 5 840 280 = 16 976 257
$\sum DEC_2$ = 3 142 980 + 3 797 730 + 4 822 000 + 5 548 266 = 17 310 976

RF_1 = 879 845 286 + 1 527 771 – 16 976 257 = 864 396 800
RF_1 = 864 396 800F
RF_2 = 879 845 286 + 1 862 490 – 17 310 976 = 864 396 800
RF_2 = 864 396 800F

4/ Détermination l'IS du

BI_1 = 864 396 000F
BI_2 = 864 396 000F

IS_1 du = 864 396 000 x 30% = 259 318 800
IS_1 du = 259 318 800F
IS_2 du = 864 396 000 x 30% = 259 318 800
IS_2 du = 259 318 800F

<u>**Nota :**</u> Une seule approche sera tenue en compte

11

DEDUCTION DES CHARGES DECAISSABLES

I/ ASPECTS GENERAUX

La comptabilisation des charges doit suivre la réglementation comptable édictée par le système comptable en vigueur. L'enregistrement d'une charge en comptabilité n'implique pas forcément que sa déduction soit admise par le droit fiscal. Pour être déductibles, les charges doivent respecter certaines conditions d'assiette pour la détermination de la base imposable à l'IS.

Ces conditions sont édictées par la directive n° 01/2008/CM/UEMOA portant harmonisation du résultat imposable des personnes morales au sein de l'UEMOA en son article 12 et reprises par l'article 8, paragraphe 2 CGI. Les charges pour être déductibles doivent remplir les conditions suivantes :

- être exposées dans l'intérêt direct de l'entreprise ou se rattacher à la gestion normale de la société ;
- correspondre à une charge effective et être appuyées de justification suffisante ;
- se traduire par une diminution de l'actif net de la société ;
- être comptabilisées dans l'exercice au cours duquel elles ont été engagées ;
- concourir à la formation d'un produit non exonéré d'impôt assis sur le bénéfice ;

Il convient de préciser que notre analyse sur la déduction des charges sera abordée au sens du classement par nature d'activité

II/ DEDUCTION DES CHARGES D'EXPLOITATION

II.1 - Dépenses d'approvisionnement et achats

Elles sont en principe déductibles en vertu des dispositions de l'article 8, car les achats de marchandises, matières premières et autres achats non amortissables, directement liés à l'exploitation, correspondent aux charges effectivement engagées dans le processus de l'exploitation.

Elles sont déductibles au cours de l'exercice pour leur montant égal au prix d'achat majoré des frais accessoires (transports, assurances, dédouanements) et diminué des remises consenties par les fournisseurs.

Eu égard au respect des principes d'équité et de neutralité fiscale en matière de taxe sur la valeur ajoutée, ces charges pour être déductibles doivent être effectivement imposées. Autrement dit, l'achat de matières non exonérées de TVA doit, pour être déductible supporter l'impôt.

II.2 – Charges de personnel

II.2.1 – Charges salariales et sociales

Ce sont les sommes versées aux salariés ou à d'anciens salariés en contrepartie d'une prestation de travail en cours d'exercice ou effectuée dans le passé.

Les charges salariales et sociales comprennent en sus du salaire de base, les suppléments de salaires et d'indemnités diverses :

- les formules de participation du chiffre d'affaires ou au bénéfice.
- les avantages en nature (nourriture, logement etc....)
- les versements à une caisse de retraite autonome.
- les régimes des allocations familiales.
- les régimes d'assurance maladie ou de maternité des travailleurs non-salariés.

Ces charges sont déductibles si elles représentent la contrepartie d'une prestation effective sans être exagérée.

Force est de reconnaître, que le caractère exagéré de ces rémunérations est d'appréciation difficile surtout en l'absence d'évaluations exhaustives par des textes légaux ou jurisprudentiels en la matière.

Précision : Les salaires, pour être déductibles doivent avoir supportés les impôts retenus à la source afférents et faire l'objet d'une déclaration avant le 1er février de l'année suivant la clôture de l'exercice.
Ils doivent aussi se conformer aux respects des obligations sociales attachées à la sécurité sociale et la prévoyance retraite.

II.2.2 - Rémunérations des associés, actionnaires et administrateurs de sociétés

Ces rémunérations sont de divers ordres selon la qualité de la personne qui les reçoivent

II.2.2.1 - Sommes rémunérant les fonctions de direction

Les traitements fixes et proportionnels, attribués en raison de leurs fonctions particulières aux administrateurs de sociétés anonymes sont déductibles à l'IS.

Ces fonctions particulières sont en général des fonctions désignées sous des titres comme : directeur général, directeur général adjoint, administrateur général ou administrateur délégué.

II.2.2.2 - Sommes rémunérant les indemnités de fonction

Les indemnités de fonction sont aussi appelées jetons de présence, elles sont distribuées aux membres du Conseil d'administration après prélèvement de l'IS en rémunération de leur activité. Ces sommes étant soumises à la retenue à la source sur les revenus des valeurs mobilières au titre de l'impôt sur le revenu. Elles sont déductibles de l'assiette de l'IS.

Il convient d'ajouter que les sommes versées aux membres du Conseil d'Administration pour rémunérer des services de consultance sont déductibles de l'assiette de l'IS à titre des charge d'exploitation dans la mesure où elles sont considérées comme des honoraires ayant subis les retenues à la source sur les revenus des valeurs mobilières au titre de l'IR.

II.2.2.3 – Sommes rémunérant les associés gérants des SARL

Les traitements et salaires versés aux gérants de SARL sont déductibles sans tenir considération de leur personnalité d'associé ou de non associé. Sont considérées comme gérants les personnes à qui les statuts ou les décisions de l'Assemblée générale ont expressément conféré cette qualité ; et aussi les personnes qui exercent de fait un pouvoir de direction dans l'entreprise.

Ces dispositions s'appliquent de semblable manière au gérant associé unique des sociétés unipersonnelles à responsabilité limitée.

II.3 – Services extérieurs

Sont compris dans les services extérieurs les loyers et charges locatives, les dépenses d'entretien et de réparation, les frais d'assurances, d'études et recherches, les rémunérations d'intermédiaires et les honoraires, les dépenses de publicité et enfin d'autres charges externes (frais de missions, réceptions et déménagements).

II.3.1 – Loyers et charges locatives

Les loyers versés par l'entreprise pour la jouissance des locaux professionnels sont déductibles d'IS. Il en est de même des redevances payées au titre du contrat de crédit-bail. Ces dites charges sont déductibles sous réserve de supporter la TVA lorsque la société n'est pas exonérée

Par ailleurs, les charges locatives connaissent une restriction quant aux montants déductibles lorsque la jouissance profite aux membres du personnel. En effet le maximum de loyers mensuels admis en déduction d'IS est établi selon qu'il suit par l'arrêté ministériel n°2886/MEF/DGID/LEG du 6 mai 2003.

Logements	Loyers mensuels
Une (1) pièce d'habitation principale	100 000 FCFA
Deux (2) pièces d'habitation principale	200 000 FCFA
Trois (3) pièces d'habitation principale	300 000 FCFA
Quatre (4) pièces d'habitation principale	400 000 FCFA

Précision : Le droit au bail ou pas de porte a le caractère d'une immobilisation, il est donc exclu du droit à déduction. Il en est de même pour les dépôts de garantie

II.3.2 – Dépenses d'entretien et de réparation

La nature des dépenses d'entretien doit être clairement précisée. Il s'agit de définir si la dépense réalisée a effectivement un caractère de charge d'entretien et réparation. Toutefois il n'est pas toujours aisé de traiter ce genre de dépense. La jurisprudence tend à considérer que les dépenses d'entretien se rapportant à des biens complètement amortis sont passées en charge à condition qu'elles ne prolongent pas considérablement la durée de vie de ces immobilisations.

Par ailleurs, le principe de l'importance significative, dans son application autorise le comptable dans des circonstances bien précises à déroger à certains principes pour des raisons de simplicité. Car théoriquement, il y a lieu de considérer un taille crayon ou une corbeille à papier comme des immobilisations et de surcroit les amortir ; mais le principe d'importance significative exige que leur coût global d'acquisition soit imputé au résultat de l'exercice du fait de leur montant faible. Ainsi on admet la déduction du petit matériel et outillage au prix de revient.

II.3.3 - Frais d'assurance

Les cotisations d'assurance, versées à des compagnies d'assurance agréées et établies au Sénégal ou à la Caisse de retraite par répartition avec épargne de l'Union Monétaire Ouest Africain (CRRAE-UMOA) pour être déductibles doivent profiter au personnel et ne peuvent en cas de cumul pour un même employé excéder 10% du salaire brut imposable ; les cotisations et primes versées qui sont ciblées sont les suivantes :

1- les indemnités légales de fin de carrière, de décès ou de départ à la retraite, acquises au cours de l'exercice.

Toutefois, les primes d'assurance dues pour couvrir les droits acquis antérieurement, sont déductibles par fraction de 20%, à compter du 1er janvier 2013 ;

2- les cotisations relatives aux pensions de retraite complémentaire supportées au cours de l'exercice sous forme de rente et des cotisations relatives à la retraite complémentaire, supportées au cours de l'exercice sous forme de capital, dans la mesure où elles n'excèdent pas 10 % du salaire du bénéficiaire.

Toutefois, dans cette option, l'assureur doit prélever un impôt libératoire de 10 % sur le capital à verser aux assurés bénéficiant de 10 ans de cotisations au moins ;

3- les cotisations relatives à l'assurance-maladie ou à l'assurance-décès versées au cours de l'exercice ;

II.3.4 – Etudes et recherches

Les frais de recherche et de développement qui se rapportent à des projets nettement individualisés et qui sont susceptibles de rentabilité commerciale (logiciels, marques, investissement sur la création) sont considérés comme des immobilisations incorporelles donc suivent le régime des immobilisations.

Par ailleurs les frais de documentation générale ou technique, de même que les frais de recherche relatifs à l'exploitation courante sont considérés comme charges d'exploitation utilitaires et par conséquent sont déductibles.

II.3.5 – Rémunérations d'intermédiaires et honoraires

Les rémunérations d'intermédiaires et honoraires sont corrélées à des achats de prestation. Elles sont libérées compte tenu des taxes indirectes y afférentes. Pour être déductibles, il faut porter ces dites rémunérations à la déclaration annuelle.

II.3.6 – Dépenses de publicité et cadeaux

Les dépenses de publicité et les frais de réalisation de films publicitaires sont déductibles à la seule exception de la publicité prohibée.

En ce qui concerne les cadeaux, ils sont en principe déductibles lorsqu'ils sont accordés économiquement dans l'intérêt général de la bonne marche de l'entreprise. Il faudrait dans ce cas apprécier la qualité du bénéficiaire du cadeau (clients ou fournisseurs) et la valeur du cadeau rapprochée au chiffre d'affaires né de cette opération.

<u>Précision :</u> Les cadeaux offerts aux tiers (clients ou partenaires), en contrepartie d'opérations ayant entraînées une augmentation du chiffre d'affaires, sont imposables et doivent être comptabilisés pour leur valeur réelle, au jour de leur attribution.

II.3.7 – Dépenses de parrainage ou patronage

Dans cette rubrique on peut évoquer la déduction des dépenses de parrainage engagées à l'occasion de manifestations à caractère social, philanthropique, culturel, sportif, artistique, etc., destinées à améliorer l'image de marque de l'entreprise.

Dans ce cas, il convient de respecter les conditions suivantes :

- faire apparaître l'identité de l'entreprise dans la manifestation
- rapporter la dépense de parrainage au chiffre d'affaires de l'entreprise

II.3.8 – Frais de mission et réceptions

Ces frais sont déductibles lorsqu'ils sont engagés pour des motifs réellement professionnels et que leur montant ne soit pas exagéré par rapport à l'activité ou au chiffre d'affaires de l'entreprise.

II.3.9 – Autres charges externes

Il s'agit des frais engagés pour couvrir les missions, réceptions et déménagements. Ils sont déductibles s'ils sont engagés pour des motifs réellement professionnels et si leur montant n'est pas exagéré par rapport à l'activité de l'entreprise.

II.4 – Impôts et Taxes

Les impôts et taxes professionnels à la charge de l'entreprise et qui se rapportent à l'exploitation sont en principe déductibles lorsqu'ils sont mis en recouvrement au cours de l'exercice sauf lorsque la loi fiscale en interdit expressément la déduction.

Parmi les impôts et taxes déductibles à l'IS on peut retenir :
- la contribution économique locale (CEL) ;
- la contribution foncière sur les propriétés bâties appartenant à l'entreprise (CFPB) ;
- la contribution forfaitaire à la charge des employeurs (CFCE) ;
- la taxe sur la valeur ajoutée (TVA) supportée non déductible ;
- les droits de douane ;
- les droits d'enregistrements et de timbres

En outre la loi fiscale n'admet pas en déduction de l'IS les impôts et taxes qui suivent :

- l'impôt sur les sociétés (IS) ;
- l'impôt minimum forfaitaire sur les sociétés (IMF) ;
- l'impôt sur les traitements et salaires ;
- la taxe spéciale sur les voitures particulières des personnes morales ;

Précision : Les transactions, amendes, confiscations, pénalités de toute nature notamment celles mises à la charge des contrevenants à la réglementation régissant les prix, le contrôle des changes ainsi que l'assiette, la liquidation et le recouvrement des impôts, contributions, taxes et tous droits d'entrée, de sortie, de circulation ou de consommation, ne sont pas admises en déduction des bénéfices soumis à l'impôt. Article 9 item 9, CGI.

III/ DEDUCTION DES FRAIS FINANCIERS

Les frais financiers sont constitués des intérêts supportés et autres charges qui grèvent les prêts, avances ou crédits consentis à l'entreprise. D'une manière générale ce sont les intérêts affectés aux capitaux investis dans l'entreprise.

III.1 – Intérêts servis aux tiers

Les intérêts servis aux prêts, avances ou crédits consentis par des tiers sont des charges déductibles à condition que ces sommes aient été utilisées pour les besoins de l'exploitation.

Ces intérêts sont déductibles quel que soit le mode de calcul. Leur déduction s'opère sur les produits de l'exercice au cours duquel ils ont couru.

Précision : les intérêts d'emprunt servant à financer l'acquisition d'immobilisation amortissable ou la construction d'immeuble pour l'entreprise ne sont pas déductibles car le capital finance une charge d'investissement plutôt qu'une charge d'exploitation.

III.2 – Intérêts servis aux associés ou actionnaires

III.2.1 – Intérêts du capital

Ils sont constitués des intérêts des actions ou parts sociales. Les intérêts du capital ne sont pas des charges directes d'exploitation, ce sont des sommes prélevées sur les bénéfices ou réserves des sociétés. Ils ne sont donc pas déductibles.

III.2.2 – Intérêts des comptes courants d'associés

Ils sont constitués des intérêts rémunérant les prêts accordés par les associés ou actionnaires à la société personnes physique ou morales. Ces prêts ou avances sont mis à la disposition de la société par les associés sans qu'il ait modification de capital. Ainsi, il faut entendre que ces sommes sont versées en sus du capital, soit directement, ou par personne interposée.

Donc quelle que soit la forme de la société les intérêts versés par elle sont parfois excessifs dans la mesure où ils dépassent les normes de la réglementation des institutions financières. Il s'y ajoute le caractère non bancaire de l'entreprise. C'est à cet effet qu'une limitation est édictée par l'article 9 CGI sur la déduction de ces dits intérêts en fonction de la qualité de la personne qui les reçoivent.

III.2.2.1 – Intérêts versées aux associés personnes morales

Les conditions qui président à la déduction des intérêts des comptes courants d'associés versés aux personnes morales sont les suivantes :

i) le capital social de la société versante doit être entièrement libéré ;

ii) le taux de rémunération ne doit excéder le taux d'escompte en cours de la BCEAO augmenté de 3 points.

iii) le solde rémunéré par la société à l'exclusion des banques et compagnie d'assurance ne doit pas excéder simultanément :

- une fois et demie le capital social ;

- 15% du résultat des activités ordinaires majorés desdits intérêts, des amortissements et des provisions pris en compte pour la détermination de ce même résultat.

Cette limitation ne s'applique pas aux sociétés non soumises à l'IS qui versent à leurs associés des intérêts soumis à l'impôt sur le revenu au Sénégal.

iv) Le montant total des intérêts nets déductibles dus annuellement à raison de l'ensemble des dettes contactées par une entreprise membre d'un groupe de sociétés n'excède pas toujours 15% du résultat des activités ordinaires majorés desdits intérêts, des amortissements et des provisions.

Toutefois la fraction d'intérêts non déductible peut être reportée et déduite au titre des exercices ultérieurs sans dépasser 5 ans dans le respect des limites définies sur le solde rémunéré et sur le montant total des intérêts déductibles.

<u>Précision :</u> Les conditions subséquentes relatives au montant total des intérêts nets déductibles annuellement sont définies et détaillées par les items 5 et suivants du paragraphe 2 de l'article 9 CGI.

III.2.2.1 – Intérêts versées aux associés personnes physiques

Les critères de déductibilité des intérêts des comptes courants d'associés versée aux personnes physiques sont plus simples et se résument au respect des conditions qui suivent :

i) le capital social de la société versante doit être entièrement libéré ;

ii) le taux de rémunération ne doit excéder le taux d'escompte en cours de la BCEAO augmenté de 3 points.

iii) les soldes rémunérés par la société ne doivent pas dépasser le capital social.

Application 13

Cas de la société Kossi Lumineux

Kossi Lumineux est une SA spécialisée dans la vente et l'installation de lampes décoratives. Son capital est de 50 000 000F entièrement libéré.

Le solde du compte courant des associés personnes physiques est rémunéré au taux d'intérêt de 12% s'est élevé durant l'exercice clos en 2020, à 25 000 000F pour la période du 1er janvier au 30/04/2020 et à 75 000 000F pour la période de 1er mai au 31/12/2020

Le taux d'escompte de la BCEAO pour l'année est de 4,5%

__Travail à faire :__ Déterminer le montant limite des intérêts admis en déduction et le montant des intérêts à réintégrer extra comptablement.

IV/ DEDUCTION DES AUTRES CHARGES DIVERSES

L'étude de cette dernière section permet de prendre en considération les conditions de déductibilité des frais de siège, frais d'emploi et de représentation, des dons et des pertes proprement dites.

IV.1 – Frais de siège

Il est fréquent que les sociétés imputent à leurs filiales une partie de leur frais généraux. Ces frais ne sont déductibles que dans les limites déterminées par la loi fiscale. Ceux-ci s'entendent des frais de secrétariat, rémunérations du personnel employé au siège et autre frais engagés par la société mère pour les besoins de l'ensemble de ses filiales et/ou établissement stables.

En effet, les entreprises installées au Sénégal, filiales des sociétés mères situées à l'étranger ont la possibilité de déduire des frais de siège en franchise d'IS sous réserve des conventions fiscales internationales.

Cependant le montant déductible est calculé au prorata du chiffre d'affaires global de ces mêmes entreprises participant aux dits frais de siège sans pouvoir excéder 20% du bénéfice comptable réalisé au Sénégal avant déduction de la quote-part des frais de siège.

Application 14

Position du problème

On considère une société, filiale d'une firme moldave installée au Sénégal, qui réalise au terme de l'exercice clos le 31/12/2022 un bénéfice comptable avant impôt de 70 000 000F.

Cette filiale de la société sise à Moldavie passe, au titre du même exercice 90 000 000F en charge de frais de siège.

Déterminer la quote-part des charges admises en déduction et en déduire le montant à réintégrer.

Examen du problème :

On détermine le bénéfice comptable avant déduction des frais de siège : 70 000 000 + 90 000 000 soit un montant 160 000 000.

La quote-part admise en déduction est:
160 000 000 x 20% = 32 000 000.
Donc l'excédent à réintégrer sera 90 000 000 – 32 000 000 = 58 000 000
REC = 58 000 000F

IV.2 – Frais d'emploi et de représentation

Certains dirigeants, engagent dans l'exercice de leur fonction des dépenses de représentation ou de documentation. Ces dépenses engagées, peuvent être remboursées ou versées aux dirigeants sous forme d'indemnités lorsqu'elles ont fait l'objet de justification. Toutefois les allocations forfaitaires admises en déduction sans justification, ne sont pas cumulables avec la déduction des frais réels justifiés.

Les dirigeants ou cadres visés doivent désormais exercer à cet égard une option valable pour l'année entière et pour les années suivantes, tant qu'elle n'est pas expressément dénoncée par ces derniers ;

Précision : La qualité de dirigeant est attribuée au Président du Conseil d'administration exerçant les fonctions de direction, le Directeur général et l'Administrateur délégué pour les sociétés anonymes. S'agissant des SARL, on désigne les Gérants investis des fonctions de direction générale

IV.3 – Donations et libéralités

IV.3.1 – Les dons

Les dons sont des dépenses non liées à l'exploitation. En principe ils ne sont donc pas déductibles. Toutefois la loi fiscale les admet en déduction dans la limite de 0,5 % du chiffre d'affaires et à condition qu'ils soient versés au profit d'organismes, fondations, waqf ou associations d'intérêt général à caractère philanthropique, éducatif ,scientifique, social ou familiale reconnu d'utilité publique désignés par arrêté du Ministre chargé des finances.

L'arrêté ministériel référencé MFB/DGID n°019908 du 05 juin 2023 établi la liste des œuvres ou organismes d'intérêt général à caractère philanthropique, éducatif, scientifique, social ou familiale : il s'agit de :

- Fondation Nationale d'Action Sociale du Sénégal (FNASS)
- Centre Hospitalier de l'Ordre de Malte (CHOM)
- Caritas Sénégal
- Croix Rouge Sénégalaise
- Union Nationale des Aveugles du Sénégal (UNAS)
- Association sénégalaise pour les Nations Unies (ASNU)
- Fondation Marie Louise Mimran
- Fondation « Servir le Sénégal »
- Association « SOS Villages d'enfants »
- Association sénégalaise pour la protection des enfants déficients mentaux (ASEDEME)
- Ligue sénégalaise contre le Cancer (LISCA)
- Le Waqf public, le Waqf d'intérêt public ayant une reconnaissance d'utilité publique ou le Waqf mixte avec composante Waqf public
- Fondation (LONASE)

Précision : Les donateurs, pour déduire la charge doivent joindre à la déclaration de revenus les copies des attestations de versements délivrés par les œuvres ou organismes bénéficiaires.

IV.3.2 – Les libéralités

Les libéralités sont liées indirectement à l'exploitation. Elles sont considérées comme de motivations à caractère généreux, c'est en ce sens qu'elles sont soumises à des limitations. Certaines libéralités accordées au Personnel à l'occasion des manifestions célébrants des baptêmes, décès, arbres de Noël etc. sont déductibles par tolérance fiscale, si leurs montants ne sont pas exagérés.

Application 15

Cas de la SA Solo

L'examen du compte de résultat de la SA Solo au capital de 10 000 000F entièrement libéré fait ressortir un résultat comptable au titre de l'exercice 2018 d'un montant de 72 850 000F.

Le chiffre d'affaires hors taxe est de 820 000 000F. Les dons d'un montant total de 3 000 000F alloués par la société aux différents organismes pour l'exercice clos le 31/12/2022 est ci-dessous détaillé :

- Croix rouge sénégalaise : 500 000F
- Equipe de football du village dont est originaire le DG : 1 000 000F
- AIESEC Sénégal : 200 000F
- UNAS : 200 000F
- SOS village d'enfants : 200 000F
- Caritas Sénégal : 500 000F
- FNASS : 400 000F

Travail à faire : Procéder au traitement fiscal des opérations ci-dessus.

IV.4 – Les aides

Les aides admises en déduction du résultat comptable, sont celles versées en cas de situation de catastrophe déclarée par l'autorité publique. Pour être déductible, la totalité de ces aides doit être versée dans des comptes ouverts au nom de l'Etat sous réserve que soient jointes à la déclaration des résultats, les pièces justificatives attestant de la date et du montant de chaque versement.

Nota : Les dotations accordées à l'Etat dans le cadre de la résilience à la pandémie du Covid-19 entrent dans cette disposition, confirmée dans le paragraphe 4 de l'article 9 CGI.

IV.5 – Les pertes proprement dites

Ce sont des moins-values sèches réalisées. Pour être admises en déduction d'IS, elles doivent réunir les conditions ci-après :

- la perte doit être réalisée au cours de l'exercice ;
- la perte doit être sèche et non donner l'apparence d'un simple manque à gagner ;
- la perte doit être à la charge de l'entreprise.

SOLUTIONS

Application 13

Cas de la société Kossi Lumineux

Etant entendu que le capital est entièrement libéré, on admet la déduction des intérêts versés aux associés personnes physiques à la limite des prescriptions fiscales

- Pour la première période le solde rémunéré n'atteint pas le capital donc on reteint ce solde. Le taux de rémunération ne doit dépasser le taux d'escompte de la BCEAO augmenté de trois points :

On a dans ce cas :
25 000 000 x 4/12 x (4,5+3)% = 625 000

- Pour la seconde période le solde rémunéré dépasse le capital social, auquel cas le capital est retenu comme limite.

On a alors
50 000 000 x 8/12 (4,5+3)% = 2 500 000

Total des intérêts admis à déduction est 3 125 000

Intérêts versés et comptabilisés par Kossi Lumineux :
Première période : 25 000 000 x 4/12 x 12% = 1 000 000
Deuxième période : 75 000 000 x 8/12 x 12% = 6 000 000

Total des intérêts versés = 7 000 000

Donc le montant à réintégrer est 7 000 000 – 3 125 000 = 3 875 000F

Nota : Si le capital social n'était pas entièrement libéré, on n'admettrait évidemment pas de déduction des intérêts, donc le montant comptabilisé de 7 000 000F est à réintégrer.

Application 15

Cas de la SA Solo

On procède d'abord par élimination, en réintégrant les dons alloués aux organismes non énumérés. Il s'agit de :

- l'équipe de football du village dont est originaire le DG pour 1 000 000 ;
- L'AIESEC pour 200 000

Ceci donne : 1 000 000 + 200 000 = 1 200 000

La limite autorisée est 0,5% du chiffre d'affaires soit :
820 000 000 x 0,005 = **4 100 000**

Ce montant est à comparer aux montants alloués aux organismes entrant dans l'énumération de l'arrêté ministériel.

- Les organisme sont : Croix rouge sénégalaise, l'UNAS, SOS village enfants, Caritas Sénégal et FNASS pour respectivement 500 000 + 200 000 + 200 000 + 500 000 + 400 000 = 1 800 000.

En récapitulant sous un tableau on a :

Organismes bénéficiaires	**Déductions autorisées**	**Déductions non autorisées**
Croix rouge sénégalaise	500 000	
Equipe de football		1 000 000
AIESEC Sénégal		200 000
UNAS	200 000	
SOS village d'enfants	200 000	
Caritas Sénégal	500 000	
FNASS	400 000	
Totaux	**1 800 000**	**1 200 000**

La limite des dons autorisés à déduction (car 4 100 000 > 1 800 000) n'est pas dépassée. Dans ce cas on ne réintègre que les dons non autorisés à déduction qui sont d'un montant de 1 200 000

REC = 1 200 000F

Précis de Fiscalité des Affaires
Mamadou Ngom

12

LES AMORTISSEMENTS

Les traitements relatifs aux charges non décaissables portent sur les régimes des amortissements et des provisions. Ces charges sont fiscalement déductibles, mais elles sont strictement réglementées du fait qu'elles doivent faire l'objet de surveillance, eu égard à leur caractère non décaissable.

Dans cette perspective, l'amortissement dont il s'agit ici est l'amortissement physique, comptable ou industriel à la différence de l'amortissement financier qui consiste à rembourser progressivement un capital emprunté.

La définition de l'amortissent en droit fiscal n'a pas évoluer comme ce fut le cas en comptabilité. L'amortissement est un concept qui s'appuie sur la constatation comptable de la dépréciation de valeur dans le temps des immobilisations. Il s'agit de déduction repartie sur une période déterminée, du montant porté à certains postes du bilan. C'est en ce sens qu'il convient de rappeler, que l'entreprise est tenue d'établir un plan d'amortissement prévisionnel. Ce plan est déterminé librement et doit être respecté, même en cas de déficit.

Les déductions opérées sur les résultats en raison de la dépréciation certaine ou latente d'un montant imprécis d'un élément d'actif permettent de poser les règles générales appliquées aux amortissements.

I/ REGLES GENERALES DES AMORTISSEMENTS

L'amortissement d'un bien doit obéir à des règles essentielles qui peuvent être au nombre de quatre :

I.1 – Appartenance des immobilisations à l'entreprise

Il y a lieu de préciser d'abord que l'entreprise ne peut pas amortir le bien dont elle n'est pas propriétaire. Donc les biens loués sont exclus du régime des amortissements sauf pour ces cas précis.

I.1.1 - Cas du crédit-bail

S'agissant du crédit-bail, il est utile de rappeler que le principe de la prééminence de la réalité économique sur l'apparence juridique fait entrer dans le patrimoine de l'entreprise les biens pris en crédit-bail. Car il ne fait pas de doute que la valeur taxable est créée par le preneur et non par le crédit bailleur.

Ainsi, force est de reconnaître que cette opération de vente à terme n'est réalisée qu'au versement de la dernière redevance. Mais ici, les biens en crédit-bail suivent un régime d'amortissement devant être soumis à une surveillance en vertu du caractère incertain de la vente.

I.1.2 - Cas de construction édifiée sur le sol d'autrui

Ce cas porte souvent sur les baux emphytéotiques. On distingue deux situations :

- la situation où les constructions reviennent gratuitement au propriétaire du sol à l'expiration du bail. Il en résulte que l'entreprise qui édifie la construction peut la faire figurer dans son bilan et l'amortir en fonction de la durée de location du terrain.

- par ailleurs, si les constructions reviennent au propriétaire du sol moyennant une indemnité, alors l'amortissement des constructions se fait dans les conditions du droit commun.

I.2 – Dépréciation des immobilisations

I.2.1 - Cas de certaines immobilisations corporelles

Les terrains et les œuvres d'art sont des immobilisations corporelles qui ont tendance à s'apprécier dans le temps, donc ne sauraient être amortis.

I.2.2 - Cas de certaines immobilisations incorporelles

Le fonds de commerce est une immobilisation composée d'éléments corporels et d'éléments incorporels, il ne peut donner lieu à amortissement que lorsqu'il est justifié par une dépréciation définitive sur l'ensemble de ses éléments d'actifs et non sur un seul.

I.3 – Egalité entre la dépréciation et l'amortissement

Les amortissements doivent correspondre à la dépréciation effective, donc l'amortissement exagéré n'est pas déductible. Il est alors déterminé en fonction de la durée probable d'utilisation et du prix de revient, autrement dit la valeur d'origine du bien sous déduction de sa valeur résiduelle éventuelle.

Le Code Général des impôts ne détermine pas les taux d'amortissement que les entreprises appliquent. A la limite l'article 10 CGI consacre les dispositions réglementaires de gestion des amortissements.

Retenons les taux usuels d'amortissement ci-après.

Immobilisations	Taux en %	Durée en années
Immeubles d'habitation ou commerciaux	2 à 4	25 à 50
Immeubles industriels	5	20
Bâtiments légers	6,66 à 10	10 à 15
Mobiliers de bureau	10	10
Matériels industriels	10 à 20	5 à 10
Matériels de transport particulier	20	5
Camions, Taxis ou voitures d'auto-école	25	4
Matériels roulant en brousse ou tracteur	33 ,33	3
Brevets	20	5
Logiciels	20 à 33,33	3 à 5

I.4 – Comptabilisation effective de l'amortissement

Les amortissements doivent figurer par recoupement pour le montant au bilan, au compte d'exploitation et aux notes annexes, c'est une condition de forme. C'est en cela qu'ils doivent être comptabilisés même en période déficitaire.

La comptabilisation des amortissements en période déficitaire permet à l'entreprise de déterminer des amortissements réputés différés (ARD) imputables sur les résultats des exercices ultérieurs sans limitation de délais. Mais seulement après les avoir réintégrés dans le résultat fiscal de l'exercice déficitaire.

II/ REGIMES D'AMORTISSEMENTS

En principe le Fisc n'impose pas de régime particulier d'amortissement. En marge de celui dit constant ou linéaire, le Fisc réglemente le régime des amortissements dits accélérés et des amortissements dégressifs.

Par ailleurs, des dispositions exceptionnelles nous poussent à étudier le régime des amortissements dérogatoires qui sont de nature fiscale, car appliqué généralement dans le cadre d'une politique conjoncturelle.

II.1 - Amortissements linéaires ou constants

C'est le régime du droit commun, la dotation annuelle d'amortissement est constante. Cette dotation est calculée sur la durée normale d'utilisation de l'immobilisation.

II.1.1 – Détermination du taux d'amortissement

Le taux d'amortissement est fonction de la durée probable d'utilisation du matériel immobilisé. Si par exemple, la durée probable d'utilisation d'une machine est de 4 ans, son taux d'amortissement est 25%. Il est traduit par 100/n; n étant la durée exprimée en année, soit : 100/4 = 25.

II.1.2 – Calcul de l'amortissement

En principe le point de départ de l'amortissement est la date de mise en service du matériel et non la date de la commande ou du paiement. Il convient de concilier la date de mise en service la date de livraison.

La base de la valeur amortissable est exprimée hors TVA, lorsque la TVA est déductible. Cette base est exprimée TTC lorsque la TVA supportée sur le bien ou l'opération n'est pas déductible.

Du point de vue théorique, la première annuité ne peut être comptabilisée que pour la période d'utilisation effective exprimée en jours. Par simplification, il est loisible d'utiliser l'année commerciale en la décomposant en mois plutôt qu'en jours ou semaines. Dans ce cas, le mois d'entrée c'est-à-dire de mise en service est compté en entier quelque que soit le nombre de jour et le mois de sortie non pris en compte.

II.2 - Amortissements accélérés

L'article 10 CGI permet à l'entreprise de passer des amortissements accélérés. Le principe de cet amortissement consiste à comptabiliser en plus de l'annuité calculé en considération de la durée de vie normale de l'élément d'actif une annuité complète sur 12 mois. La durée d'amortissement est alors réduite d'une année.

L'application de ce régime est soumise aux conditions qui suivent :

- Le matériel doit être utilisé exclusivement pour les opérations industrielles de fabrication, de manutention, de transport, de pêche, d'élevage, d'exploitation agricole ou remplir une fonction anti-polluante lorsque l'équipement est agréé par le département ministériel compétent.
- Le matériel doit être utilisable pendant une période égale au moins à 5 ans.

II.3 - Amortissements dégressifs

Ce régime a été introduit dans le dispositif fiscal sénégalais par la loi 87- 10 du 27 février 1987. Il permet à une entreprise dans les premières années d'utilisation d'un bien, de passer des amortissements d'un montant important par rapport aux annuités de l'amortissement linéaire.

Cette pratique permet à l'entreprise de bénéficier d'un avantage financier appréciable pouvant lui permettre de renouveler plus rapidement ses immobilisations.

II.3.1 – Principe

L'application de ce régime est soumise au respect de ces trois conditions :

- le bénéficiaire doit être une entreprise industrielle ;
- la durée d'utilisation du bien doit être au moins égale à 5 ans ;
- les immobilisations concernées doivent être des biens d'équipement acquis ou fabriqués depuis le 1er janvier 1987, à l'exclusion des immeubles d'habitation et des locaux servant à l'exercice de la profession.

II.3.2 - Calcul des annuités d'amortissements dégressifs

Le taux d'amortissement dégressif est obtenu en multipliant le taux d'amortissement linéaire correspondant à la durée normale d'utilisation du bien par un coefficient. Ce coefficient est défini en fonction de la durée d'utilisation du bien.

- Il est égal à 2 si la durée d'utilisation est de 5 ans ;
- ledit coefficient est de 2,5 si la durée d'utilisation est de plus de 5 ans.

II.3.3 – Avantages du régime dégressif

La pratique de l'amortissement dégressif présente un avantage fiscal et financier pour l'entreprise surtout en période d'augmentation de prix.

Du point de vue fiscal, l'amortissement dégressif se traduit par une économie d'impôt durant les premières années en raison de l'augmentation de la déduction des charges.

Du point de vue financier, l'avantage est ressenti sur la trésorerie, car l'amortissement ayant un caractère de charge non décaissable crée en contrepartie l'équivalence en disponibilité monétaire.

Application 16

Position du problème :

Considérons une entreprise industrielle qui a acquis un bien éligible au régime de l'amortissement dégressif pour un montant de 2 500 000F le 1er janvier 2020. Le bien est amortissable en 5 annuités.

Travail à faire : *Déterminer le tableau des annuités admises en déduction*

Examen du problème :

Le taux linéaire est 100/5 = 20 soit : 20%.
Le taux dégressif sera = 20% x 2 = 40%

Lorsqu'à la clôture de l'exercice l'annuité de l'amortissement dégressif devient inférieure à l'annuité correspondant au quotient de la valeur résiduelle par le nombre d'année restant à courir à compter de l'ouverture de l'exercice, l'entreprise applique un amortissement linéaire sur cette valeur résiduelle.

Pour la fraction égale à 100/5, on a 20<40, on retient 40%
Pour la fraction égale à 100/4, on a 25<40, on retient les 40%
Pour la fraction égale à 100/3, on a 33< 40 on retient toujours les 40%
Enfin pour la fraction égale à 100/2, on a 50> 40 on retient les 50%

Soit 540 000 x 40% = 216 000
216 000 < 540 000/2 =270 000

C'est pour cette raison qu'on passe 270 000 comme amortissement.
On retient le tableau d'amortissement qui suit :

Années	Taux	Valeurs résiduelles	Annuités	Valeurs cumulées des amortissements
2020	100/5	2 500 000	1 000 000	1 000 000
2021	100/4	1 500 000	600 000	1 600 000
2022	100/3	900 000	360 000	1 960 000
2023	100/2	540 000	270 000	2 230 000
2024	1	270 000	270 000	2 500 000

Les annuités constituent les dotations d'amortissement

II.3.4 – Dispositions communautaires sur les amortissements dégressifs

Dans le cadre de l'harmonisation des modalités de détermination du résultat imposable des personnes morales au sein de l'UEMOA, la Directive n°01/2008 élargit les conditions d'application du régime des amortissements dégressifs en ce qui concerne la détermination du taux dégressif.

Le taux dégressif est obtenu par l'affectation au taux linéaire d'un coefficient fixé en fonction de la durée de vie du bien, de la manière suivante :

- 1,5 lorsque la durée normale d'utilisation du matériel est de 3 ou 4 ans ;
- 2,0 lorsque cette durée normale est de 5 ou 6 ans ;
- 2,5 lorsque cette durée normale est supérieure à 6 ans

II.4 - Amortissement des biens loués en crédit-bail

II.4.1 - Principe

Il est clair que les biens mis en location dans le cadre d'une opération de crédit-bail, sont amortissables chez le preneur sur la durée d'utilisation du bien. Par contre si les biens sont amortissables chez le bailleur, la période d'amortissement est la durée stipulée dans le contrat et non la durée d'utilisation du bien.

II.4.2 - Traitement

Le contrat sur les biens en crédit-bail évoque l'option d'achat par le preneur. Toutefois, en cas de non levée de l'option d'achat par le preneur, la reprise du bien, objet de l'opération de crédit-bail par le crédit bailleur est assimilée à une opération de cession.

II.5 - Amortissement dérogatoire

II.5.1 - Principe

L'amortissement dérogatoire est un amortissement de nature fiscale. Il se caractérise comme la fraction d'amortissement comptable ne correspondant pas à l'objet normal d'un amortissement. Autrement dit, il résulte de la différence entre l'amortissement fiscal et l'amortissement économique.

L'amortissement dérogatoire est régi par le principe de la prééminence de la réalité économique sur l'apparence juridique. C'est aussi une mesure d'aide fiscale à l'investissement. Cet amortissement s'assimile à une « subvention » fiscale, remboursable du fait que les annuités futures sont quasiment nulles.

II.5.2 - Traitement

Du point de vue comptable, l'amortissement dérogatoire est comptabilisé comme une charge exceptionnelle. En conséquence il faut les faire figurer aux capitaux propres pour ne pas les associer à la détermination de la valeur comptable des biens concernés.

III/ AMORTISSEMENTS REPUTES DIFFERES

III.1 - Principe

En période déficitaire, la prise en compte des amortissements rend le déficit plus grave entrainant à terme des problèmes de trésorerie. Pour remédier à cette situation, le droit fiscal a prévu en son article 10 CGI, la possibilité de sauver les amortissements de ce déficit, en les réintégrant extra comptablement en vue de les différer sans limitation de délai sur les exercices excédentaires à venir.

Cette façon de faire répond au principe des amortissements réputés différés (ARD) en période déficitaire qui permet une meilleure prise en compte de la déduction des amortissements. Car la déduction est à notre avis plus significative du point de vue fiscal dans un résultat bénéficiaire que dans un déficit.

III.2 – Conditions d'application

III.2.1 – Conditions de fond

La possibilité de différer des amortissements inscrits en comptabilité n'est admise qu'en cas de déficit fiscal réalisé par l'entreprise.

Le report des amortissements sur les exercices excédentaires n'est possible que lorsque l'entreprise réintègre extra comptablement les amortissements en cas de déficit. Après réintégration des amortissements sur le résultat déficitaire, on obtient un déficit ordinaire (ou déficit compte non tenu des amortissements) reportable sur 3 ans.

III.2.2 – Conditions de forme

La réintégration des amortissements doit apparaître dans le relevé déclaratif de l'IS après leurs inscriptions en comptabilité. Donc, les amortissements ne peuvent être différés que lorsqu'ils sont passés en comptabilité. De plus ils sont imputables que lorsqu'ils sont constitués durant la période déficitaire.

III.2.3 – Effets

Les ARD en période déficitaires sont reportables sur les exercices bénéficiaires sans limitation de délai. Tandis que le déficit ordinaire obtenu après avoir retranché du résultat fiscal les ARD n'est reportable que pour une période de 3 ans.

Application 17

Cas de la Société Libidor

Libidor SARL a clôturé son exercice le 31/12/2024 avec un bénéfice comptable de 45 millions. Un examen des comptes de charges et des produits montre que pour la détermination de son résultat fiscal, Libidor SARL doit opérer des réintégrations extracomptables de 5 millions et des déductions extracomptables de 3 millions.

Par ailleurs au titre de l'exercice clos en 2024, elle a comptabilisé 10 millions de dotations d'amortissements.

Les reports déficitaires des exercices antérieurs sont les suivants :
2020 : DOR = 2 millions et ARD = 5 millions.
2021 : DOR = 4 millions et ARD 5 millions
2022 : DOR = 5 millions et ARD 8 millions
2023 : DOR = 3 millions et ARD 5 millions
On note : DOR = déficit ordinaire à reporter

Travail à faire : Procéder au traitement fiscal de ces opérations pour la détermination du résultat imposable de Libidor SARL au titre de l'exercice 2024

Application 18

Cas de la SA Delta Industries

Au 31 décembre 2014 Delta Industries, une S.A au capital de 50 000 000F entièrement libéré a réalisé un chiffre d'affaires de 950 000 000F, l'exercice de la Société coïncide avec l'année civile.

Au cours de ses traitements fiscaux, la SA a procédé au titre de l'exercice 2014 des réintégrations extracomptables notées REC pour un montant de 4 850 240F et des déductions extracomptables notées DEC d'un montant de 15 400 400F.

On précise que le résultat comptable (RC) de l'exercice est constitué des 4/5 du résultat fiscal (RF) et les amortissements de la période s'élève à 18 250 300F.

Travail à faire :

1/ Déterminer les montants respectifs de RF et de RC

2/ Procéder à la constitution du déficit ordinaire à reporter (DOR) et des amortissements réputés différés sachant que le résultat fiscal trouvé est déficitaire.

3/ Pour un RF de 37 750 800F obtenu au titre de l'exercice 2015, optimiser l'impôt dû en reconstituant après traitement les ARD s'il y a lieu.

4/ Vérifier que le montant des ARD constitué en 2015 est égal à 15 000 000F

SOLUTIONS

Application 17

Cas de la Société Libidor

On détermine d'abord le résultat fiscal de l'exercice 2024

RF = RC + ∑ REC – ∑ DEC
On note RF = résultat fiscal, RC = résultat comptable,
REC = réintégration extracomptable et DEC = déduction extracomptable
On obtient alors RF = 45 000 000 + 5 000 000 – 3 000 000
RF = 47 000 000

Les déficits ordinaires étant reportables sur une période de 3 ans inclusivement, donc les déficits concernés sont ceux de 2023, 2022 et 2021. On construit le tableau suivant

Années	Déficits ordinaires constitués	DOR imputables	Amort. différés constitués	ARD imputables
2020	2 000 000	-	5 000 000	5 000 000
2021	4 000 000	4 000 000	5 000 000	5 000 000
2022	5 000 000	5 000 000	8 000 000	8 000 000
2023	3 000 000	3 000 000	5 000 000	5 000 000
Totaux	**14 000 000**	**12 000 000**	**23 000 000**	**23 000 000**

Précision : le traitement doit se faire d'année en année et non simultanément. Il est alors loisible de commencer par les DOR car ils ne sont reportable que sur 3 ans

Années	DOR imputables	ARD imputables	Totaux DOR et ARD	RF constaté	RF corrigé
2020	-	5 000 000	5 000 000	47 000 000	42 000 000
2021	4 000 000	5 000 000	9 000 000	42 000 000	33 000 000
2022	5 000 000	8 000 000	13 000 000	33 000 000	20 000 000
2023	3 000 000	5 000 000	8 000 000	20 000 000	12 000 000
2024				**12 000 000**	**12 000 000**

Sur les 23 millions d'ARD, on retient le montant égal à la hauteur du déficit. Etant donné que celui-ci est toujours supérieur aux ARD, aucun problème de déduction ne se pose. Au cas contraire, on déduit juste à la hauteur du déficit pour ne pas créer un cumul de déficit.

Finalement RF corrigé = RF - DOR - ARD
On a RF corrigé = 47 000 000 – 12 000 000 – 23 000 000
RF corrigé = 12 000 000
Le résultat fiscal retenu devient alors égal à 12 millions FCFA

Application 18

Cas de la SA Delta Industries

Exercice : 2014
Capital : 50 000 000F
CAHT : 950 000 000F

1/ Détermination RF et de RC.

On sait que RF = RC + ∑ REC - ∑ DEC, avec RC = 4/5 RF
On donne ∑ REC = 4 850 240 et ∑ DEC = 15 400 400. On trouve :
RF = 4/5 RF + 4 850 240 – 15 400 400
1/5 RF = -10 550 160
RF = -52 750 800F un déficit fiscal
RC = -52 750 800 * 4/5 = -42 200 640F une perte comptable

2/ Constitution des DOR et des ARD

Les amortissements de la période sont de 18 250 300
DOR = RF (déficitaire) + Amortissement
DOR = -52 750 800 + 18 250 300 = -34 500 500
On retient DOR = 34 500 500F et ARD = 18 250 300F

3/ Optimisation du résultat fiscal de 2015.

Le RF de 2015 est excédentaire, en reprenant les DOR et ARD constitués on a :
RF optimisé = 37 750 800 – 34 500 500 – 3 250 300 = 0
L'ARD résiduel est 18 250 300 – 3 250 300 = 15 000 000 à constituer

4/ Vérification

L'ARD constitué en 2015 est bien égal à 15 000 000F
ARD constitué = 15 000 000
15 000 000 = 15 000 000 *cqfd*

Précis de Fiscalité des Affaires
Mamadou Ngom

13

LES PROVISIONS

I/ ASPECTS GENERAUX

I.1 - Définition

La provision est une déduction destinée à faire face soit à une dépréciation d'un élément d'actif, soit à une charge. Cette dépréciation ou charge est précise quant à son objet mais incertaine quant à son montant.

Elle doit toutefois être probable quant à sa réalisation. Il convient de préciser qu'en droit fiscal, la provision doit porter sur un objet bien précis et se rapporter à une probabilité plutôt qu'à une simple éventualité. L'aspect probable de la provision relève de sa convergence vers la certitude. Les provisions, pour être déductibles, doivent en principe répondre à cette définition.

Il est toutefois admis par dérogation, la déduction de certaines sommes à titre de provisions réglementées alors qu'elles ne remplissaient pas les conditions précitées.

I.2 - Principe

La plupart des règles comptables, applicables aux provisions, sont valables en droit fiscal avec toutefois certaines particularités. Une provision est constituée lorsqu'il y a présomption qu'une charge va se réaliser ou qu'un élément d'actif va faire l'objet d'une moins-value. Cette présomption est doublée d'une incertitude sur deux points, la date de réalisation de la moins-value, le montant pour lequel cette perte ou cette charge va se réaliser.

En conséquence, la loi fiscale a autorisé à titre provisoire la déduction de la perte ou de la charge qui va se réaliser, tout en la soumettant à une surveillance.

II/ CRITERES DE SUIVI DES PROVISIONS

II.1 - Conditions de déductibilité des provisions

II.1.1 - Conditions de fond

- La perte ou la charge doit être nettement précisée. Et sa réalisation doit être probable et non simplement éventuelle

- La perte ou la charge doit trouver son origine dans l'exercice en cours, en application du principe de spécialisation des exercices.

- La perte ou la charge provisionnée doit être elle-même déductible. Seule une perte ou une charge déductible peut donner lieu à la constitution d'une provision déductible du résultat fiscal.

II.1.2 - Conditions de forme

Pour le calcul de l'impôt il est interdit de faire état des charges ou pertes et particulièrement des provisions qui n'auraient pas été inscrites en comptabilité.

A cet effet, pour être déductible, les provisions doivent faire l'objet d'inscription dans un relevé spécial annexé à la déclaration de résultat. Toute provision qui n'aurait pas été passée en comptabilité avant l'expiration du délai limite de la déclaration des résultats, ne serait pas admise en déduction même suite à une rectification comptable ou à un rehaussement opéré par le Fisc.

II.2 - Surveillance de la provision

A la différence des amortissements qui présentent un caractère définitif, les provisions ne sont que provisoires. Lorsque la charge provisionnée ne se réalise pas, la comptabilité doit procéder à une reprise de celle-ci par la constitution de compte de produit afférent à la limite de la partie non réalisée. Car il est bien évidement interdit de faire usage de gomme, de rature ou simple écrasement.

L'approche fiscale de la surveillance résulte des diverses régularisations dictées par différents évènements.

II.2.1 - La perte ou la charge provisoire se réalise

Si le montant de la perte est supérieur à la provision, la déduction est définitive. Il est possible pour couvrir totalement le montant de la perte ou de la charge, d'effectuer une déduction complémentaire.

Par contre si la perte est inférieure à la provision, la différence est réintégrée extra comptablement.

II.2.2 - La provision devient sans objet en partie ou en totalité

Lorsqu'il y a une certitude que la perte ou la charge ne se réalisera pas, ou qu'elle ne se réalisera que partiellement, l'entreprise doit réintégrer la provision dans sa totalité ou une partie dans les résultats de l'exercice au cours duquel elle est devenue sans objet.

Lorsque l'entreprise n'a pas procédé elle-même à la réintégration de la provision, les éventuelles rectifications à effectuer par le Fisc sont soumises aux règles de prescriptions en matière d'impôt.

II.2.3 - La provision est irrégulière dès l'origine

Lorsque la provision est irrégulière dès l'origine, elle doit être rapportée dans les résultats de l'exercice au cours duquel elle a été constituée. Toutefois si cet exercice est couvert par la prescription, la provision à réintégrer est rattachée à l'exercice le plus ancien.

II.2.4 - La provision reçoit tout ou partie d'une affectation autre que la compensation de la perte

La réintégration dans les résultats imposables de la provision pour créances douteuses doit s'opérer dans le résultat de l'exercice au cours duquel l'événement s'est produit compte tenu des règles de prescription en matière d'impôt.

III/ NATURE DES PROVISIONS

L'examen de la nature des provisions conduit à distinguer les provisions pour dépréciation, les provisions pour pertes et charges et enfin les provisions réglementées.

III.1 – Provisions pour dépréciation

Les provisions pour dépréciation pour être déductibles doivent être nettement précisées et individualisées. Donc le montant de la provision ne peut être approximatif ou même non définitif.

III.1.1 – Provisions pour dépréciation des immobilisations

Dans ce cas de figure, il convient de distinguer les immobilisations amortissables et les immobilisations non amortissables.

La provision pour dépréciation des immobilisations amortissables est en principe non admise en déduction, car la dépréciation est normalement constatée par les amortissements.

En revanche, lorsque la provision porte sur des immobilisations non amortissables celle-ci est déductible si, et seulement si elle respecte les conditions de déductibilité.

III.1.2 – Provisions pour dépréciation de titres

Les provisions pour dépréciation de titres de participation, d'obligations et autres valeurs mobilières de placement ne sont pas admises en déduction. En effet l'application du principe de prudence peut revêtir ici un caractère spéculatif.

Le traitement fiscal de ces provisions consacre la non compensation entre les plus-values et les moins-values qui résultent de la fluctuation des valeurs mobilières.

III.1.3 – Provisions pour dépréciation de stocks ou en-cours

Il n'y a pas de doute que les provisions pour dépréciation de stocks sont déductibles si les règles d'évaluation de stocks sont respectées. De plus la dépréciation est fortement liée à la certitude probabiliste plutôt qu'à une simple éventualité

III.1.4 – Provisions pour dépréciation de créances clients

Ce sont les provisions les plus controversées. En principe les provisions sur les créances douteuses, incertaines, litigieuses ou irrécouvrables sont déductibles en application du principe de prudence. Car les pertes probables sont provisionnées à condition qu'elles soient individualisées. Leurs montants doivent être calculés hors TVA. En cas de déductions forfaitaire, celles-ci doivent s'appuyer sur des données statistiques officielles ou bien précisées.

III.2 – Provisions pour risques et charges

Il s'agit d'étudier les provisions pour charges de personnel, les provisions pour impôt et les provisions pour pertes de change.

III.2.1 – Provisions pour charges de personnel

Les provisions du genre indemnités de départ à la retraite, gratifications ou congés payés aux membres du personnel ne sont déductibles qu'au titre de leur paiement.

Ainsi, les provisions pour congés payés sont déductibles l'année suivant leur constitution, car elles deviennent des charges réelles et effectives. Elles sont réintégrées extra comptablement dans le résultat comptable en période d'imposition.

En définitive, les provisions pour congés payés constituées en année N sont réintégrées extra comptablement et celles de N-1 déduites extra comptablement.

Application 19

Cas de l'entreprise Walo

L'entreprise Walo est une SARL au capital de 1 000 000F. Elle a pour activité la location de services ménagers domestiques et professionnels. Son bénéfice comptable pour l'exercice 2020 est 40 000 000F.
Elle a comptabilisé au titre des provisions pour congés payés

- 22 000 000 au 31 décembre 2019
- 25 000 000 au 31 décembre 2020

Travail à faire :
Analyser le poste provisions pour congés payés au regard du droit fiscal pour la détermination de l'IS au titre de l'exercice 2020.

III.2.2 – Provisions pour impôts

Les provisions pour impôts ne sont déductibles que lorsqu'elles se rattachent à des impôts déductibles (patente, droits d'enregistrements, TVA non déductible, contribution forfaitaire à la charge des employeurs et l'impôt foncier bâti appartenant à la l'entreprise).

En revanche les provisions pour pénalités ou amendes fiscales ne sont pas déductibles. Il en est de même pour les provisions sur des impôts non déductibles d'IS (IS, IMF, IRPP, Taxe spéciale sur les voitures particulières des personnes morales).

III.2.3 – Provisions pour perte de change

Ces provisions ne sont déductibles que lorsqu'elles portent sur une perte en devises correspondant à un montant dont l'échéance est de moins d'un an.

La partie de la dette correspondant au montant en devises à échéance supérieure à un an doit être intégrée extra comptablement pour la détermination du résultat fiscal. Cette provision doit au préalable être enregistrée dans un compte d'attente à régulariser.

Il convient de préciser que les gains probables de change ne sont pas enregistrés comme produit en application du principe de prudence. A cet effet, les pertes de change enregistrées en charge comme provisions doivent être donc bien soumises à cette restriction.

III.3 – Provisions réglementées

Certaines provisions, revêtant des caractères particuliers en fonction de la nature de la société sont admises en franchise d'impôt suivant une certaine limitation prévue par l'article 11 CGI.

III.3.1 - Provisions des banques, établissements financiers et sociétés de crédits fonciers

Les banques et les établissements financiers qui accordent des prêts à moyen et long terme ainsi que les sociétés qui effectuent des opérations de crédits fonciers ont la possibilité de constituer une provision forfaitaire. Cette provision peut atteindre 5% du bénéfice comptable de chaque exercice, mais limitée à 5% du total des crédits à moyen et long terme effectivement utilisé. Il faut entendre par ce crédit utilisé l'encours ; c'est à dire les décaissements effectués, diminués des renouvellements effectués.

La provision forfaitaire n'est pas cumulable avec une provision pour dépréciation de créances constituées en application des normes de prudence édictées par BCEAO.

III.3.2 - Provisions des compagnies d'assurances

Les provisions techniques constituées par les compagnies d'assurances, conformément aux prescriptions du Code de la Conférence Interafricaine des Marchés d'Assurances (CIMA) sont admises à déduction du résultat comptable;

III.3.3 - Provisions des entreprises de navigation maritime agréées

Les entreprises de navigation maritime agréées par décision du Directeur général des impôts, sont admises à déduire les provisions constituées en vue de faire face aux dépenses exigées par les grosses réparations et remises en état de reclassification pour le maintien de la côte.

Ces entreprises intéressées sont autorisées à constituer pour chaque navire, une provision pour reclassification qui sera calculée comme suit tel que stipulé par l'annexe III du livre I portant CGI.

- l'exercice durant lequel sera effectuée la reclassification devra comporter 25% de la dépense totale ;

- les 75% complémentaires pourront être provisionnés au titre de chaque exercice au prorata du nombre de mois s'écoulant entre la fin de la précédente reclassification, et le 1er janvier de l'année de reclassification suivante.

La base de calcul de cette provision sera le montant prévu par les services techniques de l'entreprise d'armement pour les dépenses à engager pour les reclassifications futures.

III.3.4 - Provisions du concessionnaire d'une convention de partenariat public-privé

Le concessionnaire d'une convention de partenariat public-privé telle que prévue par la loi relative aux contrats de construction (CET) a la possibilité de constituer des provisions en franchise d'impôt. Les provisions ciblées sont celles constituées au cours de la période d'exonération à l'impôt et reprises postérieurement à cette période. Toutefois, les provisions en cause devront faire l'objet d'une déduction extracomptable ;

Application 20

Etude de cas – la SA CMA

La société anonyme Cordonnerie Moderne d'Afrique (CMA) au capital de 60 000 000F entièrement libéré est implantée au Sénégal. CMA possède une solide expérience dans le domaine de l'exploitation de la maroquinerie haut de gamme et participe au capital d'entreprises de l'UEMOA de la même branche d'activité.

Pour l'exercice 2018, elle présente un résultat comptable avant impôt de 38 400 000F et un chiffre d'affaires hors taxe de 940 000 000F.

L'extrait des opérations sur ses produits financiers et produits d'exploitation fournit les informations suivantes :

1/ Intérêts reçus de la BRVM rémunérant la détention de bons du Trésor de l'Etat du Mali. Montant : 6 000 000F ;

2/ CMA a encaissé des dividendes de sa filiale dénommée Sahel Cuir SARL installée au Niger dont elle détient 5% des actions sous forme nominative depuis 3 ans. Les dividendes nets reçus s'élève à 10 800 000F

3/ La filiale de Bamako verse des dividendes d'un montant net de 13 050 000F. CMA détient depuis 6 ans 30% des actions de cette filiale. La valeur nominale de ses actions figure au bilan de la SA CMA pour un montant de 6 000 000F.

4/ Les intérêts des obligations émis par l'Etat du Benin reçus par la SA pour la même période s'élèvent à 9 000 000F.

5/ Intérêts nets bancaire reçus du compte courant : 1 104 000F.
Le taux de la retenue à la source est de 8% ;

6/ Plus-value de 2 750 000F, réalisée à la suite d'une cession de chaine de machines à coudre acquise il y a 6 ans d'un montant de 8 500 000F. la société CMA s'engage à réinvestir en immobilisations un montant de 12 000 000F dans les 4 prochaines années.

<u>Travail à faire :</u>

I/ Procéder aux traitements extracomptables des écritures passées au compte de produits afin de déterminer le résultat fiscal de l'exercice 2018.

II/ On rappelle que le résultat de l'exercice 2017 présente un déficit fiscal 8 171 000F, optimiser le résultat fiscal de 2018 sachant que les amortissements de l'exercice 2017 sont d'un montant de 3 750 000F. Déterminer le montant des ARD à reporter s'il y a lieu au titre des exercices ultérieurs.

Nota : Seules les dispositions de la directive 01/2008/CM/UEMOA sont applicables

SOLUTIONS

Application 19

Cas de l'entreprise Walo

Étant entendu que la provision pratiquée en comptabilité au 31 décembre 2019 a été réintégrée dans le résultat fiscal du même exercice, elle sera déductible l'année suivante i-e en 2020.

Le procédé est simple, la provision pour congés payés de l'année en cours doit être réintégrée extra comptablement pour être admise en déduction extracomptable en année N+1. Dans ce cas, elle est perçue comme charge effective.

On peut écrire alors :

$RF_{2020} = RC_{2020} - PCP_{2019} + PCP_{2020}$,

avec PCP = Provision pour congés payés

$RF_{2020} = 40\ 000\ 000 - 22\ 000\ 000 + 25\ 000\ 000$

$\mathbf{RF_{2020} = 43\ 000\ 000}$

Application 20

Etude de cas – la SA CMA

I/ Cas de la SA CMA

Exercice d'imposition : 2018

Capital : 60 000 000F entièrement libéré

Régime d'imposition : Bénéfice réel normal

Activité : Industrie

Résultat comptable = 38 400 000F

CAHT = 940 000 000F

1/ Intérêts des bons du Trésor
Exonérés par l'article 9 Dir. n°01/2009/CM/UEMOA

2/ Dividendes reçus
Régime des sociétés non mères et filiales s'applique, car CMA détient moins de 10% du capital.
Dividendes exonérés = 60% dividendes bruts
Dividendes bruts = 10 800 000 / 0,90 = 12 000 000
Dividende exonérés = 12 000 000 x 60% = 7 200 000

La RAS est 12 000 000 x 10% = 1 200 000 est à réintégrer car c'est un impôt non déductible.

3/ Dividendes reçus
Régime des sociétés mères et filiales s'applique, car les conditions d'éligibilité sont remplies.
Dividendes exonérés = 95% dividendes bruts
Dividendes bruts = 13 050 000 / 0,90 = 14 500 000
Dividende exonérés = 14 500 000 x 95% = 13 775 000

La RAS est 14 500 000 x 10% = 1 450 000 est à réintégrer car c'est un impôt non déductible.

4/ Intérêts obligations émis par le Bénin
Exonérés par l'article 9 Dir n°01/2009/CM/UEMOA

5/ Intérêts bancaires reçus
Intérêts brut = 1 104 000 / 0,92 = 1 200 000
Les intérêts bancaires sont imposables et la RAS est un impôt non déductible.

RAS = 1 200 000 x 8% = 96 000

6/ Plus-value d'exploitation
Elle est imposable car la durée de réinvestissement est supérieure à 3 ans. Donc pas d'exonération

N°	Opérations	REC	DEC
01	Intérêts des bons du Trésor		6 000 000
02	Dividendes reçus	1 200 000	7 200 000
03	Dividendes reçus	1 450 000	13 775 000
04	Intérêts des valeurs d'Etat		9 000 000
05	Intérêts bancaires reçus	96 000	
06	Plus-value d'exploitation		
	Totaux	**2 746 000**	**35 975 000**

Résultat fiscal = RC + ∑ REC - ∑ DEC
Résultat fiscal = 38 400 000 + 2 746 000 – 35 975 000
Résultat fiscal = 5 171 000

II/ Optimisation du résultat

Le déficit ordinaire à reporter (DOR) est obtenu en réintégrant les amortissements de la période sur le déficit.

D'où DOR = 8 171 000 – 3 750 000 = 4 421 000.

Les ARD constitués sont donc d'un montant de 3 750 000

La base imposable = RF – DOR – ARD

En imputant les DOR, on a : 5 171 000 – 4 421 000 = 750 000

D'où BI = 5 171 000 – 4 421 000 – 750 000 = 0

Le montant des ARD à reporter au titre de 2014 est :

3 750 000 – 750 000 = 3 000 000.

Il y a constitution de 3 000 000F d'ARD au titre des exercices ultérieurs

ARD à reporter = 3 000 000F

14

LES PRIX DE TRANSFERT

Les prix de transfert ne peuvent être qualifié de charge, vu leur caractère dynamique. Ils s'identifient à une problématique fiscale internationale soumis à une plus grande surveillance du fait qu'ils se fondent sur des flux intragroupes qui dépassent les territoires fiscaux et, constituent un véritable problème de fiscalité internationale.

I/ PRINCIPES ET ASPECTS GENERAUX

I.1 – Historique

Il est de plus en plus fréquent qu'une société d'un pays donné ait des intérêts à l'étranger. De même qu'une société résidente à l'étranger ait des intérêts dans son propre pays. Naturellement les relations entre personnes (physique ou morales) dépassent largement le cadre des frontières étatiques. Ces relations qui ont connu une rapide progression durant les 30 années qui suivent la seconde guerre mondiale soulèvent bien de nombreux problèmes fiscaux.

À l'origine de tous ces problèmes, se trouve un des principes incontestables du droit fiscal international : celui de la souveraineté fiscale des Etats. Car l'ambition souveraine des Etats est d'élargir leur domaine de définition des revenus soumis à leur sphère d'imposition. Cette souveraineté accorde aux Etats un libre choix de leurs systèmes fiscaux (différents impôts appliqués) et un libre choix des critères d'impositions (domicile, propriété foncière, établissement.). Il en résulterait inévitablement un abus sur les niveaux de prélèvement dicté par les choix budgétaires qui sont à la fois sources de double imposition et de fraude fiscale.

Les pouvoirs fiscaux inter Etats se développent avec la mise en œuvre de nouvelles politiques fiscales locales et communautaires à l'image de l'union européenne (UE). C'est ainsi qu'en « novembre 2016, une centaine de juridictions ont conclus des négociations sur *la Convention multilatérale pour la mise en œuvre des mesures relatives aux conventions fiscales pour prévenir l'érosion de la base d'imposition et le transfert de bénéfices*.

Cet instrument multilatéral, fondé sur le concept de BEPS[17] , « réalisé sous l'égide de l'OCDE et du G20 », lancé en 2013, et réalisé techniquement par l'OCDE en 2015, définit des instruments innovants permettant de lutter contre l'optimisation fiscale excessive pratiquée par certaines sociétés multinationales aux dépens des recettes fiscales des États.

L'adoption de l'instrument multilatéral (IM BEPS) en juin 2017 a conduit à la mise en œuvre de série de mesures permettant d'actualiser les règles fiscales internationales préexistantes visant à lutter contre la fraude fiscale et éviter la double imposition. Ainsi certaines multinationales trouveront mieux de se délocaliser vers d'autres pays à fiscalité bon marché. Il en découle que les méthodes pratiquées par ces entreprises en vue de profiter de avantages fiscaux imposent un nouvel ordre fiscal international : celui de la réglementation des prix de transfert.

L'IM BEPS « entré en vigueur depuis 1er Juin 2018, couvre environ 1850 conventions fiscales bilatérales. Les juridictions signataires s'étendent actuellement sur 100 économies de tous les continents y compris certains pays membres de l'UEMOA comme le Burkina Faso, la Côte d'Ivoire et le Sénégal.

I.2 – Définition

Selon la définition rapporté par l'OCDE[18] : *les prix de transfert sont les prix auxquels une entreprise transfère des biens corporels, des actifs incorporels, ou rend des services à des entreprises associées.*

---

[17] Bases Erosion and Profit Shifting ou « Érosion des bases imposables et transfert de bénéfice

[18] Organisation de coopération et de développement économiques

Dans une assertion plus précise, le prix de transfert aussi appelé prix de cession interne est un outil d'ajustement de prix et de contrôle de bénéfice réalisés sur les opérations commerciales et financières internationales entre sociétés de groupe liées ou dépendantes, opérant dans des juridictions fiscales différentes.

Ainsi, les entreprises d'un même groupe, mais implanter dans des pays différents sont parfois amener à fixer ou ajuster des prix pratiqués entre elles sur des biens cédés ou des services rendues. Les règlementations relatives au prix de transfert ont a pour objet d'éviter les transferts de bénéfices entre entreprises dépendantes.

I.3 – Enjeux

Il est maintenant clair que les prix de transfert se fondant sur une problématique fiscale internationale relative à la fixation, à l'analyse et à l'ajustement des prix pratiqués entre sociétés liées et implantées dans des pays différents. Sur cette idée, la notion de transfert élément déterminant de ce concept déguise une opacité, contrairement à la notion de transaction qui résulte d'une confrontation entre deux unités économiques indépendantes et non dépendantes comme le stipule les prix de transfert. A pareille situation la surveillance ou le contrôle s'avère compliqué surtout quand les unités économiques ont des domiciles différents qui relèvent aussi systèmes fiscaux distingues

Avec plus 60% du commerce mondial réalisés en intragroupe, la gestion des prix de transfert est devenue un enjeu majeur du droit fiscal international. Du point de vue macroéconomique, ces enjeux sont traduits par de fortes tensions budgétaires. Tandis que du côté microéconomique la recherche démesurée de profit et de sécurité pour les groupes reste préoccupante.

A titre illustratif envisageons ces deux de figures :

- Une entreprise dénommée A vend à sa filiale nommée B installée à l'étranger des produits ou biens à prix minoré afin de transmettre la marge bénéficiaire à la filiale. Laquelle marge sera récupérée par la filiale lors de la revente sur le marché local ou international du fait de la fiscalité bon marché. Ce qui permettra à l'entreprise A de ne plus payer sa juste part d'impôt et encaisser des dividendes susceptibles d'être exonérés

- Une société mère peut surfacturer ses prestations rendues à sa filiale par le couvert des frais de siège. Ceci permet en conséquence de réduire la base imposable de la filiale afin de lui faire payer moins d'impôts.

Pour prendre en compte tous ces enjeux, les Etats ont mis en place des réglementations sur ces dits prix de transfert.

II/ REGLEMENTATION DES PRIX DE TRANSFERT

Au Sénégal la règlementation des prix de transfert existait depuis l'avènement de la première codification en 1976. Depuis cette date, la fiscalité internationale s'est développée et se donne à l'heure actuelle des objectifs plus ambitieux que d'éviter la double imposition et de lutter contre la fraude fiscale. Le droit fiscal international se veut de plus en plus interventionniste face à la multi polarisation des marchés.

Les réformes introduites par la loi 2018-10 du 30 mars 2018 apportent un dispositif normatif rigoureux sur la réglementation des prix de transfert en quasi conformité avec le cadre règlementaire de l'OCDE et de l'UEMOA.

L'article 17 CGI définit les procédés réglementant les prix de transfert selon les positions ou situations des sociétés visées.

II.1 – Situation de sociétés sous dépendance ou contrôlant des entreprises hors du Sénégal

Pour la détermination de l'IS des entreprises qui sont sous la dépendance ou qui possèdent le contrôle d'entreprises situées hors du Sénégal, les bénéfices indirectement transférés à ces dernières soit par majoration ou diminution des prix d'achat ou de vente, soit par sous-capitalisation, soit par tout autre moyen, sont incorporés aux résultats accusés par les comptabilités.

Ces bénéfices indirectement transférés sont déterminés par comparaison avec ceux qui auraient été réalisés en l'absence de lien de dépendance ou de contrôle.

Il y a liens de dépendance ou de contrôle entre deux entreprises, lorsque l'une détient directement ou par personne interposée la majorité du capital social de l'autre ou y exerce en fait le pouvoir de décision. Il en de même lorsqu'elles sont placées l'une et l'autre, dans des liens de dépendance, sous le contrôle d'une même entreprise ou d'une même personne.

Nota : La condition de dépendance ou de contrôle n'est pas exigée lorsque le transfert s'effectue avec des entreprises établies à l'étranger dont le régime fiscal est privilégié, ou dans un pays non coopératif

Précision : L'article 18 CGI définit les Etats et territoires non coopératifs comme ceux qui ne se conforment pas aux standards internationaux en matière de transparence et d'échange d'informations dans le domaine fiscal. La liste desdits Etats est fixée par décision du Ministre chargé des Finances.

II.2 – Situation de sociétés en activité à la fois au Sénégal et sous dépendance ou contrôlant des entreprises hors du Sénégal

Le dispositif de détermination du bénéfice imposable au Sénégal des sociétés sous dépendance ou qui contrôlent des entreprises hors du Sénégal s'applique également aux personnes morales exerçant leur activité à la fois au Sénégal et à l'étranger.

Toutefois, pour déterminer le bénéfice d'un établissement stable au Sénégal d'une personne morale étrangère, aucune déduction n'est admise pour les sommes qui seraient, le cas échéant, payées ou dues, à d'autres titres que le remboursement de frais encourus, par l'établissement stable ou siège central de la personne morale ou à l'un quelconque de ses bureaux.

Ces dites sommes entendues comme redevances, honoraires ou autres paiements similaires, pour l'usage de brevets ou d'autres droits, ou comme commissions pour des services précis rendus ou pour une activité de direction ne sauraient être déduites, sauf dans le cas d'une entreprise bancaire, comme intérêts sur des sommes prêtées à l'établissement stable.

III/ OBLIGATIONS DOCUMENTAIRES

Les obligations documentaires sur les prix de transfert sont dictées par les articles 638 et 639 CGI. Celles-ci sont établies en dispositions générales et en disposition particulières.

III.1 – Dispositions générales

A compter d'un chiffre d'affaires de 5 milliards de francs l'obligation documentaire suivant les disposions générales doit être respecter par les sociétés pratiquant les prix de transfert.

Les sociétés visées sont celles qui détiennent à la clôture de l'exercice, directement ou indirectement, plus de la moitié du capital ou des droits de vote d'une société établie ou constituée au Sénégal ou hors du Sénégal ; ou plus de la moitié de son capital ou des droits de vote est détenue, à la clôture de l'exercice, directement ou indirectement, par une société à chiffre d'affaires égal au moins à 5 milliards de francs.

La documentation soumise à la vérification de comptabilité permettant de justifier la pratique de prix de transfert est constituée d'informations générales sur le groupe d'entreprises liées et d'informations spécifiques concernant l'entreprise vérifiée.

Le contenu de cette documentation est fixé par arrêté du Ministre chargé des finances.

Précision : Cette documentation ne se substitue pas aux justificatifs afférents à chaque transaction.

III.2 – Dispositions particulières

L'obligation documentaire portant sur les dispositions particulière s'applique lorsque des transactions de toutes natures sont réalisées avec une ou plusieurs entreprises pratiquant des prix de transfert, établies dans un Etat ou territoire non coopératif.

La documentation portant sur les dispositions générales comporte également, pour chacune de ces entreprises liées, une documentation complémentaire comprenant l'ensemble des documents qui sont exigés des sociétés passibles à l'impôt sur les sociétés, y compris le bilan et le compte de résultat accompagné de déclaration comportant des informations générales sur le groupe d'entreprise liées et des informations particulières concernant l'entreprise déclarante.

Précis de Fiscalité des Affaires
Mamadou Ngom

15

ASSIETTE, LIQUIDATION, DECLARATION ET VERSEMENTS

I/ DETERMINATION DE LA BASE IMPOSABLE

La base imposable est obtenue par la différence entre les produits imposables et les charges admises en déduction. Dans la pratique il est procédé autrement. En effet le bénéfice comptable est corrigé des déductions extracomptables et des réintégrations extracomptables pour déterminer le résultat fiscal.

I.1 - Les réintégrations extracomptables

Elles correspondent aux charges passées en comptabilité et qui ne sont pas admises en déduction de l'assiette selon les règles fiscales.

Etant entendu qu'en comptabilité, les charges viennent en déduction des produits pour la détermination du résultat, l'élimination de la charge consisterait à l'ajouter au résultat comptable. Cette façon de faire est la réintégration extracomptable.

I.2 - Les déductions extracomptables

Au cours de l'exercice, la comptabilité enregistre l'ensemble des produits acquis sans toujours tenir compte des dispositions fiscales exonérant certains produits.

Les produits comptabilisés bénéficiant d'une exonération doivent alors faire l'objet d'une déduction extracomptable.

I.3 - Tableau de détermination du résultat fiscal

L'élaboration du tableau de détermination du résultat fiscal est fonction de la situation déficitaire ou excédentaire de l'exercice. Cette situation est précisée à l'article 16 CGI « le caractère bénéficiaire ou excédentaire d'un exercice doit s'apprécier par référence au résultat comptable augmenté des réintégrations extracomptables et diminué des déductions extracomptables non compris les déficits des exercices antérieurs ».

Ainsi les entreprises ont la possibilité d'imputer le montant de leur déficit fiscal sur le bénéfice des exercices ultérieurs dans un délai de 3 ans à compter de l'exercice déficitaire.

I.3.1 - Cas de résultat déficitaire

En cas de déficit fiscal, le droit fiscal offre la possibilité de réintégrer les amortissements de la période à la hauteur du déficit. Cette façon de faire permettra de différer les amortissements comptabilisés durant l'exercice déficitaire en vue de préparer en toute légalité des économies d'impôt.

A la suite de la réintégrations des amortissements, on obtient un déficit ordinaire, autrement dit un déficit fiscal hors amortissement (DOR) reportable sur 3 ans. En revanche, les amortissements réintégrés sont reportables dans les exercice à venir sans limitation de délai. Ces dits amortissement sont appelés amortissements réputés différés (ARD)

Ce traitement fiscal prépare une belle et sécurisante optimisation que nous nous gardons d'appeler « optimisation par différemment » car, elle se prépare antérieurement durant l'exercice déficitaire.

On peut adopter le schéma suivant en considérant :

RC = résultat comptable ;
DF = déficit fiscal ;
BF = bénéfice fiscal
DOR = déficit ordinaire à reporter ;
ARD = amortissements réputés différés

Pour rappel RF = RC + ∑REC - ∑DEC

Si RF < 0, on peut écrire DOR = DF + ARD *DOR reportable sur 3 ans* *ARD reportables sans limitation de délai*

Précision : la fraction excédentaire des amortissements non réintégrés au DF lors de la constitution des DOR devient nulle et ne saurait reportable

I.3.2 - Cas de résultat excédentaire

En cas d'excédent ou de bénéfice fiscal, on vérifie d'abord s'il y a des DOR à imputer sur le bénéfice fiscal, et ensuite les ARD. L'imputation se fait d'année en année à la hauteur du bénéfice. Autrement dit, on ne doit pas créer un déficit nouveau par le mécanisme de l'imputation. Le schéma suivant peut être retenu :

Si RF < 0, on a BI = BF - DOR – ARD RFC = BI *avec BI ≥ 0*

Précision : BI est le résultat fiscal optimisé qu'on appellera résultat fiscal corrigé noté RFC.

II/ LIQUIDATION DE L'IMPOT

II.1 - Le taux de l'impôt

Le taux d'imposition est de 30% au Sénégal depuis la codification portant loi 2012-31 du 31 décembre 2012. Il s'applique au bénéfice imposable arrondi au millier de francs inférieurs.

Précision : L'article 253 CGI autorise aux entreprises industrielles, agricoles et de téléservices qui exportent au moins 80% de leur production à déduire 50% de leur bénéfice imposable pour le calcul de l'impôt sur le revenu. Pour bénéficier à cette déduction, les entreprises susvisées doivent justifier de l'exportation effective et du rapatriement des devises.

Toutefois les entreprises minières et pétrolières sont exclues de ce régime de faveur.

II.2 - Le crédit d'impôt

L'article 37 CGI autorise aux sociétés et personnes morales passibles à l'IS d'imputer sur le montant dudit impôt, le crédit d'impôt correspondant à la retenue à la source sur les revenus de valeurs mobilières.

Le crédit est reportable sur 3 ans. Toutefois, si aux termes de ce délai, il n'est pas entièrement résorbé, le reliquat pourrait être restitué par voie de réclamation dans les conditions fixées par l'article 693 CGI.

II.3 - Le lieu d'imposition

Le lieu de l'imposition est celui du siège social ou du principal établissement.

II.4 - Le paiement de l'impôt.

L'IS est payé par acomptes provisionnels calculés sur l'impôt dû sur le résultat du dernier exercice, c'est-à-dire celui imposé au titre de l'année précédente.

Les acomptes provisionnels sont exigibles dans les 15 premiers jours du mois de février et le 30 du mois d'avril. Chaque acompte est égal au tiers de l'impôt dû au titre de l'année précédente sauf en cas d'un déficit ou d'insuffisance de résultat.

Le solde doit être payé au plus tard le 15 juin qui suit l'année d'imposition i-e en N+1.

III/ ANNEXES – Tableaux de synthèse pour la détermination de l'IS

III.1 – Tableau des réintégrations extracomptables

CHARGES	CONDITIONS ET LIMITES
1/ Loyers des logements du personnel (arrêté MEF/DGID n° 002886 du 6 mai 2003) : - 1 pièce principale - 2 pièces principales - 3 pièces principales - 4 pièces principales et plus	Fraction supérieure à 1 200 000 F/an - Fraction supérieure à 2 400 000 F/an - Fraction supérieure à 3 600 000 F/an - Fraction supérieure à 4 800 000 F/an
2/ Intérêts rémunérant le compte courant des associés (Art.9, 2^{ement} CGI)	Ne pas dépasser le capital social rapporté au taux d'escompte de la BCEAO + 3 points
3/ Dons aux œuvres sociales agréées (Art.9 3^{ement} CGI) / (Arrêté du Ministre chargé des finances référencé MFB/DGID n°019908 du 05 juin 2023).	Organismes agrées sans dépasser 0,5% du CAHT.
4/ Quote-part des frais de siège (Art.9, 5^{ement} CGI)	Pour la fraction supérieure à la limite de 20% du bénéfice comptable avant déduction de la quote-part des frais de siège.
5/ Assurances décès ou retraite	par fraction de 20%, depuis le 1er janvier 2013
6/ Provision pour congés payés en N	Intégralité
7/ Provisions non déductibles	Intégralité
8/ Impôts non déductibles	IS, IMF, IR sur les salaires et Taxe spéciale sur les voitures particulières des personnes morales.
9/ Sanctions fiscales et pénales de toute nature (Art. 9, 9^{ement} CGI)	Intégralité

III.2 – Tableau des déductions extracomptables

PRODUITS ET AUTRES CHARGES	CONDITIONS ET LIMITES
1/ Plus-values de cession d'éléments d'actif ou de fusion (Art. 19 CGI)	Engagement écrit à réinvestir dans un délai de 3 ans un montant égal ou supérieur aux disponibilités.
2/ Intérêt et tous autres produits des comptes de dépôts ouverts dans les écritures de la BHS (Art. 105 CGI)	
3/ Les intérêts des valeurs d'Etat et de la BCEAO (Art. 105 CGI)	
4/ Intérêts de bons de caisse (Art. 106 CGI)	Retenue à la source libératoire de 20%
5/ Revenus obligations à l'échéance égale ou supérieure à 5 ans (Art.203, 3^{ement} CGI)	Retenue à la source libératoire de 6%.
6/ 60% des produits bruts de participations non éligibles au régime des sociétés mères et filiales	Non admission au régime société mères et filiales.
7/ 95% des produits bruts de participations des sociétés mères dans le capital des sociétés filiales (Art. 22 CGI)	Admission régime société mères et filiales.
8/ Provisions congés payés (année N-1)	Montant réel déjà réintégré
9. Déficits ordinaires (Art.16 CGI).	Dans la limite de 3 exercices
10. Amortissements réputés différés (Art.16 CGI).	Sans limitation de délai.

Application 21

Cas de l'entreprise Cayor Industries

Au 31 décembre 2022 « Cayor Industries », une SA au capital de 50 000 000F entièrement libéré a réalisé un bénéfice comptable avant impôt de 350 000 000F. Son chiffre d'affaires dans la même année est de 3 500 000 000F, l'exercice de la SA coïncide avec l'année civile.

L'examen du traitement fiscal fait ressortir un montant de 38 900 500F affecté au titre des déductions extracomptables et 70 958 300F de charges comptables non admises en déduction fiscale.

Travail à faire :

1/ Déterminer les fractions provisionnelles et leurs délais de paiement sachant que le résultat fiscal de 2021 est de 300 000 000 francs

2/ Déterminer le solde l'IS au titre de l'exercice 2022

SOLUTION

Application 21

Cas de l'entreprise Cayor Industries

1/ l'impôt de l'exercice N est payé en année N+1, sur la base du résultat fiscal de l'année N-1. On définit d'abord le résultat fiscal de 2021 qui est connu.

RF_{2021} = 300 000 000
IS_{2021}= BI x 30% = 300 000 000 x 30%
IS_{2021} = 90 000 000

✓ Le premier acompte est payé au plus tard le 15 février N+1 (2023) sans être inférieur à l'IMF (voir chapitre 11).

Le montant du premier acompte est égal à 1/3 de l'IS de 2021
1er acompte = 90 000 000/3 = 30 000 000
On retient comme premier acompte 30 000 000.
Montant 1er acompte = 30 000 000

✓ Le paiement du second acompte est fixé au plus tard le 30 avril 2023.
Le montant du premier acompte étant supérieur à l'IMF (voir chapitre 11), on retient ce même montant comme second acompte.
Montant 2nd acompte = 30 000 000

2/ Le solde de l'IS de 2022 doit intervenir au plus tard le 15 juin 2023
On détermine le résultat fiscal de l'exercice 2022 qui doit être absolument connue,

RF_{2022} = RC + REC – DEC
RF_{2022} = 350 000 000 + 70 958 300 – 38 900 500
RF_{2022} = 382 057 800
BI = 382 057 000
IS_{2022} = 382 057 000 x 30%
IS_{2022} = 114 617 100

Solde = 114 617 100 – (30 000 000 + 30 000 000)
Solde IS_{2022} = 54 617 100F

16

IMPOT MINIMUM FORFAITAIRE SUR LES SOCIETES

L'impôt minimum forfaitaire (IMF) est traduit comme le minimum de perception en matière d'IS. Il est payé en cas de déficit ou d'insuffisance de résultat. C'est un impôt perçu au profit du budget de l'Etat.

I/ CHAMP D'APPLICATION

I.1 – Les personnes imposables

Les personnes imposables à l'IMF sont celles assujetties à l'IS.

I.2 – Les personnes exonérées

Les personnes morales exonérées à l'IMF sont citées à l'article 39 CGI qui a subi plusieurs modification. Sont exonérés de l'IMF :

Sont exonérées de l'impôt minimum forfaitaire :

1- les entreprises ayant commencé leurs premières opérations dans le courant de l'année précédant celle de l'imposition et les sociétés ayant clos leur premier bilan au cours ou à la fin de ladite année, à la condition, dans ce cas, que l'exercice ne soit pas d'une durée supérieure à 12 mois ;

2- les entreprises ayant pour objet exclusif l'édition, l'impression ou la vente de publications périodiques ;

Précision : Il faut entendre les entreprises de presse qui se livrent à l'édition et à la vente de journaux périodiques.

3- les entreprises ayant cessé toute activité professionnelle antérieurement au 1er janvier de l'année d'imposition et non assujetties à la contribution économique locale dans les rôles de l'année en cours ;

4- les titulaires de permis de recherche minière ou pétrolière pendant la validité du titre de recherche, y compris ses renouvellements et pendant la phase de développement ou d'investissement, sans que celle-ci ne puisse dépasser les durées prévues par les textes régissant les secteurs concernés. Cette exonération est en outre valable pour une durée de 3 années à compter de celle de la première production.

5- Les entreprises nouvelles qui ne relèvent pas du service en charge des grandes entreprises sont exonérées pendant une période de 3 ans à compter de leur date de création.

Précision : la loi 2019-17 du 20 décembre 2019 exonère désormais les nouvelles PME pour une durée de 3 à compter de leur date de création.

II/ TARIF DE L'IMF

L'IMF est déterminé en considération du chiffre d'affaires hors taxes de l'année suivant celle de l'imposition.

L'article 40 CGI fixe désormais l'IMF à 0,5% du chiffre d'affaires de la société. Son montant ne peut être supérieur à 5 000 000 francs.

Précision : Il n'y a plus de minimum de perception de 500 000 francs pour l'IMF.

III/ CALCUL DES ACOMPTES D'IS EN CONSIDERATION DE L'IMF

III.1 – Détermination et versement du premier acompte

Le premier acompte est égal au 1/3 de l'impôt dû au titre de l'année précédente. Toutefois, ce premier acompte ne peut pas être inférieur au montant de l'Impôt Minimum Forfaitaire (IMF).

III.2 – Détermination et versement du second acompte

Le second acompte est égal au 1/3 de l'impôt dû au titre de l'année précédente si le premier acompte était lui-même égale ou supérieur à l'IMF.

Toutefois stipule l'article 217 item 2 : *De même, au titre d'un exercice, le contribuable qui estime que le montant du deuxième acompte provisionnel est supérieur au solde de l'impôt dû, après imputation du premier acompte, peut se dispenser d'effectuer le versement supplémentaire en respectant les conditions visées au premier alinéa ci-dessus.*

L'estimation du montant du second acompte est traduit algébriquement par la différence des 2/3 de l'impôt dû au titre de l'année précédente sous déduction de l'IMF déjà versé. Si ce différentiel est négatif, il est clair qu'il n'y aura pas de second acompte.,

En conséquence, aucun acompte n'est dû si le montant des 2/3 de l'impôt dû au titre de l'année précédente est inférieur à l'IMF. Le contribuable peut se dispenser de verser le deuxième acompte provisionnel s'il juge que le montant qu'il a déjà versé couvre l'impôt dont il est redevable. Il adresse donc à cet effet une correspondance 15 jours avant l'échéance au percepteur pour l'informer de la situation.

III.3 - Détermination et versement du solde

Les acomptes versés pour le compte d'un exercice s'imputent sur le montant total de l'impôt dû au titre de la même année :

Si l'impôt est supérieur au montant des acomptes versés, le contribuable verse le complément pour solder l'IS

En revanche si l'impôt est inférieur au montant des acomptes versés, l'excédent constitue un crédit d'IS reportable sur 3 ans à l'issue duquel il est remboursé. En cas de cessation d'activité ce crédit est aussi remboursable.

Application 22

Cas de la société Baol Décoration

I/ Baol Décoration est une SA au capital de 10 000 000F, implantée dans la banlieue dakaroise. Son activité principale est la fabrication de meubles décoratifs.

En 2020, elle a réalisé un chiffre d'affaires de 840 000 000. Le résultat fiscal de l'exercice clos en 2020 est 29 800 000F.

Travail à faire :

1-Déterminer les acomptes provisionnels sachant que l'exercice 2019 présente un résultat fiscal de 34 200 000F

2- Calculer le solde d'IS à payer

II/ - On considère maintenant que le bénéfice fiscal de l'exercice 2020 est de 20 800 000 (les autres données restant inchangées). Calculer le solde d'IS à libérer

SOLUTION

Application 22

Cas de la société Baol Décoration

I/. 1/ Détermination des acomptes provisionnels

- ✓ On Calcule le premier acompte :

Cet acompte est égal au tiers de l'IS de 2019.

Soit $\frac{34\ 200\ 000 \times 30\%}{3} = 3\ 420\ 000$

La valeur correspondant à 3 420 000 est à comparer au montant de l'IMF.
IMF = 840 000 000 x 0,5% = 4 200 000
Ce montant est supérieur au tiers de l'IS 2019, par conséquent il sera retenu pour le paiement du premier acompte. Donc le premier acompte est égal à l'IMF
1ère acompte = 4 200 000F

- ✓ Calcul du second acompte:

L'impôt de 2019 étant égal à 34 200 000 x 30%, soit 10 260 000.
Le second acompte est égal au 2/3 de cet impôt auquel on retranche l'IMF.
On a alors
2ème acompte = (10 260 000 x 2/3) – 4 200 000
2ème acompte = 6 840 000 – 4 200 000
2ème acompte = 2 640 000F

2/ l'IS de 2020 est de 29 800 000 x 30% soit 8 940 000
Le solde est obtenu par cette différence
Solde = 8 940 000 – (4 200 000 + 2 640 000)
Solde = 8 940 000 – 6 840 000
Solde d'IS_{2020} = 2 100 000F

II/ Pour un résultat fiscal de 20 800 000, l'impôt dû est de 20 800 000 x 30% soit 6 240 000F
IS_{2020} = 6 240 000F

Etant entendu que le cumul des acomptes donne 6 840 000F, montant supérieur à l'impôt dû, la société sera exemptée du versement du solde et disposera d'un avoir fiscal (crédit d'impôt pour le Fisc) à reporter sur 3 ans.
Crédit d'impôt = 6 840 000 – 6 240 000

Crédit d'impôt = 600 000F

Si au bout des 3 années le crédit n'est pas résorbé, la société peut en demander le remboursement.

17

LES REVENUS DE VALEURS MOBILIERES

I/ CHAMP D'APPLICATION

I.1 - Définition

Les revenus de valeurs mobilières dont il s'agit sont ceux distribués par les personnes morales assujetties à l'IS aux porteurs d'actions, de parts sociales, aux dirigeants, aux porteurs d'obligations et autres titres d'emprunt. Les personnes morales soumises à l'IS sont listées au chapitre premier de cette présente partie relativement à l'article 4 CGI.

L'impôt sur le revenu des valeurs mobilières (IRVM) s'applique même en cas de non assujettissement à l'IS. Il frappe aussi les revenus distribués aux commanditaires dans les sociétés en commandite simple, et aux associés autres que ceux indéfiniment responsables dans les sociétés en participation. L'IRVM s'étend également aux revenus distribués par les personnes morales exonérées de l'IS tel que rapporté par l'article 84 CGI.

Les revenus de valeurs mobilières visés sont énumérés par l'article 85 CGI sauf s'ils sont exonérés

1- les dividendes, intérêts, arrérages, revenus et tous autres produits des actions de toute nature et des parts de fondateurs des sociétés, compagnies et entreprises quelconques qu'elles soient financières, industrielles, commerciales ou civiles ou civiles visées à l'article 84, quelle que soit l'époque de leur création ;

2- les intérêts, produits et bénéfices des parts d'intérêts dans les sociétés, compagnies et entreprises visées à l'article 84, dont le capital n'est pas divisé en actions ;

3- le montant des remboursements et amortissements totaux ou partiels que les sociétés visées aux 1- et 2- qui précédent effectuent sur le montant de leurs actions, parts d'intérêts, avant leur dissolution ou leur mise en liquidation ;

4- le montant des tantièmes, jetons de présence ou indemnités de fonction, remboursements forfaitaires de frais et toutes autres rémunérations revenant à quelque titre que ce soit aux membres des conseils d'administration ou de gestion des sociétés visées au 1er alinéa, que ces sommes ou avantages constituent ou non des charges déductibles pour la société, compagnie et entreprise qui les supportent ;

5- les jetons de présence payés aux actionnaires de ces sociétés à l'occasion des assemblées générales ;

6- les intérêts, arrérages et tous produits des obligations, effets publics et tous autres titres d'emprunts négociables émis par les communes, les établissements publics ainsi que par les sociétés, compagnies et entreprises visées aux 1- et 2 ;

7- les lots et primes de remboursement payés aux porteurs des mêmes titres ;

8- les sommes mises par les sociétés, compagnies, entreprises non soumises à l'IS, à la disposition des associés directement ou par des personnes ou sociétés interposées à titre d'avances, de prêts ou d'acomptes ;

Nonobstant toute disposition contraire, lorsque ces sommes sont remboursées à la personne morale moins de 5 ans après qu'elles aient été mises à la disposition des associés, la fraction des impositions auxquelles leur attribution avait donné lieu est restituée aux bénéficiaires ou à leurs ayants-cause.

9- les sommes ou valeurs attribuées aux porteurs de parts bénéficiaires ou de fondateur au titre du rachat de ces parts ;

10- les rémunérations ou avantages occultes accordés par les sociétés, compagnies ou entreprises non soumises à l'IS;

11- la fraction des rémunérations qui n'est pas déductible d'IS ;

12- les dépenses et charges dont la déduction pour l'assiette de l'IS est interdite, à l'exclusion des amortissements et provisions, des impôts et taxes, des amendes et pénalités, da la fraction non déductible dont la déduction est reportable vertu du i) de l'article 9.2 ainsi que les réintégrations des loyers du fait de la limitation administrative.

I.2 – Exonérations

I.2.1 – Produits exonérés

Les exonérations portent sur les intérêts, arrérages, produits des obligations et tous autres titres d'emprunts négociables émis par les personnes morales citées à l'article 91 CGI.

En plus de l'Etat, les communes et les établissements publics à caractère non lucratif, les valeurs ci-dessous énumérées sont exonérées lorsqu'elles sont émises par :

- la Banque de l'habitat du Sénégal (BHS);
- la Banque Agricole ;
- l'Agence Française de Développement ;
- les coopératives ou unions de coopératives créées et fonctionnant conformément à la réglementation.

I.2.2 – Opérations exonérées de retenue à la source

Les opérations de distribution de revenus de valeurs mobilières exonérées portent sur les produits reçus des filiales puis redistribués par les sociétés mères, les produits de valeurs mobilières distribués par les Fonds communs de placements (FCP) et par les entreprises franches d'exportation (EFE).

I.2.2.1 – Distributions des produits des filiales par les sociétés mères

Afin d'éviter la double imposition, les dividendes distribués par les sociétés mères ne sont pas soumis à la retenue à la source dans la mesure du montant net des produits reçus des filiales.

Pour le régime des sociétés mères et filiales l'exonération de la retenue porte sur le montant net du dividende en cas de redistribution par la société mère à ses associées.

I.2.2.2 – Distributions de produits de valeurs mobilières par les fonds communs de placement

Les produits de valeurs mobilières redistribués par les fonds communs de placement, sont dispensés de la retenue à la source prévue, à la condition que lesdits produits aient effectivement supporté la retenue.

La retenue à la source opérée sur les revenus de valeurs mobilières perçus par les fonds communs de placement et par les sociétés d'investissement est libératoire pour la personne physique bénéficiaire en dernier ressort des revenus.

I.2.2.3 – Distributions des produits des entreprises franches d'exportation

La distribution de dividendes par les entreprises franches d'exportation (EFE) bénéficie d'une exonération spéciale de retenue à la source.

II/ DETERMINATION DU REVENU IMPOSABLE

II.1 – La base imposable

La base imposable est constituée en fonction de la nature du revenu et de la rémunération distribuée conformément à l'article 92 CGI.

1- pour les actions, par le dividende fixé d'après les délibérations des assemblées générales d'actionnaires ou des conseils d'administration, les comptes rendus ou tous autres documents analogues ;

2- pour les obligations ou emprunts, par l'intérêt ou le revenu échu dans l'année ;

3- pour les parts d'intérêts et commandites, soit par les délibérations des assemblées générales des associés ou des conseils d'administration soit, à défaut de délibérations, au moyen d'une déclaration à souscrire dans les 3 mois de la clôture de l'exercice, faisant connaître les bénéfices ou produits effectivement distribués ;

4- pour les lots, par le montant même du lot ;

5- pour les primes de remboursement, par la différence entre la somme remboursée et le taux d'émission des emprunts ;

6- pour les rémunérations de l'administrateur unique ou des membres des conseils d'administration ou de gestion des sociétés, par les délibérations des assemblées générales d'actionnaires ou des conseils d'administration, les comptes rendus ou tous autres documents analogues ;

7- pour les autres revenus ayant le caractère de revenus distribués, par tous les éléments déterminés par l'Administration fiscale.

II.2 – Détermination de la retenue à la source

Les revenus de valeurs mobilières et assimilés sont soumis au régime de la retenue à la source. Cette retenue a un caractère de précompte d'impôt opéré par la personne morale distributrice de revenus des valeurs mobilières. Cette retenue est recouvrée par le bureau des services des impôts compétent.

Les taux de la retenue à la source sont des taux proportionnels appliqués au titre de l'impôt sur le revenu. Les taux applicables varient suivant la nature des produits distribués.

II.2.1 – Retenue à la source sur les produits des actions

Pour les dividendes, un taux de 10%, libératoire pour les seules personnes physiques est appliqué.

II.2.2 – Retenue à la source sur les produits des obligations

Pour les produits obligataires à échéance inférieure à 5 ans, on applique un taux de 13%. Ce taux est ramené à 6% libératoire d'impôt, lorsque les produits des obligations courent une période égale ou supérieure à 5 ans

II.2.3 – Retenue à la source sur les produits des sociétés étrangères

Les produits distribués par les sociétés étrangères à des associés n'ayant pas leur domicile fiscal ou leur siège social au Sénégal subissent une retenue à la source de 20% sur la fraction de la moitié des bénéfices réalisés en cas d'absence de convention fiscale.

Application 23

Cas de la société Siggil Sénégal

Siggil Sénégal est la filiale d'une société étrangère dont le siège social se trouve dans un pays auquel le Sénégal n'a pas conclu une convention fiscale sur l'imposition de revenus de valeurs mobilières.

Siggil Sénégal est spécialisée dans la fabrication et la vente de matériels médicaux et paramédicaux. Le résultat fiscal de la société au titre de l'exercice 2020 est de 120 000 000F

Travail à faire : Déterminer le montant de la retenue à la source sur les bénéfices distribués à des actionnaires non fiscalement domiciliés au Sénégal.

II.3 – Paiement de la retenue à la source

Le paiement de la retenue à la source s'effectue par acompte provisionnel suivant chaque catégorie de revenu de valeur mobilière qu'il soit fixe ou variable. Il est désormais établi par l'article 223 CGI des délais et modalités de paiement des acomptes qu'ils soient uniques ou multiples.

II.3.1 – Produits des actions et emprunts à revenus variables

La retenue à la source sur les dividendes distribués, les parts d'intérêts et emprunts à revenu variable est désormais payable en un seul acompte qui doit intervenir dans les 20 premiers jours du mois de janvier de chaque année.

Cet acompte est déterminé provisoirement sur la base du résultat du dernier exercice, c'est-à-dire l'exercice N-1. Son montant correspond à à la moitié des revenus distribués l'année précédente.

L'acompte est perçu comme une provision, car est payé par anticipation. Apres la distribution pour l'exercice N, la taxe due en entier est alors liquidée au plus tard le 20 juillet de l'année N. Si à la suite de la liquidation, il en résulte un complément d'impôt ; celui-ci doit être acquitté immédiatement au profit du Trésor.

Dans le cas contraire, l'excédent versé est imputé sur l'exercice courant ou remboursé si la société est arrivée à son terme ou si elle cesse de distribuer des revenus.

II.3.2 – Produits des obligations et autres revenus à échéance fixe

En ce qui concerne les obligations, emprunts et autres valeurs dont le revenu est fixé et déterminé à l'avance, la retenue à la source sur les produits échus au cours de l'année précédente est versé dans les 20 premiers jours du mois de janvier de chaque année. Autrement dit les retenues sur les produits de l'exercice N, sont acquittés au plus tard le 20 janvier N+1 en un seul versement.

II.3.3 – Produits des lots et primes de remboursement

La retenue à la source sur les lots et primes de remboursement payés au cours d'un trimestre est versée au plus tard dans les 20 premiers jours des trimestres civils. Autrement dit pour l'exercice N, au plus tard, dans les 20 premiers jours des mois d'avril, juillet et octobre N. En janvier N+1 pour le trimestre de l'exercice écoulé.

II.3.4- Bénéfices, jetons de présence et rémunérations diverses

En ce qui concerne les bénéfices, jetons de présence et rémunérations diverses servis aux membres des conseils d'administration de sociétés, compagnies ou entreprises, le versement doit intervenir dans les 20 premiers jours des trimestres civils écoulés. Comme pour les primes de remboursement, les retenues sont versées au plus tard le 20 des mois d'avril, juillet octobre et janvier N+1.

II.3.5- Remboursements ou amortissements

Les retenues sur les remboursements ou amortissements totaux ou partiels de capitaux sont versées dans les 30 jours qui suivent la mise en paiement de ces remboursements.

Toutefois, si une demande d'exemption a été présentée la retenue n'est exigible que lorsque le Fisc aura statué sur ladite demande ;

II.3.6- Sommes attribuées aux porteurs de parts ou bénéficiaires du rachat de ces parts

Les retenues sur les sommes, rémunérations et avantages versées aux associés directement ou par des personnes ou sociétés interposées à titre d'avances, de prêts ou d'acomptes et aux porteurs et bénéficiaires de part sont versées dans les 3 mois de la clôture de l'exercice.

II.3.7-Liquidation d'une société dissoute

Pour les sociétés dissoutes, le versement des retenues doit intervenir dans les 30 jours de l'établissement du bilan de clôture de liquidation.

SOLUTION

Application 23

Cas de la société Siggil Sénégal

On calcule d'abord le bénéfice net d'IS
IS = 120 000 000 x 30% = 36 000 000
Le résultat net d'IS = 120 000 000 – 36 000 000 = 84 000 000.

La base de la retenue à la source est égale à la fraction de la moitié du résultat net d'impôt ; soit 84 000 000/2 = 42 000 000

Le montant de la retenue à la source est : 42 000 000 x 20% = 8 400 000
RAS = 8 400 000F

Précis de Fiscalité des Affaires
Mamadou Ngom

Troisième Partie

IMPOSITION DES REVENUS DES PERSONNES PHYSIQUES

L'étude de l'impôt sur le revenu des personnes physiques (IRPP) nous conduit à traiter successivement l'imposition des revenus fonciers, bénéfices des exploitations industrielles et commerciales (BIC), bénéfices des professions non commerciales (BNC), bénéfices des exploitations agricoles (BA) et finalisant par les traitements, salaires et rentes viagères (TS)

L'IRPP est institué par l'ordonnance n° 92-18 du 20 mars 1992. Il comprenait un droit proportionnel et un droit progressif. Avec la codification de 2012 un seul droit est retenu, constituant ainsi un mot personnel et direct.

L'avènement de la loi 2012-31 du 31 décembre 2012, consacre une baisse de l'IR dont l'objectif majeur est d'accroitre le pouvoir d'achat des ménages titulaires de revenus imposables. C'est dans cette idée qu'il fallait supprimer les droits proportionnels affectés à certains impôts catégoriels et réaménager le droit progressif.

En ce qui concerne le droit progressif, le taux maximal qui était de 50% est ramené à 40% du revenu imposable. De plus le butoir fixé à 50% du revenu net passe à 40% du revenu fiscal. Avec la 2022-19 du 27 mai 2022, le montant de l'impôt ne peut excéder 43 % du revenu imposable.

Enfin le passage au quotient familial servant de base de calcul de l'IR est remplacé par la réduction d'impôt pour charge de famille.

Précis de Fiscalité des Affaires
Mamadou Ngom

18

CARACTERISTIQUES DE L'IMPOT SUR LE REVENU

L'impôt sur le revenu des personnes physiques est un impôt personnel, direct et progressif. Il frappe l'ensemble des revenus perçus par les personnes physiques. L'IRPP est désormais liquidé sur la base d'un seul droit dominant qui est le droit progressif.

I/ CHAMP D'APPLICATION

L'IRPP est établi, au profit du Budget de l'Etat. Il concerne les personnes physiques quelles que soient leur nationalité et ayant un domicile fiscal au Sénégal. C'est l'application du critère de territorialité qui est le régime d'imposition dominant en Afrique.

I.1 – Territoire fiscal

Le territoire fiscal à la différence du territoire politique peut être plus étendu ou plus restreint. Le territoire fiscal implique l'application de deux régimes d'imposition qui ont pour nom la territorialité et la mondialité de l'impôt. Les régimes fiscaux africains appliquent simultanément les principes de territorialité et de mondialité de l'impôt.

La territorialité au sens strict vise à appliquer le droit fiscal sur l'ensemble des revenus réalisés par un contribuable, sur un territoire donné sous réserve des conventions fiscales internationales. Dès lors que l'impôt s'applique aux revenus étrangers, autrement dit l'imposition des revenus mondiaux, on entre dans le domaine de la mondialité de l'impôt.

Le principe de la mondialité vise pour un Etat, à imposer l'ensemble des revenus tant de source interne qu'étrangère sur son territoire. Donc Il y a lieu dans ce cas d'étudier la notion de domicile fiscal et l'étendue des revenus imposables en droit fiscal sénégalais.

I.1.1 – Notion de domicile fiscal

La notion de domicile fiscal peut être appréhendée selon les caractères d'ordre professionnel, personnel ou administratif si on s'en réfère à l'article 48 CGI.

I.1.1.1 – Caractère professionnel

Une personne a son domicile fiscal au Sénégal, si elle y exerce une activité professionnelle qu'elle soit salariée ou non.

I.1.1.2 – Caractère personnel

Le caractère personnel vise les personnes qui ont leur foyer sur le territoire sénégalais. Autrement dit, leur résidence permanente ou habituelle. Les personnes physiques qui ont pour lieu de séjour habituel le territoire sénégalais entrent aussi dans la notion de domicile fiscal à caractère personnel.

I.1.1.3 – Caractère administratif

Il cible les fonctionnaires ou agents de l'Etat ou chargés de mission en service à l'étranger, s'ils ne sont pas soumis à l'étranger à un impôt personnel sur l'ensemble de leurs revenus.

I.1.2 – Notion de revenu de source sénégalaise

La notion de revenu de source sénégalaise est reprise par l'article 30 du CGI. Il s'agit des revenus qui suivent :

- revenus d'immeubles sis au Sénégal ou de droits relatifs à ces immeubles ;

- revenus d'exploitations industrielles, commerciales, artisanales, agricoles, forestières ou minières sises au Sénégal ;

- revenus tirés d'activités professionnelles, salariées ou non, exercées au Sénégal ou d'opérations à caractère lucratif réalisées au Sénégal par les professions non commerciales ;

- revenus de valeurs mobilières sénégalaises et de tous autres capitaux mobiliers placés au Sénégal ;

- profits tirés des titulaires de bénéfices industriels et commerciaux lorsqu'ils sont relatifs à des fonds de commerce exploités au Sénégal, ainsi qu'à des immeubles situés au Sénégal à des droits immobiliers s'y rapportant ou à des actions et parts de sociétés dont l'actif est constitué principalement par de tels biens et droits ;

Sont également considérés comme revenus de source sénégalaise lorsque le débiteur des revenus a son domicile fiscal au Sénégal. Les revenus visés sont les suivants :

- revenus des professions non commerciales perçus par les inventeurs au titre des droits d'auteur, ainsi que tous les produits tirés des propriétés industrielles ou commerciales et de droits assimilés ;

- pensions et rentes viagères ;

- sommes payées en rémunération des prestations de toute nature fournies ou utilisées au Sénégal.

Précision : Une prestation est fournie au Sénégal lorsqu'elle y est exécutée matériellement. Une prestation est utilisée au Sénégal si le lieu de l'utilisation effective ou de jouissance de la prestation se situe au Sénégal

I.2- Personnes et revenus imposables

I.21.- Personnes imposables

Les personnes imposables à l'IR sont les unités institutionnelles résidentes disposant de revenu au Sénégal. Ces personnes sont soumises à l'IR, sur l'ensemble de leurs revenus de source sénégalaise comme de source étrangère sous réserve des dispositions des conventions internationales relatives aux doubles impositions.

Les personnes dont le domicile fiscal est situé hors du Sénégal sont, quelle que soit leur nationalité, passibles de l'impôt sur le revenu en raison des revenus de source sénégalaise dont elles disposent.

Sont exonérés de l'impôt :

1- Les personnes dont le revenu net imposable n'excède pas la somme de 630 000 francs pour le calcul de l'impôt sur le revenu.

2- Les agents diplomatiques et consulaires de nationalité étrangère, mais seulement dans la mesure où les pays qu'ils représentent concèdent des avantages analogues au personnel diplomatique et consulaire sénégalais et exclusivement pour les revenus de l'exercice de leurs fonctions diplomatiques ou consulaires.

I.2.2.- Revenus imposables

L'impôt sur le revenu est déterminé à partir du revenu net global du contribuable.

Le revenu net global est constitué par le total des revenus nets catégoriels après déduction des charges communes autorisées.

Les revenus catégoriels visés sont les suivants :

1- Revenus fonciers ;

2- Bénéfices des exploitations industrielles et commerciales ;

3- Bénéfices des professions non commerciales et revenus assimilés ;

4- Revenus de capitaux mobiliers ;

5- Traitements, salaires, pensions et rentes viagères ;

6- Bénéfices des exploitations agricoles.

II/ CALCUL DE L'IMPOT SUR LE REVENU

L'IR est dû chaque année à raison des bénéfices ou revenus nets que le contribuable réalise ou dont il dispose au cours de la même année sous réserve des dispositions des conventions fiscales internationales.

Quelle que soit sa source, le revenu net servant de base à l'impôt est constitué par l'excédent du produit brut y compris la valeur des profits et avantages en nature sur les charges et dépenses effectuées en vue de l'acquisition et de la conservation du revenu.

II.1- Déductions autorisées

On distingue les charges déductibles du revenu global appelé aussi charges communes qui ont un caractère général. Par contre la déduction portant sur la réduction de revenu n'est autorisée que pour les artisans et autres contribuables du régime du bénéfice réel simplifié.

II.1.1- Déduction des charges communes

Pour la détermination du revenu imposable, l'article 55 CGI définit les conditions de déductions des charges communes lorsqu'elles n'entrent pas en compte pour l'évaluation des revenus catégoriels.

1- Pensions et arrérages de rentes payés par le contribuable à titre obligatoire et gratuit, dans la limite de 5 % du revenu net plafonné à 300 000 francs ;

Ces limitations ne sont pas applicables aux pensions et arrérages versés en vertu d'une décision de justice ou lorsque le pensionné ou le débirentier est en mesure de prouver que les sommes payées par lui excèdent le maximum de 300 000 francs;

2- En cas de cession ou de cessation d'entreprise, les déficits affectant l'exercice de liquidation, compte tenu s'il y a lieu, des pertes des 3 années précédentes qui n'auraient pu être imputées sur le revenu catégoriel ;

3- Les versements volontaires pour la constitution de retraite, dans la limite de 10 % du montant total des traitements, salaires, indemnités, émoluments et avantages en nature ;

4- Les primes d'assurances vie, dans la limite de 5 % du revenu net visé, le maximum de la déduction autorisée est fixé à 200 000 francs augmenté de 20 000 francs par enfant à charge ;

6- Les versements effectués au profit d'œuvres ou d'organismes, associations, fondations ou établissements d'intérêt général à caractère philanthropique, éducatif, scientifique, social ou familial reconnus d'utilité publique désignés par arrêté du Ministre chargé des finances dans la limite de 0,50 % du revenu net avant déduction des charges communes ;

L'arrêté ministériel référencé MFB/DGID n°019908 du 05 juin 2023 établi la liste des œuvres ou organismes d'intérêt général à caractère philanthropique, éducatif, scientifique, social ou familiale : il s'agit de :

- Fondation Nationale d'Action Sociale du Sénégal (FNASS)
- Centre Hospitalier de l'Ordre de Malte (CHOM)
- Caritas Sénégal
- Croix Rouge Sénégalaise
- Union Nationale des Aveugles du Sénégal (UNAS)
- Association sénégalaise pour les Nations Unies (ASNU)
- Fondation Marie Louise Mimran
- Fondation « Servir le Sénégal »
- Association « SOS Villages d'enfants »
- Association sénégalaise pour la protection des enfants déficients mentaux (ASEDEME)
- Ligue sénégalaise contre le Cancer (LISCA)
- Le Waqf public, le Waqf d'intérêt public ayant une reconnaissance d'utilité publique ou le Waqf mixte avec composante Waqf public
- Fondation (LONASE)

6- Les versements effectués à titre de zakat à un organisme agréé par l'Etat, selon les limites fixées par décision du Ministre chargé des finances ;

7- Les intérêts des emprunts à la charge du contribuable pour l'acquisition, la conservation ou les réparations de son habitation principale située au Sénégal, sous réserve de la production du tableau d'amortissement du prêt, certifié par l'organisme prêteur.

Les charges communes, pour être déductibles doivent remplir les deux conditions suivantes :

- ✓ être réelles et leur nature et montant doivent être justifiés
- ✓ être effectivement payées au cours de l'année d'imposition

II.1.2 - Réduction de revenu pour les artisans et les contribuables du régime du réel simplifié

Il est autorisé une déduction de 15% du revenu imposable avant liquidation de l'IR au titre de la réduction de revenu. Cette déduction concerne les artisans et ouvriers qui travaillent chez eux en utilisant une main d'œuvre essentiellement manuelle et un niveau de technologie faible. Il s'y ajoute les contribuables soumis au régime du réel simplifié et qui adhérent à un Centre de gestion agréé.

L'article 172 apporte les précisions qui suivent :

1- les ouvriers travaillant chez eux soit à la main soit à l'aide de force motrice, que les instruments de travail soient ou non leur propriété, lorsqu'ils opèrent exclusivement à façon pour le compte d'industriels ou de commerçants avec des matières premières fournies par ces derniers et lorsqu'ils n'utilisent pas d'autres concours que celui de leur conjoint, de leur père et mère, de leurs enfants, d'un compagnon et d'un apprenti de moins de 18 ans avec lequel un contrat régulier d'apprentissage a été passé ;

2- les artisans travaillant chez eux ou au dehors qui se livrent principalement à la vente du produit de leur propre travail et qui n'utilisent pas d'autre concours que celui des personnes énumérées au paragraphe précédent.

II.2- Liquidation de l'impôt sur le revenu

Il convient d'exposer le barème de liquidation de l'IR et celui de la réduction d'impôt pour charge de famille assise sur le nombre de part.

II.2.1- Taux d'imposition à l'Impôt sur le Revenu

Les taux de l'IR sont progressifs. C'est-à-dire au fur et à mesure que le revenu est élevé, l'impôt est fort en fonction de la tranche d'imposition. Le barème dispose désormais de 7 tranches au lieu de 6 lors de codification de 2012.

Pour le calcul de l'impôt, le revenu imposable, arrondi au millier de franc inférieur, est soumis au barème progressif suivant :

N°	Tranches	Taux	Base imposable	Impôts
1	0 - 630 000	0%	630 000	0
2	630 001 - 1 500 000	20%	870 000	174 000
3	1 500 001 - 4 000 000	30%	2 500 000	750 000
4	4 000 001 - 8 000 000	35%	4 000 000	1 400 000
5	8 000 001 - 13 500 000	37%	5 500 000	2 035 000
6	13 500 001 – 50 000 000	40%	36 500 000	14 600 000
	+ de 50 000 000	43%		

On négligera l'unité additionnelle pour la détermination de la base du droit progressif du fait que le revenu imposable est arrondi au millier de francs inférieur et aussi pour des raisons de simplification du procédé de calcul

Précision : En ce qui concerne les revenus de capitaux mobiliers, il est fait application d'une retenue à la source aux taux suivants :

✓ 25 %, pour les plus-values ;

✓ 10 %, pour les produits des actions, parts sociales et parts d'intérêts des sociétés passibles de l'impôt sur les sociétés ;

✓ 13 %, pour les revenus d'obligations ;
Toutefois, pour les revenus des obligations, à échéance d'au moins cinq ans, émises au Sénégal, le taux est porté à 6 % libératoire.

✓ 15 %, pour les lots ;

✓ 16 %, pour les autres revenus de capitaux mobiliers, notamment les jetons de présence et autres rémunérations d'administrateurs ainsi que les revenus des créances, dépôts et cautionnements.

Ce taux est ramené à 8 % pour les intérêts, arrérages et autres produits des comptes de dépôts et des comptes courants ouverts dans les comptes d'une banque, d'un établissement de banque, des systèmes financiers décentralisés, de la Caisse des Dépôts et Consignations, d'un agent de change, d'un courtier en valeurs mobilières, d'une société holding agrée et des comptables du Trésor, quelle que soit la date de l'ouverture des comptes.

✓ 20 %, libératoire de tous impôts, pour les intérêts des bons de caisse, nominatifs ou au porteur.

II.2.2- Réduction d'impôt pour charge de famille

En remplacement du quotient familial, on accorde une réduction d'impôt pour charge de famille. Sur l'impôt dû, il convient de déterminer le montant de la réduction sur la base du nombre de parts accordées au contribuable.

Le nombre de parts est défini en fonction des personnes à charge affectées au contribuable.

II.2.2.1 - Personnes à charge

Ce sont les personnes effectivement prises en charge par le contribuable et ne disposant pas de revenus distincts de ceux constituant la base d'imposition du contribuable. On apporte les éclaircissements qui suivent relativement à l'article 174 CGI.et suivant.

✓ Chaque enfant à charge donne droit, de façon égale, à une demi-part au profit de chacun des parents disposants de revenus.

✓ Le maximum de parts accordés est limité à 5. Toutefois les personnes qui, quel que soit leur nationalité, ne résidant pas au Sénégal, mais y disposent de revenus imposables ne bénéficieront pas plus de 1,5 parts

✓ Dans la mesure où un seul conjoint dispose de revenus imposables, il lui est attribué une demi-part supplémentaire. Autrement dit s'il n'y a qu'un seul revenu imposable entre les conjoints, on accorde une demi-part supplémentaire au contribuable.

Précision : En cas de polygamie, cette disposition ne s'applique pas pour chacune des épouses, la demi-part est accordée pour l'ensemble des épouses n'ayant pas de revenus imposables.

✓ Par dérogation, le nombre de parts des contribuables célibataires, divorcés ou veufs n'ayant pas d'enfant à leur charge est fixé à 1,5 lorsque ces contribuables :

- ont un ou plusieurs enfants qui sont décédés;
- sont titulaires d'une pension d'invalidité de 40 % au moins, soit de guerre soit d'accident du travail ou d'une pension de guerre de par leur conjoint ;
- ont adopté un enfant.

Précision : Les enfants mineurs (célibataire âgé de moins de 21 ans) ou infirmes (sans limitation d'âge) ou âgés de moins de 25 ans lorsqu'ils poursuivent leurs études qu'ils soient légitimes, naturels ou adoptifs, qu'ils vivent ou non au foyer du contribuable et ne disposant pas de revenu imposable sont des enfants à charge pour le contribuable.

Sous les mêmes conditions précitées, les enfants orphelins ou abandonnés recueillis conformément aux dispositions du Code de la famille. De même, les enfants dont la puissance paternelle lui est déléguée conformément aux dispositions du code la famille.

Le nombre de parts en considération de la situation de famille est représenté sur le tableau ci-dessous sauf prise en compte des cas isolés précités.

Nombre de personnes à charge	0	1	2	3	4	5	6	7	8
Célibataire ou divorcé	1	1,5	2	2,5	3	3,5	4	4,5	5
Marié	1,5	2	2,5	3	3,5	4	4,5	5	5
Veuf	1	2	2,5	3	3,5	4	4,5	5	5

II.2.2.2- Tableau de détermination de la réduction d'impôt

Le tableau de détermination de la réduction d'impôt pour charge de famille est établi en intégrant des minima et maxima.

Nombre de parts	Taux	Minimum	Maximum
1	0%	0	0
1,5	10%	100 000	300 000
2	15%	200 000	650 000
2,5	20%	300 000	1 100 000
3	25%	400 000	1 650 000
3,5	30%	500 000	2 030 000
4	35%	600 000	2 490 000
4,5	40%	700 000	2 755 000
5	45%	800 000	3 180 000

Précision : Le montant de l'impôt ne peut excéder 43 % du revenu imposable.

Application 24

Cas du ménage Diop

Monsieur Diop, marié à une épouse ne disposant pas de revenu imposable est père de deux enfants à charge. Il est propriétaire d'un immeuble sis à la Médina. Il a perçu au titre de l'année 2018 des revenus fonciers avant traitement des charges communes pour un montant de 5 700 000F.

On vous informe des dépenses suivantes supportées et payées par le contribuable Diop au titre des charges communes.

- Pensions et arrérages versés :	600 000F
- Assurance vie :	160 000F
- Dons : Equipe de football de la Médina :	50 000 F
Croix Rouge Sénégalaise :	25 000 F
UNAS :	25 000F
- Intérêts d'emprunts pour l'acquisition sa maison :	800 000F

On précise que M. Diop a produit un tableau d'amortissement certifié de l'emprunt pour l'acquisition de l'immeuble.

<u>**Travail à faire :**</u>

1/ Déterminer les limites admises en déduction des charges communes

2/ Déterminer l'impôt sur le revenu de M. Diop

SOLUTION

Application 24

Cas du ménage Diop

1/ les charges communes admises en déduction :

- les pensions et arrérages versés = 600 000F.

Limite autorisée = 5 700 000 x 5% = 285 000.
La limite n'atteignant pas le plafond de 300 000, sera retenue pour son montant, soit 285 000F

- les primes assurances vie versées = 160 000F.

la limite est de 5% du revenu net imposable = 285 000
Le plafond est égal à 200 000 auquel on ajoute 20 000 pour chacun des deux enfants. on a donc 200 000 + (20 000 x 2) = 240 000F
on retient le montant effectif des primes de l'assurance vie, car n'ayant pas dépassé le plafond

- les dons autorisés à déduction sont ceux accordés à la Croix Rouge Sénégalaise et à l'UNAS qui sont sur la liste des œuvres et organismes visés, soient 25 000 x 2 = 50 000F

la limite déductible à la limite de 0,5% x 5 700 000 = 28 500.
On retient la limite de 28 500F

- la déduction des intérêts des dettes pour l'acquisition de l'immeuble est admise du fait que le contribuable Diop a produit un tableau d'amortissement certifié du prêt.

En récapitulant les charges communes déductibles, on a :

Pension alimentaire :	285 000
Assurance vie :	160 000
Dons :	28 500
Intérêt pour acquisition immeuble :	800 000
	= 1 273 500

Charges communes admises en déduction = 1 273 500

2/ l'examen fiscal sur M. Diop marié à une épouse ne disposant pas de revenus imposables et ayant deux enfants à charge, nous conduit à retenir 3 parts i-e 2,5 + 0,5 supplémentaire provenant de l'épouse ne disposant pas de revenu imposable.

La base de calcul de l'IR est : 5 700 000 – 1 273 500 = 4 426 500
La base imposable (BI) arrondi au millier de francs inferieur = 4 426 000
Cette BI appartient à la 4éme tranche. A cette tranche la BI est :
BI à la 4éme = 4 426 000 - 4 000 000 = 426 000

Calcul de l'IR

N°	BI	Taux	Impôts
1	630 000	0%	0
2	870 000	20%	174 000
3	2 500 000	30%	750 000
4	426 000	35%	149 100
	Total		**1 073 100**

Le montant d'impôt avant réduction est 1 073 100F
Le nombre de part attribué à M. Diop est 3 parts.
La réduction d'impôt correspondante est de 25% avec un minimum de 400 000 et un maximum de 1 650 000
Réduction d'impôt = 1 073 100 x 25%
Réduction d'impôt = 268 275
Le minimum de 400 000 sera retenu
IR dû = 1 073 100 – 400 000 = 673 100F

Butoir = 4 426 000 x 43% = 1 903 180F qui constitue le maximum d'impôt de M. Diop. On retient alors l'impôt dû d'un montant de 673 100F

IR dû au titre de 2018 = 673 100F

Précis de Fiscalité des Affaires
Mamadou Ngom

19

REVENUS FONCIERS

I/ CHAMP D'APPLICATION

I.1- Définition

Par revenu foncier on entend les revenus locatifs et revenus en nature provenant des biens immeubles dont le bénéficiaire est une personne physique.

Les revenus fonciers comprennent :

1- les revenus des propriétés bâties, telles que maisons et usines, ainsi que les revenus de l'outillage des établissements industriels attachés au fond à perpétuelle demeure ou reposant sur des fondations spéciales faisant corps avec l'immeuble. Il s'y ajoute les revenus de toutes installations commerciales ou industrielles assimilées à des constructions ;

2- les revenus des propriétés non bâties de toute nature, y compris ceux des terrains occupés par les carrières, les mines, les étangs, les salines et marais salants ;

3- les revenus accessoires provenant notamment de la location du droit d'affiches, de la concession du droit d'exploitation de carrières, de redevances tréfoncières ou autres redevances analogues ayant leur origine dans le droit de propriété ou d'usufruit.

I.2- Exonération

L'exonération porte sur les revenus en nature, autrement dit le montant du loyer que pourrait produire l'immeuble s'il était donné en location et dont le propriétaire se réserve personnellement la jouissance ou qu'il met gracieusement à la disposition d'un tiers dont il est tenu par une obligation légale.

L'obligation légale est perçue de manière très large. Elle est subordonnée aux obligations d'un bon père vis à vis de sa famille à savoir, l'obligation de nourrir, vêtir, éduquer, lotir et blanchir gracieusement.

Précision : La mise à la disposition gratuite d'un local à usage commercial à un tiers constitue un avantage en nature à comprendre dans la base imposable des revenus fonciers d'un propriétaire.

I.3- Personnes imposables

Lorsque l'immeuble appartient à une personne physique, la personne imposable est le propriétaire personne physique.

Par contre si l'immeuble appartient à une personne morale, on peut envisager deux cas de figures :

✓ S'il s'agit de société transparente les associés sont personnellement assujettis à l'impôt sur les revenus provenant des immeubles car ils sont considérés fiscalement comme propriétaires des locaux correspondants à leurs droits sociaux.

✓ S'il s'agit de société opaque, elle est assujettie à l'IS donc imposée au nom de la société. Ainsi les revenus seront imposés au nom des associés mais au titre des revenus de valeurs mobilières.

II/ REVENU IMPOSABLE AU REGIME DU REEL

Le revenu imposable au régime du bénéfice réel est obtenu par la différence entre le revenu brut corrigé sur le total des charges déductibles. Cette façon de faire conduit à l'application classique de l'équation financière suivante :
Résultat = Produits - Charges

II.1- Les produits imposables

L'article 66 CGI définit le revenu net foncier comme étant égal à la différence entre le montant du revenu brut encaissé et le total des charges que le propriétaire s'est acquitté au cours de l'année précédant celle de l'imposition.

A partir de cette définition, on suit le schéma fiscal aboutissant au revenu net foncier ou revenu foncier imposable. Il s'agit de définir le revenu brut foncier, c'est à dire celui effectivement encaissé au cours de l'année considérée. Le revenu brut est constitué de l'ensemble des recettes brutes annuelles.

On peut retenir : RB = revenu brut
ΣLB = Somme loyer brut ; et ΣPBA = Somme produits bruts accessoires

On a

$$RB = \Sigma LB + \Sigma PBA$$

La prise en compte de l'article 67 CGI nous conduit à corriger le revenu brut lorsqu'il existe des charges supportées par les parties (propriétaire et locataire) et qu'elles ne devraient pas l'être fiscalement. Ainsi le revenu brut corrigé a pour base le revenu brut ou la somme des recettes brutes encaissées

✓ Augmenté des charges supportées contractuellement par le locataire mais incombant normalement au propriétaire (investissements, grosses réparations, maintenances, assurance etc.) notées ΣCL/P

✓ Diminué des charges supportées par le propriétaire pour le compte du locataire (eau, électricité, taxe d'enlèvement des ordures ménagères etc.) notées ΣCP/L.

On peut écrire :

$$RBC = RB + \Sigma CL/P - \Sigma CP/L$$

Avec RBC, le revenu brut corrigé et RB le revenu brut

II.2- Les charges déductibles

Les charges déductibles doivent se rapporter au revenu de l'immeuble effectivement imposable au nom du propriétaire. L'analyse de l'article 68 CGI, nous conduit à distinguer les déductions réelles ou successives et la déduction forfaitaire.

II.2.1- Les déductions réelles

Il s'agit des charges supportées et effectivement payées par le propriétaire au cours de l'année d'imposition. On cite les charges qui suivent.

- ✓ Frais de gérance (honoraires des gérants)
- ✓ Rémunérations des gardiens et concierges
- ✓ Intérêts des emprunts contractés pour l'acquisition, la construction, la conservation ou la réparation des propriétés
- ✓ Contribution foncière des propriétés bâties et non bâties.

II.2.2- La déduction forfaitaire

La déduction forfaitaire passe maintenant à 30% du RBC, alors qu'il était de 20%. Cet avantage est accordé du fait que les dépenses de réparations et d'entretien sont exclues des déductions réelles. Il convient à cet effet augmenter le volume de déduction des frais forfaitaires.

La déduction forfaitaire est impérative et s'applique même si les charges ne sont pas effectivement engagées par le propriétaire. La déduction forfaitaire prend compte dans son actif les frais d'entretien et de réparation, les frais de gestion, l'assurance de l'immeuble, l'amortissement de l'immeuble, les grosses réparations etc.

On note alors DT= déduction totale
ΣDR = les déductions réelles et DF = la déduction forfaitaire.
On peut écrire : DT = ΣDR + DF

Le revenu foncier imposable (RFI) est obtenu par la différence entre le revenu brut corrigé et la déduction totale.
D'où RFI = RBC - DT

DT = ΣDR + DF

RFI = RBC - DT

II.3- le déficit foncier

Le revenu imposable ou revenu net foncier d'une année peut faire apparaître un déficit. Autrement dit la somme algébrique des résultats est négative ; on examine alors le report déficitaire.

Ce déficit constaté peut être reporté sur le revenu net foncier des années suivantes jusqu'à la troisième année inclusivement.

Précision : Lorsque le contribuable possède plusieurs immeubles, la détermination du revenu net ou du déficit est effectuée pour chaque immeuble isolément.

II.4- obligations déclaratives

Les contribuables qui perçoivent des revenus fonciers soumis au régime du bénéfice réel sont tenus de déclarer au plus tard le 30 avril de chaque année le montant de leur revenu net imposable pour l'année précédente à l'aide du formulaire réglementaire de déclaration des revenus. Ce formulaire, mis à la disposition des intéressés, doit être signé par le contribuable ou son représentant. Article 70 CGI.

Quant aux gérants des sociétés civiles immobilières, l'article 72 CGI les oblige à fournir, avant le 30 avril de chaque année, un état indiquant par immeuble pour les revenus de l'année précédente, au service des Impôts du lieu du siège de la société. Si le siège est situé à l'étranger, la déclaration est faite au service des Impôts du lieu de situation de l'immeuble. La déclaration doit renseigner portant sur :

- les prénoms, nom et domiciles des associés ;
- le Numéro d'Identification Nationale des Entreprises et Associations (NINEA) des associés ;
- le revenu brut global de l'immeuble ;
- la liste détaillée des charges déductibles ;
- le nombre de parts de la société civile possédées par chaque associé ainsi que la part du revenu net ou du déficit revenant à chacun d'eux.

II.5- Retenue d'impôt à la source

II.5.1- Personnes assujetties

La retenue à la source n'est obligatoire que lorsque le montant du loyer mensuel d'un même local est égal ou supérieur à 150 000 francs. Elle doit être tenue par les soins de la partie versante (locataire ou agence de gérance immobilière) quelle que soit sa personnalité juridique (personne physique ou morale, Administration publique ou privée, représentation diplomatique ou assimilée)

Toutefois lorsque les loyers sont perçus pour le compte d'une personne morale passible de l'IS, la retenue n'est plus applicable. De même qu'un locataire individuel qui paie des loyers à une agence immobilière car la retenue à la source est effectuée par cette dernière.

II.5.2- Taux de la retenue à la source

Le taux applicable pour la retenue à la source est de 5%. Il est appliqué sur la valeur locative hors taxe de l'immeuble.

II.5.3- Le versement

Les montants des retenues opérées par le locataire ou l'agence de gérance doivent être versés au Fisc au plus tard le 15 du mois de location suivant.

Toutefois, lorsque le montant des retenues mensuelles n'excède pas 20 000 francs, le versement ne peut être effectif que dans les 15 premiers jours des mois de janvier, avril, juillet et octobre pour le trimestre écoulé sauf dispositions contraire.

II.5.4- le crédit d'impôt

Les retenues opérées au titre de l'année d'imposition constituent un crédit d'impôt, traduit par un avoir fiscal pour le propriétaire. Ce crédit d'impôt est déduit de l'impôt sur le revenu du pour la même année.

III/ REGIME FORFAITAIRE

Le régime forfaitaire dénommé contribution globale foncière (CGF), est optionnel à l'exclusion des personnes morale qui n'y sont pas admis. La CGF est un impôt mixte, car perçu au profit du budget de l'Etat et de celui des communes.

La CGF étant un impôt synthétique mixte est représentative des impôts et taxes ci-après définies par l'article 47 CGI :

- Impôt sur les revenus fonciers ;
- Impôt du minimum fiscal ;
- Contribution foncière des propriétés bâties ;
- Contribution forfaitaire à la charge des employeurs ;

Précision : Du fait de l'exclusion de la TVA à la CGF, l'article 76 CGI précise que les différentes retenues à la source et autres précomptes d'impôts et taxes opérés sur les loyers des assujettis à la CGF constituent des recettes définitivement acquises au Trésor public.

III.1 - Personnes imposables

Peuvent désormais opter pour leur assujettissement à la CGF, les personnes physiques ainsi que les associés personnes physiques des sociétés civiles immobilières dont le montant brut locatif annuel n'excède pas 30 millions de francs.

III.2 - Option de non assujettissement à la CGF

Les contribuables relevant du régime de la CGF peuvent exercer une option pour leur assujettissement au régime du bénéfice réel dans les conditions de droit commun après une période de 3 ans au moins.

Le changement de régime court à compter du 1er janvier de l'année de l'option et porte sur tous les impôts et taxes synthétisés.

III.3 - Tarifs de la CGF

Avec les reformes de 2018 introduite par la loi 2018-10 du 30 mars 2018, la CGF est désormais tarifé en fonction des mois de loyer.

L'impôt dû correspond à la fraction du loyer brut annuel prévisionnel déterminé comme suit conformément à l'article 78 CGI.

Niveau de revenu brut annuel	Fraction correspondante	Montant impôt équivalent
1 à 12 000 000	1/12	1 mois de loyer
12 000 001 à 18 000 000	1,5/12	1 mois et demi de loyer
A partir de 18 000 000	2/12	2 mois de loyer

Nota : En aucun cas, le montant de la CGF ne peut être inférieur à 30 000 francs.

Précision : le minimum de perception est passé de 50 000 francs à 30 000.

III.4 - Déclaration et recouvrement

Les contribuables relevant de la CGF procèdent à la déclaration de leurs loyers bruts annuels estimés, avant le 1er février de chaque année. L'impôt correspondant est acquitté à la Caisse du comptable public du service du Trésor au plus tard le 30 avril de chaque année.

La CGF est établie et recouvrée par voie de rôle. Toutefois, les contribuables sont tenus de calculer et de verser spontanément au Trésor le montant de l'impôt dû en 3 versements égaux au plus tard à la fin des mois de février, avril et juin de chaque année.

Précision : Tout contribuable, soumis au régime de la CGF, qui ne fournit pas, dans le délai prévu en vigueur, la déclaration, est taxé d'office. Article 80 CGI

Application 25

Cas du ménage Ndiaye

Le ménage Ndiaye est propriétaire d'un immeuble sis aux Almadies. Il a perçu au titre de l'année 2020 des loyers nets d'un montant de 22 800 000F.

Il a également perçu des indemnités de résiliation pour 3 600 000F, des droits d'affiches pour 2 400 000F et des dépôts de garantie pour 2 000 000F.

Il a supporté pour son immeuble les dépenses suivantes :

- Entretien et réparation : 1 200 000F
- Eau et électricité : 1 600 000F
- Frais de gestion : 2 400 000F
- Frais de gérance : 800 000F
- Amortissement de l'immeuble : 4 800 000F
- Intérêts d'emprunt pour l'acquisition de l'immeuble, justifiés par un tableau d'amortissement certifié par la banque : 1 200 000F
- Indemnité d'éviction : 3 600 000F
- Rémunération du jardinier : 1 600 000F
- Investissement de revenus 12 000 000F

Les locataires de l'immeuble ont supporté les charges suivantes :

- Rémunération du concierge : 1 200 000F
- Taxe sur les ordures ménagères : 800 000F
- Impôt foncier : 1 600 000F

<u>Travail à faire :</u>

1/ Calculer l'impôt de M. Ndiaye au régime du réel, sachant qu'il est divorcé et prend en charge ses quatre enfants âgés respectivement de 15, 18, 21 et 23 ans, poursuivant tous des études secondaires et universitaires.

2/ Déterminer l'impôt de M. Ndiaye, s'il a opté au régime de la CGF

SOLUTION

Application 25

Cas du ménage Ndiaye

1/ Détermination de l'IR de M. Ndiaye au régime du réel

On détermine d'abord le revenu brut, étant entendu qu'il y a une retenue à la source

Soit RB = Loyer brut (ΣLB) + Produits bruts accessoires (ΣPBA)

Les loyers nets annuels sont de 22 800 000F. Il y a retenue à la source opérée par l'agence immobilière du fait que le loyer annuel de 1 800 000F i-e 150 000F par mois est largement dépassé.

Considérons LB, le loyer brut annuel,

On a alors LB – 5% LB = 22 800 000

LB (1 – 0,05) = 22 800 000

LB = 22 800 000 / 0,95 = 24 000 000

LB = 24 000 000F

La retenue à la source (RAS) est 24 000 000 x 0,05 = 1 200 000

Cette RAS constitue un crédit d'impôt

Pour établir le revenu brut (RB), on ajoute au loyer brut la somme des recettes brutes encaissées (ΣRB) qui sont constituées par les produits bruts accessoires

Produits bruts accessoires (ΣPBA)

- Indemnités de résiliation : 3 600 000
- Droits d'affiches : 2 400 000
- Dépôts de garanties : 2 000 000

= 8 000 000

RB = ΣLB + ΣPBA

RB = 24 000 000 + 8 000 000

RB = 32 000 000F

Ce RB, doit alors être corrigé pour obtenir le revenu brut corrigé (RBC)
RBC = RB + ΣCL/P - ΣCP/L

Les locataires ne devant pas supporter la rémunération du concierge et l'impôt foncier, on le réintègre dans le revenu du propriétaire.
Donc ΣCL/P = 1 200 000 + 1 600 000
ΣCL/P = 2 800 000

Parmi les charges supportées par le propriétaire et qui devaient revenir au locataire (ΣCP/L), il y a l'eau et l'électricité
ΣCP/L = 1 600 000

On a finalement RBC = 32 000 000 + 2 800 000 – 1 600 000
RBC = 33 200 000F

Les charges déductibles comprennent les charges réelles déductibles, appelées déductions réelles (DR) et la déduction forfaitaire (DT) :

Les déductions réelles doivent correspondre à des charges effectivement supportées par le propriétaire.

Elles comprennent ici les frais de gérance pour 800 000F et les Intérêts des dettes pour acquisition de la propriété pour 1 200 000F.

Les rémunérations du concierge et l'impôt foncier sont supportés par les locataires, donc ne peuvent être déduites par le propriétaire.

ΣDR = 800 000 + 1 200 000 = 2 000 000

Déductions forfaitaires = 33 200 000 x 30%
DF = 9 960 000

On rappelle DT = ΣDR + DF
DT = 2 000 000 + 9 960 000
DT = 11 960 000F

Le revenu foncier imposable de Monsieur Ndiaye est la différence entre le RBC et la DT, soit :
RFI = RBC - DT
RFI = 33 200 000 – 11 960 000 = 21 240 000
RFI = 21 240 000F

2/ Calcul de l'IR de M. Ndiaye
La base imposable correspond au RFI arrondi au millier de francs
BI = 21 240 000

Cette BI appartient à la 6éme tranche. La base correspondante est :
BI à la 6éme tranche = 21 240 000 – 13 500 000 = 7 740 000

Calcul de l'IR

N°	BI	Taux	Impôts
1	630 000	0%	0
2	870 000	20%	174 000
3	2 500 000	30%	750 000
4	4 000 000	35%	1 400 000
	5 500 000	37%	2 035 000
	7 740 000	40%	3 096 000
	Total		**7 455 000**

Le montant d'impôt avant réduction est 7 455 000
M. Ndiaye est divorcé et a 4 enfants à charge, soient 1 + (0,5 x 4) = 3 parts

La réduction d'impôt correspondante est de 25% avec un minimum de 400 000 et un maximum de 1 650 000
Réduction d'impôt = 7 455 000 x 25%
Réduction d'impôt = 1 863 750
Le plafond 1 650 000 sera retenu
IR dû = 7 455 000 – 1 650 000 = 5 805 000

IR à payer = IR dû – RAS
IR à payer = 5 805 000 – 1 200 000
IR à payer = 4 605 000

Butoir = 21 240 000 x 43% = 9 133 200 qui constitue le maximum d'impôt de M. Ndiaye. On retient alors l'impôt dû d'un montant de 5 805 000F

IR dû par M. Ndiaye au titre de 2020 = 5 805 000F
IR à payer par M. Ndiaye au titre de 2020 = 4 605 000F

2/ Détermination de l'IR de M. Ndiaye au régime de la CGF
Le loyer brut de Ndiaye étant égale à 24 000 000F, montant correspondant à 2 mois de loyer.
IR du = 24 000 000 x 2 / 12 = 4 000 000
CGF de M Ndiaye est d'un montant de 4 000 000F.

20

BENEFICES INDUSTRIELS, COMMERCIAUX ET AGRICOLES

Ce chapitre met en exergue trois impôts catégoriels en matière d'IR. Ces impôts portent sur les revenus suivants:

- les bénéfices des exploitations industrielles et commerciales (BIC)
- les bénéfices des professions non commerciales (BNC)
- les bénéfices des exploitations agricoles (BA)

I/ BENEFICES DES EXPLOITATIONS INDUSTRIELLES ET COMMERCIALES

Plus connu sous le nom de bénéfices industriels et commerciaux, l'imposition des BIC a pour cible les exploitants, personnes physiques et autres sociétés à qui le droit fiscal ne reconnait pas une personnalité fiscale propre. En effet ces dites sociétés, qualifiées de transparentes sont classées dans la catégorie des personnes physiques. Elles sont donc soumises à l'IR

I.1- Champ d'application

L'article 117 CGI considère comme BIC les bénéfices réalisés par les personnes physiques provenant de l'exercice d'une profession industrielle, commerciale, artisanale ou d'une profession agricole. Il s'y ajoute les bénéfices réalisés par les concessionnaires de mines, les amodiataires et sous amodiataires de concessions minières, par les titulaires de titre miniers d'hydrocarbures, permis de recherche ou d'exploitation de mines et par les adjudicataires concessionnaires et les fermiers de droits commerciaux.

L'exercice d'une profession industrielle ou commerciale s'entend comme l'accomplissement d'une activité habituelle à but lucratif par des personnes agissant pour leur propre compte. S'agissant des professions artisanales, on entend l'exploitation d'une activité manuelle exercée par des personnes physiques pour leur propre compte.

<u>Précision :</u> Le terme personne physique, repris par l'article 66 du CGI désigne non seulement les exploitants individuels mais aussi les catégories de sociétés exerçant une activité réputée industrielle, commerciale ou artisanale dont on cite :

✓ Les associés ou membres des sociétés de personnes. Il s'agit de sociétés visées ci-dessous qui n'ont pas optées à l'IS :

- sociétés à nom collectif ;
- sociétés en commandite simple pour la part des bénéfices affectés aux commandités ;
- sociétés en participation pour les bénéfices affectés aux associés dont les noms sont révélés au Fisc ;
- sociétés de fait.

✓ Les groupements d'intérêt économique (GIE) lorsqu'ils n'ont pas opté à l'IS.

<u>Précision :</u> Les personnes physiques titulaires de BIC sont tenues de souscrire à une déclaration faisant ressortir le montant exact de leur bénéfice ou déficit selon les principes en vigueur du système comptable ouest africain (SYSCOA).

I.2- Détermination de l'impôt

I.2.1 – L'assiette des BIC

Le revenu imposable est déterminé conformément aux dispositions régissant la détermination de résultat en matière d'IS. Les personnes assujetties ont l'obligation de tenir une comptabilité complète et régulière, et de produire les états des comptes annuels comprenant au moins le bilan, le compte de résultat et les notes annexes.

Le résultat comptable est imputé des produits exonérés et augmenté des charges comptabilisées non admises en déduction fiscale.

Il convient de préciser que :

✓ Il n'y a pas de salaire fiscal pour l'exploitant individuel, donc la rémunération du travail de l'exploitant n'est pas déductible.

✓ La rémunération du conjoint n'est déductible que lorsque les époux sont mariés sous le régime de la séparation des biens et que le salaire soit réel et non exagéré et correspond à un salaire effectif donnant lieu aux cotisations sociales et fiscales.

✓ Les rémunérations versées aux associés des sociétés transparentes ne sont pas déductibles.

✓ Les impôts sur le revenu, les impôts et taxes retenus à la source dus par l'employé ne sont pas déductibles.

Précision : Si à la suite du décès de l'exploitant, l'activité est continuée par les héritiers en ligne directe ou par le conjoint, l'article 124 CGI précise que l'imposition des plus-values du fonds de commerce, des éléments corporels et incorporels est reportée au moment de la cession ou de la cessation de l'exploitation par ces derniers ; à condition qu'aucune augmentation ne soit apportée aux évaluations des éléments de l'actif figurant au dernier bilan dressé par le défunt.

I.2.2- Report déficitaire

En cas de résultat déficitaire l'exploitant peut déduire ce déficit sur les autres BIC jusqu'à la troisième année inclusivement.

I.3- Acomptes sur les importations

I.3.1- Acompte BIC

L'acompte BIC frappe les importateurs de produits de consommation, non-inscrits au Centre des grandes entreprises (CGE). L'acompte BIC est une retenue à la source opérée par l'Administration douanière sur un certain nombre de produits dont la liste est fixée par arrêté du Ministre chargé des finances.

L'article 220 CGI fixe le taux de 3% libératoire d'IR. Ce taux s'applique sur la valeur en douane des produits, majorée des droits d'entrée exigibles à l'exclusion de la taxe sur la valeur ajoutée et des droits d'enregistrement et de timbre.

La liquidation, le recouvrement et le contentieux de l'acompte s'effectuent comme en matière de droits de douane.

I.3.2- Prélèvement de Conformité Fiscale

Le prélèvement de conformité fiscale (PCF) est introduite par l'annexe fiscale de la loi de finances 2020. Il est prélevé indépendamment de l'acompte BIC tel que précisé par l'article 220 bis CGI.

Le PCF frappe les importations réalisées par les personnes physiques ou morales qui ne souscrivent pas régulièrement à leurs obligations déclaratives et de paiement. Les produits soumis au prélèvement ainsi que leurs modalités d'application sont fixées par arrêté du Ministre chargé des Finances.

Le taux du prélèvement est de 12 % de la valeur en douane des produits majorée des droits d'entrée exigibles, à l'exclusion de la taxe sur la valeur ajoutée et des droits d'enregistrement et de timbre,

Précision : le PCF n'est pas imputable sur les impôts dus par les personnes visées et ne les dispense pas de leurs obligations fiscales suivant leurs régimes d'imposition.

La liquidation, le recouvrement et le contentieux du prélèvement s'effectuent comme en matière de droits de douane.

Application 26

Cas de l'exploitant individuel Sall

Monsieur Sall exploite une entreprise individuelle spécialisée dans la vente de pièces détachées et accessoires. L'entreprise, implantée à l'avenue Lamine Guèye de Dakar, emploie trois personnes. Elle a réalisé au titre de l'exercice 2020, un chiffre d'affaires de 466 224 200F (hors TVA) et un bénéfice comptable avant impôt qui s'élève à 22 054 850F.

L'exercice comptable coïncide avec l'année civile

M. Sall célibataire sans enfant à charge vous consulte afin que vous l'aidiez à déterminer son impôt au titre de l'exercice 2020.
Dans cette situation, il vous précise que le bénéfice inclus entre autres les produits et les charges comptables induits par les opérations suivantes :

1) M. Sall a acheté des fleurs pour la décoration de l'entrée du magasin pour 22 000F. Ne sachant quel sort réserver à cette opération, l'entreprise n'a passé aucune écriture en comptabilité.

2) M. Sall a versé 59 000F TTC à une radio locale qui diffuse en contrepartie trois messages publicitaires en faveur de l'entreprise. La TVA supportée est de 9 000F

3) M. Diouf, employé, a reçu une contravention d'un montant de 6 000F, au cours d'une livraison de marchandises à un important client.

4) L'entreprise a acquis un logiciel affecté au service de gestion de stock, il s'agit d'un logiciel standard très répandu dans le commerce. Ce logiciel est acquis en janvier 2020 pour 3 000 000F HTVA.

5) M. Sall a acheté un moteur d'occasion d'une valeur HTVA de 330 000F pour remplacer celui de la camionnette de l'entreprise devenu inutilisable.

6) M. Gomis, le comptable, a passé une charge d'un montant de 120 000F HTVA correspondant à des dépenses engagées lors d'une formation organisée par un Cabinet d'étude pour laquelle, il a participé pour le compte de l'entreprise.

7) M. Gomis a également passé en comptabilité le reliquat des honoraires de M. Fall, avocat, honoraires relatifs à un litige avec un concurrent Touré. Le montant du reliquat sur les honoraires s'élève à 176 000F HTVA.

8) M. Sall a réglé une somme de 32 000F relative aux abonnements à différentes revues ; ces revues portent sur des pièces détachées.

9) M. Gomis a enregistré un montant de 200 000F correspondant à l'impôt sur le revenu au titre de l'exercice 2019.

10) En qualité d'exploitant individuel, M. Sall a prélevé 2 600 000F au cours de l'exercice, sur le conseil de son comptable pour le compte : Rémunération du travail de l'exploitant.

11) L'entreprise a fait passer une provision d'un montant de 150 000F pour risque d'inondation.

12) M. Sall a versé 50 000F à l'équipe de football du quartier dont il est originaire.

Travail à faire : Déterminer l'impôt dû par M. Sall au titre de l'année 2020.

II/ CONTRIBUTION GLOBALE UNIQUE

II.1- Généralités

La CGU est un impôt synthétique perçu au profit de l'Etat et des Collectivités locales. Elle constitue un des aspects majeurs de la réforme du système fiscal sénégalais en termes de simplification et d'encadrement des petites et moyennes entreprises. Introduite en 2004 par la loi 2004-12 du 6 février 2004, La CGU a pour objet de :

- permettre aux petites entreprises de s'acquitter en une seule fois et définitivement de leurs obligations fiscales ;
- favoriser le civisme fiscal, élargir l'assiette et adapter la fiscalité aux petites unités économiques ;
- permettre, du fait de sa conception synthétique, une réduction des coûts de gestion de l'impôt et d'améliorer l'efficacité de l'Administration fiscale.

La CGU constitue une synthèse des différents impôts ci-après, qui sont au nombre de six:

- l'impôt sur le revenu assis sur les bénéfices industriels et commerciaux ;
- l'impôt du minimum fiscal ;
- la Patente, devenue contribution économique locale (CEL) ;
- la licence des débits de boisson ;
- la taxe sur la valeur ajoutée ;
- la contribution forfaitaire à la charge des employeurs.

II.2- Champ d'application

Avec la codification de 2012 modifiée, sont désormais assujetties à la CGU, les personnes physiques dont le chiffre d'affaires annuel, tous droits et taxes compris, n'excède pas 50 millions de francs lorsqu'elles effectuent des opérations de livraison de biens ou des opérations de prestation de services

Le chiffre d'affaire annuel prévu pour l'application du régime de la CGU, est déterminé en tenant compte de l'ensemble des opérations réalisées dans tous les établissements de l'entreprise, y compris celles exonérées.

Précision : Les redevables soumis à la CGU ne sont pas autorisés à facturer la taxe sur la valeur ajoutée à leurs clients. Leurs factures sont émises tous droits et taxes compris.

La CGU ne s'applique pas :

✓ aux personnes physiques dont l'activité relève de la catégorie des bénéfices des exploitations non commerciales ;

✓ aux personnes physiques réalisant des opérations de vente, de location d'immeubles ou de gestion immobilière.

✓ aux sociétés transparentes, du genre sociétés en commandite simple, sociétés en nom collectif, sociétés civiles immobilières, sociétés civiles professionnelles etc.

II.3- Etablissement et Recouvrement de la CGU

II.3.1- Etablissement de la CGU

La CGU est établie chaque année en considération de la totalité du chiffre d'affaires réalisé du 1er janvier au 31 décembre de l'année précédente, déduction faite des opérations soumises au précompte de la TVA.

Le montant de la CGU à payer par les entreprises nouvelles est représentatif uniquement des impôts normalement dus au cours de la première année d'exploitation suite à une évaluation réalisées par l'Administration fiscale.

La CGU est établie par voie de rôle. Elle donne lieu chaque année, au versement d'acomptes à imputer sur l'impôt dû au titre de l'année. Chaque acompte est égal au tiers de l'impôt dû.

II.3.2- Recouvrement de la CGU

L'article 144 CGI permet désormais au contribuable de verser spontanément les acomptes dans les 15 premiers jours des mois de mars et mai de l'année d'établissement de l'impôt. Ils doivent être payés à la caisse du comptable du Trésor du lieu d'imposition.

Toutefois, pour les contribuables dont le montant de la CGU n'excède pas 100 000 francs, ils sont tenus de le payer spontanément. Ce paiement est effectué en une fois, par voie de fiche de paiement et par anticipation, avant le 1er mars de chaque année pour l'année en cours.

II.4- Option au bénéfice réel

La loi prévoit la possibilité pour les contribuables relevant de la CGU d'opter pour leur assujettissement au régime de l'imposition du bénéfice réel. A cet effet, ils doivent notifier leur choix au Directeur des impôts, au plus tard le 31 janvier de l'année d'imposition. L'option ainsi exercée est totale et irrévocable.

II.5- Tarifs de la Contribution Globale Unique

L'article 141 fixant les tarifs de la CGU fixe désormais et de façon simpliste deux taux de taxe.

Le montant de la contribution globale unique est fixé comme suit :

- 5 % pour les prestataires de services ;
- 2% pour les commerçants et producteurs.

Précision : En aucun cas, le montant à payer ne peut être inférieur à 30 000 francs pour les personnes physiques prestataires et à 25 000 francs pour les personnes physiques commerçantes.

II.6- Obligations et sanctions

II.6.1- Obligations fiscales

Les contribuables assujettis à la CGU sont tenus d'adresser, avant le 1er mars de chaque année, à l'agent chargé de l'assiette du lieu du siège de l'entreprise ou de son principal établissement, une déclaration indiquant :

- le montant de leurs achats de l'année précédente ;
- la valeur globale, au prix de revient, de leurs stocks au 1er janvier et au 31 décembre de ladite année ;
- le montant de leur vente ou de leur chiffre d'affaires du 1er janvier au 31 décembre de ladite année ;
- le montant de leurs loyers professionnels et privés ;

- le nombre et la puissance fiscale de leurs automobiles utilitaires et de tourisme ;

- la superficie de leurs exploitations agricoles en rapport et les moyens matériels mis en œuvre

II.6.2- Sanctions encourues

En cas de non-respect de leurs obligations fiscales, l'article 152 CGI prévoit les sanctions suivantes :

✓ fermeture immédiat de l'établissement, dès constatation de l'infraction, sans mise en demeure préalable ni signification de commandement. Elle est matérialisée par l'apposition de scellés.

✓ saisie des stocks dans les formes et conditions prévues par la loi.

Tout paiement donne lieu à la délivrance d'une quittance. Le Fisc liquide la CGU et, sur présentation de la quittance de paiement, délivre au contribuable et une vignette dont l'affichage dans l'établissement tient lieu de publicité au paiement.

Précision : Tout assujetti est tenu, dans son établissement, de présenter cette formule, lorsqu'il est requis par les Maires, les Préfets, les Sous-préfets, les fonctionnaires dûment commissionnés des impôts, du Trésor, de la Douane, du Contrôle économique et tous les officiers ou agents de la Police judiciaire. Article 144 CGI

Application 27

Cas Jo Bazar

Joe Bazar est commerçant spécialisé dans le domaine de la vente de matériels électroménagers de seconde main qu'il recycle parfois. Au cours de l'exercice 2020 le chiffre d'affaires retenu par l'Administration fiscale suite à la déclaration à la CGU fourni par Jo Bazar s'élève à 39 840 800F.

Travail à faire : Déterminer l'impôt dû par Joe Bazar au titre de la CGU de 2020.

-

III/ BENEFICES DES PROFESSIONS NON COMMERCIALES

Couramment appelés bénéfices non commerciaux (BNC), les bénéfices des professions non commerciales désignent les revenus provenant d'une expertise ou expérience dans les domaines industriels, commerciaux, artistiques ou scientifiques

III.1- Champ d'application

Dans la catégorie des BNC, on peut opérer une classification qui distingue deux grandes familles de professions. Il s'agit des professions libérales réglementées et des autres bénéfices se rattachant aux BNC.

III.1.1- Professions libérales réglementées

Les professions libérales réglementées sont exercées à titre indépendant et sont identifiées par leur caractère intellectuel. Elles s'exercent dans des domaines divers tels la science, l'économie, la médecine, le droit, la littérature, l'art etc.

On peut les identifier par les critères suivants :

- les règles d'exercice de la profession sont généralement déterminées par un ordre professionnel ;
- la profession relève du droit civil et non du droit commercial ;
- les honoraires reçus rémunèrent un travail personnel dans une large mesure ;

Dans la catégorie des professions libérales règlementées, on désigne les titulaires de charges et offices qui ne peuvent exercer leur profession que dans le domaine où se situe leur charge. De plus les actes qu'ils émettent sont timbrés

<u>Exemples de charges et offices</u> : notaires, huissiers, commissaires-priseurs et autre auxiliaires de justice.

III.1.2- Les autres se rattachant aux BNC

Cette catégorie regroupe tous les revenus professionnels ne se rattachant pas à une autre catégorie de revenus. On associe dans ce groupe les marges réalisées occasionnellement, par des personnes physiques sur des transactions immobilières à titre spéculatif et les opérations de bourse effectuées à titre habituel ou spéculatif, à l'exclusion toutefois des lots de la loterie nationale sénégalaise et des autres loteries autorisées.

Aux autres BNC, on compte les revenus de droits d'auteur et d'inventeur, revenus d'expertise dans le domaine commercial, scientifique. Il convient également d'y ajouter les revenus de toutes occupations, exploitations lucratives et sources de profit ne se rattachant pas aux plus-values de cessions de valeurs mobilières et de droits sociaux

Précision : Le contribuable qui exploite un cabinet médical sans être diplômé en médecine relève des BIC car il réalise des bénéfices commerciaux du fait qu'il y a spéculation sur le travail d'autrui. En revanche, si l'exploitant est diplômé de l'activité qu'il exerce, son impôt relève des BNC.

III.2- Détermination du bénéfice imposable

Depuis l'entrée en vigueur de la loi 97-19 du 12 décembre 1997, les contribuables au titre des BNC entrent dans le régime de la déclaration contrôlée. Le bénéfice imposable est constitué par l'excédent des recettes totales sur les dépenses nécessitées par l'exercice de la profession. Il tient compte des gains ou des pertes provenant soit de la réalisation des éléments d'actif affectés à l'exercice de la profession, soit des cessions de charges ou d'offices.

III.2.1- Les produits imposables

Ils sont constitués des produits bruts qui comprennent toutes les recettes professionnelles et assimilées, les plus-values provenant de cession d'éléments d'actifs affectés à l'exercice de la profession. Il s'y ajoute aussi toutes les indemnités reçues en contrepartie de la cessation de l'exercice de la profession.

III.2.2- Les charges déductibles

Elles sont constituées des dépenses liées à l'exercice de la profession et qui sont effectivement supportées et payées compte tenu des remises appliquées.

-

Sont notamment déductibles :

- les charges de personnel à l'exception des rémunérations de l'exploitant ou des associés ;
- les loyers des locaux professionnels ;

Précision : Lorsque le contribuable est propriétaire de locaux affectés à titre gratuit à l'exercice de sa profession, aucune déduction n'est autorisée au bénéfice imposable ;

- les amortissements des immobilisations suivant les règles applicables en matière de BIC ;

- les dons dans les limites prévues par les dispositions légales. C'est-à-dire 0,5% des recettes brutes pour les seuls dons effectués au profit d'œuvres ou d'organismes d'intérêt général à caractère philanthropique, éducatif, scientifique ou familial reconnus d'utilité publique désignés par arrêté du ministre chargé des finances ;

- les impôts et taxes professionnels à l'exception de l'IR, les impôts et taxes retenus à la source dus par l'employé

Précision : En cas de dégrèvements sur les impôts déductibles, leur montant entre dans les recettes de l'exercice au cours duquel le contribuable est avisé de ces dégrèvements ;

III.3- Les obligations déclaratives

Les contribuables relevant des BNC sont tenus d'adresser au plus tard le 30 avril de chaque année, à l'agent chargé de l'assiette une déclaration du bilan et du compte de résultat. Ils doivent en outre, produire les documents qui suivent tels que rapporté par l'article 161 CGI.

- le montant des recettes brutes ;

- le détail des dépenses professionnelles ;

- les services réguliers rémunérés, réalisés pour le compte d'entreprise ou des administrations publiques ou privées ;

- le nombre et la qualité des employés ou collaborateurs et le total des salaires et autres rémunérations versées ;

- le montant de leurs loyers professionnels et privés ;

- le nombre et la puissance fiscale de leurs automobiles utilitaires ou de tourisme.

Précision : Ces documents ainsi que toutes les pièces justificatives des recettes et des dépenses professionnelles doivent être conservés jusqu'à l'expiration de la 10ème année suivant celle de l'encaissement des recettes ou du paiement des dépenses professionnelles. Article 162 Item 2 CGI

III.4 – La retenue à la source en matière de BNC

III.4.1 - Champ d'application

Sont passibles de la retenue à la source, sous réserve des dispositions des conventions fiscales internationales, les personnes et sociétés n'ayant pas d'installation professionnelle au Sénégal, à raison des sommes qu'elles perçoivent en rémunération des prestations de toute nature fournies ou utilisées au Sénégal ainsi que les bénéfices, revenus, produits, redevances, qu'elles réalisent au Sénégal.

Ces mêmes dispositions s'appliquent également, lorsque le bénéficiaire de ces droits et produits est une personne physique ou une société quelle que soit sa forme.

A titre d'exemple, on cite les artistes de théâtre ou de music-hall, musiciens et autres prestataires non domiciliés au Sénégal et qui y organisent ou y font organiser occasionnellement des représentations ou des concerts.

III.4.2. - Liquidation

Le taux de la retenue à la source est fixé à 25% du montant net des sommes imposables versées aux personnes et sociétés assujetties. Ce montant net est déterminé en appliquant aux encaissements bruts, un abattement de 20%.

En ce qui concerne les produits des représentations ou concerts, les versements bruts sont préalablement diminués des droits et taxes frappant les entrées ; il en est de même du produit des opérations grevées d'une taxe sur le chiffre d'affaires.

III.5- Les reports déficitaires

Les principes, qui ont été précédemment étudiés sur les BIC sont applicables en matière de BNC.

Application 28

Cas du pharmacien Grand Doom

Grand Doom, père de 3 enfants mineurs et dont l'épouse n'exerce pas d'activité imposable a ouvert une pharmacie à Ndoumbélaan depuis 1998. Grand Doom titulaire de diplôme de pharmacien, gère lui-même sa pharmacie dénommée Tawfeekh constituée en entreprise personnelle.
Au 31 décembre 2020, son exploitation a présenté les résultats suivants :

Recettes réalisées en 2020 :

- au 30 mars : 27 000 000F
- au 30 juin : 30 500 000F
- au 31 octobre : 28 750 000F
- au 31 décembre :24 075 500F

Dépenses supportées en 2020

- au 8 janvier : 21 500 000F (achat de médicaments)
- au 30 mars :10 750 000F (autres charges)
- au 30 septembre : 25 250 000F (achat médicaments)
- au 30 septembre : 11 000 000F (autres charges)
- au 31 décembre : 23 500 000F (achat médicaments)
- au 31 décembre : 9 200 000F (autres charges)

L'extrait du cumul des comptes des autres charges pour l'exercice 2020 fournit par la comptabilité précise les informations qui suivent:

- Rémunération de Grand Doom : 9 400 000F
- Autres rémunérations du personnel : 7 845 100F
- Impôts retenus à la source : 2 960 200F
- Loyers locaux professionnels : 3 360 300F
- Provision pour risque professionnel : 6 300 000F
- Amortissements réguliers du matériel et mobilier : 4 045 510F

Travail à faire :

1/ Indiquer la personnalité fiscale de la pharmacie

2/ Après avoir établi le résultat comptable, déterminer le résultat fiscal.

3/ Déterminer l'impôt dû par Grand Doom

Application 29

Cas du Cabinet FIDUS

Vous êtes stagiaire au cabinet d'expertise comptable de M. Fiduciaire dénommé FIDUS. Il vous est demandé de le seconder dans l'étude de la situation de son cabinet et dans la préparation des déclarations fiscales.

L'examen du dossier du cabinet FIDUS vous permet de relever les informations suivantes :

- M. Fiduciaire a créé en 2006 sous la forme individuelle, son entreprise sise à Villeneuve, ville d'un pays de l'espace UEMOA ;
- l'exercice comptable arrêté au 31 décembre 2015 coïncide avec l'année civile ;
- l'entreprise FIDUS est assujettie à l'impôt sur le revenu, catégorie « Bénéfices des professions non commerciales (BNC) » soumise au régime du bénéfice réel normal ;
- le résultat de l'exercice 2015 après arrêté des comptes fait apparaitre un bénéfice comptable de 16 250 000F ;
- renseignements complémentaires :

L'examen des comptes vous permet de relever en particulier les charges suivantes déduites pour la détermination du résultat comptable : (TVA correctement comptabilisée au taux de 18%. Prorata de déduction = 100%.)

Charges comptabilisées

1) Travaux d'entretien et de réparation

- Acquisition pour échange standard le 1er octobre 2015 d'un nouveau moteur pour le véhicule de fonction de M. Fiduciaire entièrement amorti, ce qui va prolonger sa durée d'utilisation de 4 ans. Montant 850 000F

2) Primes d'assurance

- M. Fiduciaire a contracté une assurance-risque inondation auprès d'une compagnie d'assurance agréée. Montant 390 000F

3) Déplacements, missions et réceptions :

- Frais engagés lors de la réception donnée par M. Fiduciaire pour l'inauguration de son habitation principale. Montant 980 000F

4) Locations immobilières

- Location d'une propriété affectée à une colonie de vacances pour les enfants du personnel (gérée par le comité d'entreprise). Montant 750 000F
- Location pour cinq jours d'un appartement meublé pour les époux Fiduciaire. Montant 390 000F

5) Rémunération de personnel

- Rémunération du travail de l'exploitant. Montant : 18 200 000F ;
- Rémunération des salariés employés par M. Fiduciaire.
  Montant 54 700 000F

6) Impôts, taxes et versements assimilés

- Paiement de la patente professionnelle. Montant 3 850 000F.
- Droits de douane sur le matériel bureautique. Montant 960 000F.
- Droits d'enregistrements et de timbres des documents administratifs et financiers. Montant : 587 000F.
- Impôts sur les revenus versés. Montant 11 300 000F.

7) Dotation aux amortissements

- Amortissement dégressif pratiqué sur un véhicule de tourisme acquis d'occasion le 1er juillet 2015 pour un montant de 14 000 000F. Durée d'utilisation prévue : 4 ans.
- Amortissement linéaire sur l'acquisition d'une stèle placée à l'entrée principale de l'entreprise. Montant : 500 000F.

8) Dotation aux provisions

- Provision pour dépréciation des valeurs mobilières de placement.
  Montant 750 000F
- Provision pour créances douteuses sur un client en liquidation de biens. Montant TTC de la créance est de 590 000F.
  Encaissement futur estimé par le syndic est à 20% de la créance.

9) Dettes provisionnées :

- Pour congés à payer en 2015 (en 2014, dettes provisionnées pour congés à payer 56 200 000). Montant 54 400 000F

Produits comptabilisés

10) Dans les produits comptabilisés, sont inclus les revenus perçus en 2015 à l'occasion de la location non meublée d'une maison non inscrite à l'actif de l'entreprise dont M. Fiduciaire est propriétaire.

11) Intérêts reçus des obligations émises par l'Etat du Niger. Montant 4 800 000F.

Travail à faire :
Déterminer le résultat fiscal de l'entreprise FIDUS au titre de l'exercice 2015 en analysant brièvement les raisons pour lesquelles vous avez été amené à procéder à des réintégrations extracomptables (REC) et à des déductions extracomptables (DEC).

Nota : Seules les dispositions de la directive n°01/2008//CM/UEMOA sont applicables

IV/ LES BENEFICES DES EXPLOITATIONS AGRICOLES

IV.1- Champ d'application des BA

L'impôt au titre des bénéfices des exploitations agricoles frappe le bénéfice réalisé par les planteurs, agriculteurs, éleveurs et pêcheurs ainsi que ceux provenant des exploitations forestières.

Sont exonérés les revenus des cultivateurs pour la vente et la manipulation des récoltes et foins provenant des terrains qui leur appartiennent et qu'ils exploitent eux-mêmes, ainsi que pour la vente du bétail qu'ils y élèvent.

IV.2- Régime d'imposition des BA

Le régime applicable au bénéfice de l'exploitation agricole est déterminé dans les mêmes formes que celles prévues en matière de BIC.

SOLUTIONS

Application 26

Cas de l'exploitant individuel Sall

Le résultat comptable de l'entreprise fait ressortir un bénéfice de 22 054 000F. Ce résultat doit être corrigé par des réintégrations et déductions extracomptables afin de déterminer le résultat fiscal.
Il s'agit alors d'examiner au cas par cas les précisions apportées par M. Sall pour la détermination de son impôt.

1) L'achat de fleurs pour la décoration de l'entrée du magasin peut être considéré comme une charge engagée dans l'intérêt de l'exploitation si le montant n'est pas exagéré. Du fait qu'aucune écriture n'a été passée en comptabilité, la comptabilité devait corriger cette écriture comptable avant l'arrêté des comptes. Car il n'y a pas de déduction fiscale prévue pour cette opération.

2) La publicité non prohibée étant une opération taxable est déductible du résultat imposable de l'exercice ; Par contre la TVA de 9 000 est à réintégrer

3) La contravention est une amende de police qui ne peut être admise en déduction. Elle doit alors être réintégrée au résultat imposable;
A réintégrer 6 000F

4) Les logiciels sont des immobilisations incorporelles, donc destinés à être utilisés de façon durable. Il s'agit de dépense d'investissement amortissable donc non déductible au titre d'un seul exercice.
En admettant une durée de vie de 3 ans, le montant en déduction devient
3 000 000/3 soit 1 000 000F.
Il convient à cet effet de réintégrer dans le résultat imposable 2000 000.

5) L'achat de moteur d'occasion pour remplacer celui devenu inutilisable est considéré comme une dépense de réparation, donc déductible du résultat imposable même si la solution n'est pas forcement évidente. Certes la durée de vie du véhicule peut être allongée, mais le moteur ne peut être utilisé indépendamment du véhicule ; Pas de correction à apporter.

6) Les dépenses pour la formation du personnel sont des charges liées à l'exploitation et par conséquent déductibles sont limitation si elles remplissent les obligations fiscales et qu'elles profitent à l'entreprise; Pas de correction à apporter.

7) Les honoraires versés à l'avocat et relatifs à un litige professionnel constituent des charges déductibles ; Pas de correction à apporter.

8) Les dépenses de documentation constituent des charges déductibles. Il s'agit des charges liées à l'exercice de la profession ; Aucune correction ne s'impose.

9) L'impôt sur le revenu n'est pas déductible du résultat imposable. Ce montant doit être réintégré, du fait de son caractère non déductible ; A réintégrer 200 000F

10) Il n'y a pas de salaire fiscal pour l'exploitant individuel. Le montant du salaire de 2 600 000 est à réintégrer.

11) La provision pour risque d'inondation a un caractère éventuel et non probable ou certain, donc la provision est sans objet réel. A réintégrer 150 000F

12) Une subvention allouée à l'équipe de football dont est originaire l'exploitant n'est pas déductible fiscalement ; A réintégrer 50 000 F

En récapitulant sur le tableau de synthèse suivant, on a :

N°	Eléments	REC	DEC
01	Achats de fleurs		
02	Messages publicitaires	9 000	
03	Contraventions payées	6 000	
04	Acquisition de logiciel	2 000 000	
05	Achat moteur d'occasion		
06	Dépense de formation		
07	Honoraires verses		
08	Dépenses de documentation		
09	Impôt sur le revenu	200 000	
10	Rémunération de l'exploitant	2 600 000	
11	Provision pour risque	150 000	
12	Subvention versée	50 000	
	TOTAL	**5 015 000**	**0**

Le montant des réintégrations s'élève à 5 015 000. Ce montant est à ajouter au résultat comptable soit 22 054 850 + 5 015 000 = 27 069 850 F

Le revenu net imposable au titre de l'impôt sur le revenu est de 27 069 850.

Calcul de l'IR de M. Sall

La base imposable correspond au RFI arrondi au millier de francs
BI = 27 069 000
Cette BI appartient à la 6éme tranche. La base correspondante est :
BI à la 6éme tranche = 27 069 000 – 13 500 000 = 13 569 000

Calcul de l'IR

N°	BI	Taux	Impôts
1	630 000	0%	0
2	870 000	20%	174 000
3	2 500 000	30%	750 000
4	4 000 000	35%	1 400 000
5	5 500 000	37%	2 035 000
6	13 569 000	40%	5 427 600
	Total		**9 786 600**

M. Sall ne peut bénéficier d'une réduction d'impôt. Etant célibataire sans enfant à charge, M. Sall ne dispose que d'une seule part qui rend nulle la réduction d'impôt pour charge de famille.

Butoir = 27 069 000 x 43% = 11 639 670 qui constitue le maximum d'impôt de M. Sall. On retient alors l'impôt dû d'un montant de 9 786 600
IR dû par M. Sall au titre de 2020 = 9 786 600F

Application 27

Cas Joe Bazar

Joe Bazar fait partie de la catégorie des producteurs et revendeurs. Le barème de liquidation de ladite catégorie lui est applicable.

Pour un chiffre d'affaires établi, d'un montant de 39 840 800F on applique un taux de 2%.
CGU du = 39 840 000 x 2% = 769 800
Le montant retenu au titre de la CGU est 769 800F

Avant reforme le montant aurait été fixé à 1 117 950F pour ce cas

Application 28

Cas du pharmacien Doom

1- La pharmacie Tawfeekh n'a pas de personnalité juridique propre. Donc l'impôt est établi au nom du pharmacien Grand Doom.

2- Le résultat comptable est obtenu par la différence entre le cumul des recettes et le cumul des dépenses.

∑recettes = 27 000 000 + 30 500 000 + 28 750 000 + 24 075 500
∑recettes = 110 325 500

∑dépenses = 21 500 000 + 10 750 000 + 25 250 000 + 11 000 000 + 23 500 000 + 9 200 000F
∑ dépenses = 101 200 000

RC = ∑recettes - ∑ dépenses
RC = 110 325 500 – 101 200 000
RC = 9 125 500F

Le RF est obtenu en réintégrant au RC les charges non déductibles.
Par contre les charges déductibles c'est-à-dire celles admises à déduction fiscalement ne feront pas l'objet de correction.
Ces charges sont ici constituées par :
- les autres rémunérations du personnel
- les loyers des locaux professionnels
- les amortissements réguliers du matériel et mobilier

les charges non déductibles sont :
- les rémunérations de l'exploitant = 9 400 000
- les impôts retenus à la source = 2 960 200
- les provisions pour risque professionnel = 6 300 000

∑charges à réintégrer = 9 400 000 + 2 960 200 + 6 300 000
∑charges à réintégrer = 18 660 200

RF = 9 125 500 + 18 660 200
RF = 27 785 700F

3- Calcul de l'IR du pharmacien Grand Doom.
La base imposable correspond au RFI arrondi au millier de francs
BI = 27 785 000
Cette BI appartient à la dernière tranche c'est-à-dire la 6éme. La base correspondante est : 27 785 000 – 13 500 000 = 14 285 000

Calcul de l'IR

N°	BI	Taux	Impôts
1	630 000	0%	0
2	870 000	20%	174 000
3	2 500 000	30%	750 000
4	4 000 000	35%	1 400 000
5	5 500 000	37%	2 035 000
6	14 285 000	40%	5 714 000
	Total		**10 073 000**

Le montant d'impôt avant réduction est de 10 073 000F

Grand Doom est marié et a trois enfants à charge, de plus son épouse n'a pas de revenu imposable, soient 1,5 + (0,5 x 3) + 0,5 = 3,5 parts

La réduction d'impôt correspondante est de 30% avec un minimum de 500 000F et un maximum de 2 030 000F

Réduction d'impôt = 10 073 000 x 30%
Réduction d'impôt = 3 021 900
Le maximum de 2 030 000 sera retenu
IR dû = 10 073 000 – 2 030 000 = 8 043 000F

Butoir = 27 785 000 x 43% = 11 947 550F qui constitue le maximum d'impôt de Grand Doom. On retient alors l'impôt dû d'un montant de 8 043 000F

IR dû par Grand Doom au titre de 2020 = 8 043 000F

Application 29

Cas du Cabinet FIDUS

Cas de l'entreprise individuelle FIDUS soumise au régime du bénéfice réel normal
Exercice d'imposition 2015
Résultat comptable 16 250 000F
On établit le tableau d'analyse ci-dessous :

Traitement des charges

1) Travaux d'entretien et de réparation
Acquisition pour échange standard de nouveau moteur pour le véhicule de fonction de M. Fiduciaire. Avec la nouvelle jurisprudence fiscale l'acquisition de moteur prolongeant la durée de vie du véhicule ne fait plus l'objet d'amortissement
L'opération comptable est déductible fiscalement. Pas de correction

2) Prime d'assurance pour risque d'inondation
Du fait que l'assurance vise les risques courus par l'entreprise elle-même et qui impactent sur le résultat, il est légitime de le considérer comme charge déductible. Pas de correction

3) Déplacements, missions et réceptions
Les dépenses consacrées à l'inauguration de l'immeuble d'habitation principale de l'exploitant ne sont pas liées aux charges normales de l'entreprise. C'est un acte anormal de gestion. Donc à réintégrer.

4) Locations immobilières
Les locations de propriété affectées à une colonie de vacances sont déductibles par tolérance fiscale car entre dans le financement des œuvres sociales dont bénéficient le personnel. Pas de correction

Par contre l'appartement meublé au profit des époux Fiduciaire relève de l'acte anormal de gestion. A réintégrer

5) Rémunération de personnel
Rémunération du travail de l'exploitant. Il n'y a pas de salaire fiscal pour un exploitant individuel. A réintégrer

Par contre les salaires versés au personnel salarié sont déductibles dans la mesure où ils respectent les obligations fiscales, sociales et comptables. Donc déductible.

6) Impôts, taxes et versements assimilés
La patente professionnelle est en toute évidence une charge déductible. Pas de correction

Les droits de douane affectés aux charges déductibles telles le matériel bureautique sont déductibles. Pas de correction

Les droits d'enregistrements et de timbres affectés aux charges normales de l'entreprise sont déductibles. Pas de correction.

Les impôts sur le revenu sont des charges non déductibles fiscalement. donc à réintégrer

7) Dotation aux amortissements
L'amortissement dégressif pratiqué sur un véhicule de tourisme n'est pas admis en déduction fiscale.

Annuité comptabilisée = 14 000 000 * 37,5% * 6/12
= 2 625 000

Annuité autorisée = 14 000 000 * 25% * 6/12
= 1 750 000

Excédent d'amortissement à réintégrer :
2 625 000 – 1 750 000 = 875 000

L'amortissement linéaire passé sur une stèle qui, du point de vue fiscale est qualifié de bien somptuaire. Il n'est pas admis en déduction. Donc à réintégrer intégralement.

8) Dotation aux provisions
La provision pour dépréciation des valeurs mobilières n'est pas déductible car suit le régime des moins-values à long terme

La provision pour créance douteuse sur un client en liquidation est admise en déduction pour son montant hors TVA. Car la réalisation du risque a un caractère probable

Provision comptabilisé : 590 000 * 80% = 472 000
Provision autorisée : (590 000 / 1,18) 80% = 400 000
Surplus à réintégrer = 72 000

9) Dettes provisionnées
Le régime fiscal des provisions pour congé payé est bien connu par son caractère effectif.

La provision pour congés payés constituée pour l'exercice 2015 est à réintégrer et celle constitué en 2014 est déduite extra comptablement

Traitement des produits

10) Les produits de location d'immeuble appartenant à M. Fiduciaire non inscrit à l'actif du bilan de l'entreprise est une décision de gestion opposable à l'entreprise.

Apres arrêté des comptes, il n'est pas prévu de déduction extra comptable pour corriger cette erreur comptable

11) Les intérêts des valeurs d'Etat sont exonérés. Article 9 Directive n°01/2008/CM/UEMOA

N°	Opérations	REC	DEC
1	Travaux d'entretien et réparation		
2	Prime d'assurance risque		
3	Missions et réceptions	980 000	
4	Locations immobilières	390 000	
5	Rémunération de personnel	18 200 000	
6	Impôts, taxes et assimilés	11 300 000	
7	Dotation aux amortissements	875 000 500 000	
8	Dotation aux provisions	750 000 72 000	
9	Dettes provisionnées	54 400 000	56 200 000
10	Les produits locatifs d'immeuble		
11	Les intérêts des valeurs		4 800 000
	Totaux	**87 467 000**	**61 000 000**

Résultat fiscal = Résultat comptable + ∑ REC - ∑ DEC

Résultat fiscal = 16 250 000 + 87 467 000 – 61 000 000

Résultat fiscal = 42 717 000F

Précis de Fiscalité des Affaires
Mamadou Ngom

21

TRAITEMENTS, SALAIRES, PENSIONS ET RENTES VIAGERES

La fiscalité applicable aux revenus salariaux au Sénégal suit le régime de la retenue à la source.

Les traitements et salaires sont composés de trois impôts catégoriels répartis entre le salarié et l'employeur. Le salarié supporte l'impôt sur le revenu (IR) et la taxe représentative de l'impôt du minimum fiscal (TRIMF). Quant à l'employeur, il supporte la contribution forfaitaire à la charge des employeurs (CFCE)

I/ TRAITEMENTS, SALAIRES ET RENTES VIAGERES

Par traitements et salaires, on entend les rémunérations versées aux personnes qui se trouvent en état de subordination juridique vis à vis de leur employeur.

I.1 - Champ d'application

Sont soumis à l'impôt sur le revenu, les traitements publics et privés, soldes, indemnités et primes de toutes natures, émoluments, salaires et avantages en argent et en nature.

Sont également imposables, les pensions et rentes viagères. Il convient pour ce cas d'opérer un abattement égal à 40 % des pensions et rentes viagères. Cet abattement ne doit pas être inférieur à 1 800 000 francs. Ainsi sont imposables les 60% des pensions et rentes viagères lorsque l'abattement de 40% est supérieur au minimum à 1 800 000 francs

I.1.1- Les avantages en nature

L'estimation mensuelle des avantages en nature du point de vue fiscal, est opérée selon des modalités fixées par arrêté du Ministre chargé des Finances dont le dernier en date est le 31 juillet 2013

Nature des avantages	Evaluation mensuelle
Logement par pièce d'habitation principale - Région de Dakar - Chef-lieu de région autre que Dakar - Reste du Sénégal	 33 500 F 20 000 F 13 500 F
Domesticité - Gardien ou jardinier - Cuisinier ou maître d'hôtel - Autres gens de maison	61 700 F 92 500 F 35 600 F
Eau Electricité Téléphone Nourriture	10 500 F 30 200 F 67 000 F valeur réelle
Véhicule de fonction - Puissance fiscale inférieure ou égale à 11 CV - Puissance fiscale supérieure à 11 CV	26 000 F 77 500 F

Précision : Les retenues effectivement opérées par l'employeur en contrepartie des avantages en nature sont déduites de l'évaluation forfaitaire.
La base est alors obtenue en ajoutant ce différentiel obtenu, au salaire brut. Par ailleurs les indemnités en argent représentative d'avantage en nature doivent être intégralement comprises dans la base d'imposition du fait que la présente évaluation ne pouvant être retenue dans ce cas.

I.1.2 - Les déductions successives

Pour le calcul de l'IR, il est opéré à des abattements sur le revenu. Ces abattements sont constitués d'un d'abattement spécial et d'abattement forfaitaire.

I.1.2.1- Abattement spécial

Les abattements spéciaux ne s'appliquent qu'aux seuls agents de l'Etat en poste dans les représentations diplomatiques et consulaires.

Ces agents de l'Etat bénéficient d'un abattement spécial de 10 % lorsque les services qui leur sont rattachés sont situés dans des pays en zone de la communauté financière africaine (CFA). Cet abattement était de 20% avant la nouvelle codification de 2012.

Toutefois lorsque ces mêmes agents sont en poste dans des représentations diplomatiques et consulaires attachés à des services situées dans les pays hors zone hors CFA, l'abattement spécial est porté à 20%.

I.1.2.2- Abattement forfaitaire

L'abattement forfaitaire est représentatif des cotisations versées à titre obligatoire pour la constitution de retraite et des frais inhérents à la fonction ou à l'emploi. Il est fixé à 30 % du revenu salarial plafonné à 900 000 francs.

Précision : En ce qui concerne les pensions et rentes viagères, l'abattement de 30 % susvisé n'est pas opéré.

I.2 – Revenus exonérés

Les revenus exonérés sont énumérés par l'article 167 CGI et cités ci-dessous:

1- les appointements des agents diplomatiques et consulaires de nationalité étrangère, pour l'exercice de leurs fonctions, dans la mesure où les pays qu'ils représentent accordent des avantages analogues aux agents diplomatiques du Sénégal et où le titulaire desdits appointements n'est pas de nationalité sénégalaise ;

2- les allocations familiales, allocations d'assistance à la famille, majorations de soldes, indemnités ou pensions calculées conformément à la législation en vigueur et attribuées en considération de la situation ou des charges familiales ;

3- les allocations et les indemnités spéciales destinées à assurer le remboursement de frais inhérents à la fonction ou à l'emploi effectivement utilisés conformément à leur objet, sous réserve de justifications comptables ;

4- les indemnités et primes spéciales destinées à assurer le remboursement de frais forfaitaires, dans les limites fixées par le ministre chargé des Finances ;

5- les indemnités de licenciement, les indemnités légales de départ à la retraite et les indemnités de décès déterminées conformément à la législation du Travail ;

6- les pensions servies par la République française en vertu de la loi du 31 mars 1919, à l'exclusion de la partie des pensions mixtes visées à l'article 50, paragraphe 2 de ladite loi, qui correspond à la durée des services ;

7- les pensions servies par la République française en vertu de la loi du 24 juin 1919 aux victimes civiles de la guerre ou à leurs ayants droit ;

8- les pensions de même nature que celles visées aux 6 et 7 ci-dessus, qui sont servies aux autres victimes de guerre et sous la même réserve que celle prévue au 6 en ce qui concerne les pensions mixtes ;

9- les rentes viagères et indemnités temporaires attribuées aux victimes d'accidents du travail ;

10- les rentes viagères servies en représentation de dommages et intérêts en vertu d'une condamnation prononcée judiciairement pour la réparation d'un préjudice corporel ayant entraîné pour la victime une incapacité permanente totale l'obligeant à avoir recours à une tierce personne pour effectuer les actes ordinaires de la vie ;

11- la retraite du combattant ;

12- les indemnités versées à la suite d'un départ négocié consécutif à un plan social ou à une restructuration de l'entreprise considérée ;

13- les abondements ou versements complémentaires de l'entreprise et les primes d'assurance dans la limite des montants admis en déduction ;

14- Les plus-values réalisées sur les cessions de titres, dans le cadre de la gestion d'un fonds commun de placement ou toute autre forme de placement collectif agréé par le Ministre chargé des finances ;

15- les cotisations relatives à l'assurance maladie dans la mesure où elle n'excède pas 10% du salaire brut imposable du bénéficiaire.

- Sont également exonérés sur la fraction de l'indemnité kilométrique suivant l'arrêté ministériel n° 012911/ MEF/DGID 31 juillet 2013:

✓ L'Indemnité kilométrique attribuée aux employés qui utilisent leur propre véhicule dont le montant forfaitaire ne dépasse pas 50 000 francs par mois.

✓ Pour les agents commerciaux (Voyageurs, Représentants, Placiers) l'exonération est plafonné à 100 000 francs par mois lorsqu'ils effectuent au moins 500 kilomètres par semaine.

- L'arrêté ministériel n° 012912/ MEF/DGID 31 juillet 2013 exonère aussi les charges ci-dessous énumérées :

✓ Les primes attribuées aux employés médaillés du travail sont limitées au salaire mensuel de base et plafonnées à 100 000F francs.

✓ Les dons à l'occasion de décès d'un employé ou d'un de ses parents au premier degré sont fixés à concurrence de 100 000 francs.

✓ Les frais de pèlerinage aux lieux saints de l'Islam et de la Chrétienté sont exonérés dans la limite du tarif officiel fixé par les pouvoirs publics (arrêté n°012915 du 31 juillet 2013)

I.3- Imposition des éléments du train de vie

L'imposition des éléments du train de vie est assise sur une évaluation minimale du revenu imposable. Cette évaluation forfaitaire permet d'apporter des éléments de correction sur les revenus sous déclarés des contribuables menant un train de vie de haut niveau.

Le revenu imposable ne peut être inférieur au montant forfaitaire déterminé en appliquant le barème définit par l'article 169 CGI. Toutefois le contribuable se réserve le droit de contester le revenu forfaitairement fixé en apportant la preuve sur les éléments constituant son revenu réel.

Barème d'imposition des éléments du train de vie

Eléments du train de vie	Revenu forfaitaire annuel imposable correspondant
1. **Résidences principales et secondaires au Sénégal et hors du Sénégal, dépenses d'entretien et occupation.** Cette valeur est majorée si la résidence comporte des piscines : par piscine	Trois fois la valeur locative 500 000F
2. **Gardien, cuisinier, jardinier et autre.** par personne.	400 000F
3. **Voitures automobiles de tourisme.** Par voiture : - D'une puissance supérieure à 20 cv - D'une puissance comprise entre 20 et 15 cv - D'une puissance inférieure à 15 cv Toutefois, le montant ainsi déterminé est réduit de moitié pour les voitures qui sont affectées à titre principal à un usage professionnel. Cette réduction est limitée à un seul véhicule.	3 000 000F 2 500 000F 2 000 000F
4. **Bateaux de plaisance à voiles :** - Jusqu'à trois tonneaux de jauge - Par tonneau au-delà de trois jusqu'à 10 - Au-dessus de 10	200 000F 50 000F 100 000F
5. **Bateaux de plaisance à moteur fixe ou hors-bord** - Pour les 20 premiers chevaux de puissance - Par cheval-vapeur supplémentaire	300 000F 20 000F
6. **Chevaux de course :** Par cheval : - pur-sang - demi-sang - local	1 500 000F 1 000 000F 500 000F
7. **Vergers**	En fonction du revenu cadastral moyen à l'ha
8. **Avions de tourisme**	20 00 000 F
9. **Voyages à l'étranger** Le revenu à retenir sera fonction du coût du voyage et de la durée du séjour Coût du voyage : Frais de séjour :	Coût réel 70 000 F par jour

Précision : Les éléments du train de vie dont il est fait état pour la détermination du revenu minimum sont ceux dont le contribuable, son ou ses épouses et les autres membres de sa famille habitant avec lui pendant une année à laquelle les revenus sont imposés.

I.4- Versements de la retenue d'impôt

Les employeurs et débirentiers qui paient des traitements, salaires, pensions et rentes viagères sont tenus d'effectuer pour le compte du Trésor la retenue d'impôt précisée à l'article 184 CGI. Les retenues à la source opérées par les employeurs doivent être versées dans les 15 premiers jours du mois suivant, à la caisse du comptable public compétent. Toutefois, pour les contribuables soumis au régime du réel simplifié ou à la CGU, le versement est fait dans les 15 premiers jours des mois de janvier, avril, juillet et octobre, pour le trimestre écoulé.

Lorsque le montant des retenues mensuelles n'excède pas 20 000 francs, le versement s'effectuera dans les 15 premiers jours des mois de janvier, avril, juillet et octobre, pour le trimestre écoulé. Si, pour un mois déterminé, le montant des retenues excède 20 000 francs, toutes les retenues effectuées depuis le début du trimestre en cours doivent être versées dans les 15 jours du mois suivant.

Les employeurs et débirentiers sont tenus de délivrer à chaque bénéficiaire de paiement ayant supporté les retenues, une pièce justificative mentionnant le montant desdites retenues

Précision : La déclaration annuelle des retenues effectuées par les redevables employeurs doit être tenue sur un formulaire spécial délivré par le Fisc. Il doit être déposé au plus tard le 31 janvier de l'année précédant la clôture de l'exercice.

I.5- Modélisation

I.5.1- Position

Considérons SB, le salaire brut, on entend salaire de base et autres indemnités en espèces

Soit AVN, constituant les avantages en nature, on détermine le revenu brut noté RB par la somme constituant SB et AVN.

On peut écrire : RB = SB + AVN.

On rappelle que les déductions successives (DS) sont constituées de l'abattement spécial (AS) et de l'abattement forfaitaire (AF) de 30% RB, plafonné à 900 000F

On écrira : DS = AS + AF

On déduit alors le revenu brut imposable (RBI) par la différence entre RB et DS. On a finalement RBI = RB – DS

La base imposable (BI) correspond au RBI arrondi au kilo franc inferieur :

I.5.2- Formulation

On retient alors les formules ci-dessous

RB = SB + AVN

DS = AS + AF

RBI = RB - DS

Application 30

Cas des Ménages Pouye

Monsieur Pouye est comptable de la société Khéweul. Il est marié avec une commerçante qui a réalisé pour son propre compte au titre de l'exercice 2018 un bénéfice imposable de 4 500 000F.

Monsieur Pouye a deux enfants mineurs avec son épouse et deux autres qu'il a adoptés avec Mme Pouye sur décision de justice, dont l'un ne vit pas au foyer.

En 2018, M. Pouye a perçu les rémunérations suivantes :

- ✓ Salaire de base : 519 225F/mois
- ✓ Sursalaire : 300 000F / mois
- ✓ Allocation familiale : 20 000F/ mois
- ✓ Prime de 195 300 perçue sur des médailles du travail
- ✓ Indemnité kilométrique : 80 000F / mois

M. Pouye habite à Dakar Plateau dans une villa à trois pièces d'habitation principale prise en charge par la société. En plus de l'eau, l'électricité et le téléphone, la société Khéweul prend aussi en charge deux domestiques mis à la disposition de M. Pouye.

Par ailleurs M. Pouye ne possède ni piscine ni autres commodités entrant dans cette évaluation forfaitaire.

Travail à faire :

1/ Déterminer l'IR de M. Pouye au titre de l'année 2018.

2/ Déterminer l'IR de Mme. Pouye au titre de l'année 2018.

II/ TAXE REPRESENTATIVE DE L'IMPOT DU MINIMUM FISCAL

La taxe représentative de l'impôt du minimum fiscal (TRIMF) est un impôt perçu au profit des collectivités locales. La TRIMF est perçue par voie de retenue à la source de la même manière que les traitements et salaires. Elle est établie par tête, en ce sens que c'est un impôt de capitation supporté par le salarié.

II.1- Personnes imposables

Les personnes imposables à la TRIMF sont celles résidantes au Sénégal et bénéficiaires de traitements publics ou privés, indemnités émoluments, pensions et rentes viagères.

Depuis l'avènement de la loi 2008-01 du 8 janvier 2008 consacrant la suppression de l'imposition commune, le mari, considéré comme chef de famille au regard du droit commun n'a plus la possibilité d'opter seul pour une déclaration commune. L'article 276 CGI dispose que les retenues sont effectuées au nom du salarié. Ce dernier est imposable au taux prévu pour sa catégorie, pour lui-même et son conjoint ne disposant pas de revenu. Les enfants salariés d'au moins 14 ans sont personnellement imposables.

II.2- Personnes exemptées

Les personnes affranchies de la TRIMF sont celles exerçant au Sénégal une activité au titre de l'assistance technique fournie par un Etat étranger ou un organisme international. On y associe les bénéficiaires de pensions et rentes viagères dont les débiteurs sont domiciliés hors du Sénégal.

Toutefois l'article 278 CGI exempte de la TRIMF la même personne exclue du champ d'application de l'impôt du minimum fiscal. Ces personnes concernées par l'exemption sont énumérées par l'article 271 CGI citées ci-dessous :

1- les indigents ;

2- les hommes de troupe et les sous-officiers pendant la durée légale de leur service ;

3- les enfants régulièrement inscrits dans un établissement d'enseignement, lorsqu'ils sont susceptibles d'être considérés comme à charge au regard de l'IR ;

4- les mutilés ou réformés de guerre, ainsi que les victimes des accidents du travail dont le degré d'invalidité atteint 50 % ;
La présente exonération est étendue aux conjoints des intéressés et à leurs enfants, susceptibles d'être considérés comme à charge au regard de l'IR

5- les personnes qui étaient à la charge d'un contribuable décédé à la suite d'un accident du travail et qui touchent une pension à ce titre ;

6- les personnes atteintes d'infections chroniques graves munies d'une attestation du médecin traitant, constatant qu'elles suivent régulièrement le traitement prescrit ou qu'elles sont mises en observation sans traitement, et se présentent à toutes les opérations de contrôle nécessaires ;

7- les non-voyants ;

8- les bénéficiaires de traitements publics ou privés, indemnités, émoluments, salaires, pensions et rentes viagères, assujettis à la taxe représentative de l'impôt du minimum fiscal.

Précision : les bénéficiaires de traitements publics ou privés, indemnités, émoluments, salaires, pensions et rentes viagères, assujettis à la taxe représentative de l'impôt du minimum fiscal sont exemptés de l'impôt du minimum fiscal.

II.3- Assiette et montant de la TRIMF

Le montant de la TRIMF est établi en fonction de la rémunération brute du salaire ou du montant brut de la pension ou rente. Ce montant est fixé d'après le barème suivant, établi par catégories selon la rémunération brute.

Les tarifs de la TRIMF sont fixés en fonction du revenu brut du contribuable, y compris ses avantages en argent et en nature

N°	Revenu brut annuel	TRIMF
1	0 - 599 999	900
2	600 000 - 999 999	3 600
3	1 000 000 - 1 999 999	4 800
4	2 000 000- 6 999 999	12 000
5	7 000 000- 11 999 999	18 000
6	12 000 000 et plus	36 000

Précision *:* La retenue au titre de la TRIMF est mentionnée sur le même barème de l'IR. Concernant les salaires mensuels, chaque retenue est égale à un douzième (1/12) du montant de la TRIMF annuelle.

III/ CONTRIBUTION FORFAITAIRE A LA CHARGE DES EMPLOYEURS

La contribution forfaitaire à la charge des employeurs (CFCE) est une taxe sur les salaires supportée par l'employeur à la différence de l'IR et de la TRIMF qui sont accrochés au dos du salarié lui-même.

III.1- Personnes imposables

Sont soumis à la CFCE, les personnes physiques et morales, ainsi que des organismes qui paient des traitements et salaires.

Précision : La CFCE est due lorsqu'un employeur est établi ou domicilié au Sénégal, et verse des rémunérations même aux salariés détachés à l'étranger

III.2- Personnes exonérées

Les exonérations à la CFCE sont permanentes, temporaires et parfois fixées à 3 ou 5 ans pour certaines entreprises conformément aux articles 263 et 264 CGI.

III.2.1- Exonération permanente

Sont affranchis de façon permanente de la CFCE, l'Etat et les collectivités locales, ainsi que les organismes publics ou parapublics, étrangers ou internationaux.

Les entreprises bénéficiant de cette exonération permanente sont celles à activité industrielles, agricoles et de télé-services qui exportent au moins 80 % de leur production.

III.2.2- Exonération temporaire

Les entreprises titulaires d'une autorisation de prospection ou d'exploration d'hydrocarbures ou d'un permis de recherche de substances minerales sont exonerés de la CFCE durant les phases de prospection et de recherche. Cette exonération s'étend à la phase de réalisation des investissements ou de développement sans pouvoir dépasser les durées prévues par les textes régissant les secteurs concernés.

III.2.3- Exonération sur 3 ans

Sont exonérées de la CFCE pour une durée de 3 ans :

- ✓ Les entreprises qui créent un minimum de 50 emplois nouveaux additionnels stables, sur la base de contrats à durée indéterminée, à l'exclusion des renouvellements de postes. Cette exonération n'est pas cumulable avec celles éventuellement prévues par ailleurs ;
- ✓ Les PME naissantes à compter de leur date de création ;
- ✓ Les entreprises titulaires de concession minière, pendant la phase d'exploitation, sont exonérées pour 3 ans à compter de la date de première production.

III.2.4- Exonération sur 5 ans

Sont exonérées de la CFCE pour une durée de 5 ans :

✓ Les entreprises admises au régime du crédit d'impôt pour investissement. Ces entreprises doivent réaliser des investissements d'un montant d'au moins 100 millions de francs sous réserve du respect des conditions d'éligibilité prévues par le code en ces articles 250 et suivants

✓ Les entreprises nouvelles. Si les emplois créés, dans le cadre du programme d'investissement agréé, sont supérieurs à 200 ou si au moins 90 % des emplois créés sont localisés en dehors de la région de Dakar, cette exonération est prolongée jusqu'à 8 ans ;

✓ Les entreprises ayant réalisées un programme d'investissement d'extension. Si les emplois additionnels créés, dans le cadre du programme agréé, sont supérieurs à 100 ou si au moins 90 % des emplois créés sont localisés en dehors de la région de Dakar, cette exonération est prolongée jusqu'à 8 ans.

III.3- Base d'imposition

La base d'imposition de la CFCE est constituée par le montant total des traitements et salaires, y compris les sommes payées à titre d'indemnité de congés payés, de gratification, primes, indemnités de toute nature, à l'exclusion de celles représentant des remboursements de frais et des prestations familiales, ainsi que par tous les avantages en argent ou en nature dont a bénéficié le travailleur.

III.4- Taux de taxe

Le taux de la CFCE est de 3% quelle que soit la nationalité du travailleur

III.5- Modalités de versement et sanctions

La CFCE est versée au Trésor dans les mêmes conditions et délais que les retenues sur les traitements et salaires.

Les sanctions fiscales applicables sur les traitements et salaires sont étendues à la CFCE.

Application 31

Cas Vignette Sarr

Vignette Sarr, mariée, est Directrice commerciale à la SA Sarenne Boutiques sise à Kaolack. Elle a trois enfants mineurs avec son époux qui exerce une activité imposable.
Durant l'exercice 2013, Vignette Sarr a perçu mensuellement un salaire de base de 285 200F et une commission de vente annuelle de 5% du chiffre d'affaires hors taxe de la SA. Le chiffre d'affaires de 2013 est estimé à 442 750 200F dont les 2/5 sont réalisés par Vignette Sarr.

Sa villa de fonction comprend 3 chambres, un grand salon de séjour, une cuisine et des salles d'eau qui est entretenue par 3 gens de maison l'un est pris en charge par la société. Vignette Sarr ne paie pas l'électricité et le téléphone qui sont à la charge de sa société.

Au mois de juillet 2013 Vignette Sarr a effectué un voyage à Bordeaux. Son ordre de mission couvrait la somme de 2 850 000F comme frais de mission. Vignette n'a pu justifier à son retour que 2 100 000F et le reliquat non remboursé par elle-même à la société. Au mois de novembre 2013, elle a perçu pour une mission à New York 3 435 000F de frais de mission qu'elle a pu justifier l'intégralité de l'emploi de cette somme.

<u>Travail à faire :</u> Déterminer l'IR de Vignette Sarr au titre de l'exercice 2013.

SOLUTIONS

Application 30

Cas des Ménages Pouye

1/ <u>Détermination de l'IR de M. Pouye</u>

M. Pouye est titulaire de traitements et salaires

On détermine, le montant du revenu brut annuel imposable.

RB = SB + AVN

<u>Le salaire brut annuel est égal à :</u>

- Salaire de base : 519 225 x 12 = 6 230 700
- Sursalaire : 300 000 x 12 = 3 600 000
- Les allocations familiales sont exonérées,
- la prime sur médaille de travail est plafonnée à 100 000F donc le surplus de 95 300 entre dans la base imposable
- Les indemnités kilométriques sont exonérées à hauteur de 50 000F, dont le surplus de 30 000 par mois est imposable.

On a un montant annuel de 30 000 x 12 = 360 000

On note SB, les salaires bruts annuels qui comprennent le salaire de base et autres avantages en espèces

SB = 6 230 700 + 3 600 000 + 95 300 + 360 000

SB = 10 286 000

<u>Détermination des avantages en nature :</u>

Le nombre de pièces d'habitation est de 3 pour M. Pouye.

Logement :	(33 500 x 3) 12	=	1 206 000
Electricité :	30 200 x 12	=	362 400
Eau :	10 500 x 12	=	126 000
Téléphone :	67 000 x 12	=	804 000
Autres gens de maison :	35 600 x 12	=	427 200

On note AVN, les avantages en natures

AVN = 1 206 000 + 362 400 + 126 000 + 804 000 + 427 200

AVN = 2 925 600

Soit RB, le revenu brut, on peut écrire : RB = SB + AVN
RB = 10 286 000 + 2 925 600
RB = 13 211 600

Détermination des déductions successives
DS = AS + AF
L'abattement spécial n'est pas applicable ici, car M. Pouye n'est pas agent de l'Etat en service à l'étranger. Donc AS = 0

L'abattement forfaitaire de 30% du RB, plafonné à 900 000
AF : 13 211 600 x 30% = 3 963 480
On retient le plafond de 900 000
Donc AF = 900 000

RBI = RB - AF
RBI = 13 211 600 – 900 000
RBI = 12 311 600

En arrondissant au kilo franc inferieur on a la base imposable
BI = 12 311 000
Cette BI appartient à la 5éme tranche.
La base correspondante est : 12 311 000 – 8 000 000 = 4 311 000

Calcul de l'IR

N°	BI	Taux	Impôts
1	630 000	0%	0
2	870 000	20%	174 000
3	2 500 000	30%	750 000
4	4 000 000	35%	1 400 000
5	4 311 000	37%	1 595 070
	Total		**3 919 070**

Le montant d'impôt avant réduction est 3 919 070F

M. Pouye est marié et a 4 enfants à charge, son épouse dispose de revenu imposable, soient 1,5 + (0,5 x 4) = 3,5 parts

La réduction d'impôt correspondante est de 30% avec un minimum de 500 000F et un maximum de 2 030 000F
Réduction d'impôt = 3 919 070 x 30% = 1 175 721

Ce montant est bien dans l'intervalle du minimum et du maximum, donc il est retenu
IR dû = 3 919 070 – 1 175 721 = 2 743 349

Butoir = 12 311 000 x 43% = 5 293 730 qui constitue le maximum d'impôt de M. Pouye. On retient alors l'impôt dû d'un montant de 2 743 349F

IR dû par M. Pouye au titre de 2012 = 2 743 349F

2/ Détermination de l'IR de Mme Pouye

Mme Pouye est titulaire de BIC
Son revenu imposable est de 4 500 000 d'où BI = 4 500 000
Cette BI appartient à la 4éme tranche. La base correspondante est :
4 500 000 – 4 000 000 = 500 000

Calcul de l'IR

N°	BI	Taux	Impôts
1	630 000	0%	0
2	870 000	20%	174 000
3	2 500 000	30%	750 000
4	500 000	35%	175 000
	Total		**1 099 000**

Le montant d'impôt avant réduction est 1 099 000F

Mme Pouye dispose de 3,5 parts
La réduction d'impôt correspondante est de 30% avec un minimum de 500 000F et un maximum de 2 030 000F
Réduction d'impôt = 1 099 000 x 30%
Réduction d'impôt = 329 700
Le montant à retenir est le minimum de 500 000F
IR dû = 1 099 000 – 500 000 = 599 000

IR dû par Mme Pouye au titre de 2018 = 599 000F

Application 31

Cas Vignette Sarr

Vignette Sarr est titulaire de traitements et salaires
On détermine, le montant du revenu brut annuel imposable.
Le revenu brut imposable comprend le salaire brut et les avantages en numéraire et en nature

Le salaire brut annuel est égal à :

- Salaire de base : 285 200 x 12 = 3 422 400
- Commissions perçues : 442 750 200F x 2/5 x 5% = 8 855 004
- Le reliquat des frais de mission non remboursé entre dans la base imposable pour un montant de 2 850 000 – 2 100 000 = 750 000

SB = 3 422 400 + 8 855 004 + 750 000
SB = 13 027 404F

Détermination des avantages en nature :
Le nombre de pièces d'habitation est de 4 dans un chef-lieu de région autre que Dakar

Logement :	(20 000 x 4) 12	= 960 000
Electricité :	30 200 x 12	= 362 400
Téléphone :	67 000 x 12	= 804 000
Autres gens de maison :	35 600 x 12	= 427 200

On note AVN, les avantages en natures
AVN = 960 000 + 362 400 + 804 000 + 427 200
AVN = 2 553 600

Soit RB, le revenu brut, on peut écrire : RB = SB + AVN
RB = 13 027 404 + 2 553 600
RB = 15 581 004F

<u>Détermination des déductions successives</u>
DS = AS + AF
L'abattement spécial n'est pas applicable ici, car Vignette Sarr n'est pas agent de l'Etat en service à l'étranger. Donc AS = 0

L'abattement forfaitaire de 30% du RB, plafonné à 900 000
AF : 15 581 004 x 30% = 4 674 301
On retient le plafond de 900 000
Donc DS = 900 000

RBI = RB - DS
RBI = 15 581 004 – 900 000
RBI = 14 681 004

En arrondissant au kilo franc inferieur on a la base imposable
BI = 14 681 000
Cette BI appartient à la 6éme et dernière tranche. La base correspondante est :
14 681 000 – 13 500 000 = 1 181 000

Calcul de l'IR

N°	BI	Taux	Impôts
1	630 000	0%	0
2	870 000	20%	174 000
3	2 500 000	30%	750 000
4	4 000 000	35%	1 400 000
5	5 500 000	37%	2 035 000
6	1 181 000	40%	472 400
	Total		**4 831 400**

Le montant d'impôt avant réduction est 4 831 400F
Vignette Sarr est mariée et a 3 enfants à charge, son époux dispose de revenu imposable, soient 1,5 + (0,5 x 3) = 3 parts

La réduction d'impôt correspondante est de 25% avec un minimum de 400 000F et un maximum de 1 650 000F
Réduction d'impôt = 4 831 400 x 25%
Réduction d'impôt = 1 207 850
Ce montant est bien dans l'intervalle du minimum et du maximum, donc il sera retenu
IR dû = 4 831 400 – 1 207 850 = 3 623 550

Butoir = 14 681 000 x 43% = 6 285 400 qui constitue le maximum d'impôt de M. Pouye. On retient alors l'impôt dû d'un montant de 3 623 550F

IR dû par Vignette Sarr au titre de 2013 est de 3 623 550F

Précis de Fiscalité des Affaires
Mamadou Ngom

Quatrième Partie

IMPOTS ET TAXES LOCAUX

Cette partie traite le reste des impôts et taxes perçus au profit des collectivités locales en commençant par la contribution économique locale qui a remplacé la patentes ensuite les licences. Etant étendu que pour des raisons de convenance pédagogique la TRIMF est rattachée au chapitre portant revenus salariaux, pensions et rentes viagères

L'analyse de la fiscalité des patrimoines immobiliers nous conduit à exposer les impôts fonciers portant sur le foncier bâti, le foncier non bâti et la surtaxe sur les terrains non bâtis ou insuffisamment bâtis.

Dans cette partie où on consacre l'essentiel des impôts et taxes locaux, c'est bien l'occasion de proposer une variété de prélèvements perçus uniquement au profit des collectivités locales

Précis de Fiscalité des Affaires
Mamadou Ngom

22

CONTRIBUTION ECONOMIQUE LOCALE

La contribution des patentes est morte : vive la contribution économique locale. La contribution économique locale (CEL) est une variante de la contribution économique territoriale (CET) instituée en France en 2010. La CET a remplacé la taxe professionnelle apparu en 1975 qui n'était rien d'autre que l'ancienne patente en date de 1791 qui s'est reformée. Donc un impôt né depuis la Révolution française.

La CEL, introduite au Sénégal par la loi 2018-10 a suscité bien d'espoir lors de son lancement. Car en plus de remplacer la patente qualifiée d'antiéconomique du fait de l'imposition de l'outil de production, les dispositions relative à la CEL détaxe le matériel et l'outillage contenue dans la contribution foncière des propriétés bâties quelle que soit la nature des locaux.

Dans une perspective de simplification les contributions dues au titre de la CEL et de la contribution foncière des propriétés bâties sont fusionnées.

I/ CHAMP D'APPLICATION

I.1 - Personnes imposables

La CEL est un impôt local qui frappe en particulier toutes les entreprises, quelles que soit leur forme juridique et leurs activités. Elle est due par toutes les personnes qui exercent, une activité commerciale, industrielle, professionnelle et soumise, par ailleurs à un régime d'imposition du bénéfice réel à l'exclusion de l'activité salariée au sens du Code du travail.

I.2 - Exonérations

Les exonérations sont analysées en exonérations permanentes et en exonérations temporaires.

I.2.1- Exonérations permanentes

L'article 322 CGI définit la liste revue et actualisé des personnes exonérées à titre permanent à la CEL. A la suite des modifications apportées par la loi n° 2018-10 du 30 mars 2018, nous retenons de nouvelles modifications introduite par le loi n° 2022-19 du 27 mai 2022

Ainsi sont exemptés de la CEL :

1- l'Etat, les collectivités territoriales et les organismes publics exerçant des activités à caractère administratif ou professionnel et sans but lucratif. Sont toutefois passibles de la contribution économique local ; les établissements publics et organismes, de l'Etat ou des collectivités territoriales, exerçant une activité à caractère industriel ou commercial ou poursuivant un but lucratif ;

2- les cultivateurs, seulement pour la vente et la manipulation des récoltes et fruits provenant des terrains qui leur appartiennent ou par eux exploités, et pour le bétail qu'ils y élèvent, qu'ils entretiennent ou qu'ils y engraissent ;

3- les associés des sociétés morales imposables elles-mêmes à la CEL, sauf s'ils exercent une autre activité ;

4- les établissements publics ou privés ayant pour but de recueillir les enfants et de leur donner une formation ou une profession à titre gratuit ;

5- les caisses d'épargne ou de prévoyance administrées gratuitement ;

6- les coopératives qui ne vendent et achètent qu'à leurs adhérents, dans la limite de leurs statuts ;

7- les établissements scolaires privés d'enseignement général, technique et professionnel légalement constitués.

I.2.2- Exonérations temporaires

Elles concernent certaines entreprises citées par les articles 323 et 324 CGI. Ces entreprises sont les suivantes :

1- Les entreprises titulaires de titres de recherche de substances minérales ou pétrolières sont, pendant toute la durée de validité du titre et de ses renouvellements, exonérées de la contribution économique locale.

2- Cette exonération s'étend à la phase de réalisation des investissements ou de développement, sans pouvoir dépasser les durées prévues par les textes régissant les secteurs concernés ou l'année qui suit celle de la première production.

3- Les entreprises titulaires de concessions minières bénéficient également de l'exonération durant une période 3 ans, à compter de l'année de la première production.

4- Les entreprises bénéficiaires de réduction d''impôt pour exportation et celles également bénéficiaires de réduction d'impôt pour promotion des énergies renouvelables sont exonérées de la CEL, à condition de produire au moment du dépôt de la déclaration visée à l'article 328 CGI, tous les éléments justificatifs des exportations de biens ou de services.

II/ ETABLISSEMENT ET LIQUIDATION

La CEL comprend une contribution assise sur la valeur locative des locaux servant à l'exercice des professions imposables (CEL-VL) et une contribution sur la valeur ajoutée dégagée au cours de l'année précédant celle de l'imposition (CEL-VA).

.

II.1 - Etablissement et liquidation de la CEL-VL

II.1.1 - Immeubles imposables

Les immeubles imposables sont attachés à la qualité de la personne en tant que propriétaires, locataires ou loueurs professionnels.

✓ Les propriétaires pour les locaux, installations, agencements assimilables à des constructions, ainsi que les terrains inscrits à l'actif de leur bilan.

✓ Le locataire pour les locaux en location ou occupé à titre gratuit.

<u>Précision :</u> Sont exclues de la CEL-VL, les parties des locaux et des appartements à usage de logement ou d'habitation

✓ Les loueurs professionnels pour les situations qui suivent :

- loueurs de plus de deux chambres meublées, à l'exception des établissements hôteliers agréés ;
- loueurs de fonds de commerce ou d'industrie,
- entrepreneurs de sous-location d'immeubles non meublés

II.1.2 – Détermination de la valeur locative

A la différence de la patente, la CEL exclue de la valeur locative les moyens matériels de production.

<u>Précision :</u> Pour les entreprises titulaires d'une autorisation d'exploitation d'hydrocarbures, sont aussi exclus de la base de calcul de la CEL-VL, les unités d'extraction, de liquéfaction, les puits, les installations et le matériel d'exploitation situés en mer utilisés pour le développement et l'exploitation conjoints de champs d'hydrocarbures régis par un accord entre le Sénégal et un autre Etat. Article 329 Item 3 CGI

Ainsi suivant la qualité des personnes assujetties à la CEL, les valeurs locatives sont ainsi définies :

✓ Pour les propriétaires, la valeur locative est le prix qu'ils pourraient retirer de ses immeubles mis en bail. Cette valeur locative est déterminée suivant la méthode cadastrale, autrement dit celle de la surface corrigée des locaux, installations, agencement et terrains inscrits à leur actif

Toutefois la valeur locative est aussi égale à 7% du prix de revient des locaux et installations industrielles ou commerciales inscrit à l'actif du bilan de la société conformément à l'article 291 GCI.

✓ Pour les locataires, la valeur locative est égale au montant du loyer facturé.

Toutefois, celle-ci ne peut être inférieure à celle obtenue en comparaison avec des locaux dont le loyer aura été régulièrement constaté ou est notoirement connu. Si cette valeur est connue du contribuable et qu'elle est supérieure au loyer facturé, celui-ci devra en mentionner le montant sur sa déclaration. A défaut, la base déclarée est rectifiée par la Fisc suivant la procédure contradictoire.

✓ Pour les loueurs professionnels cités ci-dessous la valeur locative est le montant du loyer

II.1.3 – Liquidation

Il est établi deux taux d'imposition pour liquider la CEL-VL

- Le taux de 15% s'applique au locaux loués ou occupés à titre gratuit ;
- Le taux de 20% s'applique aux locaux, terrains et installations industrielles ou commerciales inscrit à l'actif du bilan

II.2 - Etablissement et liquidation de la CEL-VA

II.2.1 - Champ d'application

Le champ d'application est défini par l'article 335 CGI

II.2.1.1 - Entreprises imposables

Les entreprises exerçant, au 1er janvier de l'année d'imposition, une activité soumise à la contribution économique locale, sont assujetties à une contribution sur la valeur ajoutée dégagée au cours de l'année précédant celle de l'imposition.

II.2.1.2 - Entreprises exonérées

Les entreprises relevant de la loi 2008-47 du 3 septembre 2008 portant réglementation des systèmes financiers décentralisés sont exonérées de la CEL-VA.

II.2.2 – Détermination de la valeur ajoutée

La valeur ajoutée fiscale est déterminée suivant la nature de l'entreprise par l'excédent des produits imposables sur les charges admises à déduction. Les entreprises visées sont celles autres que les banques et assurances, les banques et établissements financiers et ailleurs les entreprises d'assurance.

II.2.2.1 - Tableau de détermination de la VA des entreprises autres que les banques et assurances

Produits imposables
- Ventes de marchandises ou produits et les prestations de services ; - Redevances perçues ; - Variation positive des stocks et travaux en cours ; - Production immobilisée ; - Subventions d'exploitation ; - Transferts de charges lorsqu'ils sont la contrepartie d'une charge déductible de la valeur ajoutée ou lorsqu'ils correspondent à des refacturations de coûts de toute nature ; - Plus-values de cession d'immobilisations lorsqu'elles correspondent à l'activité habituelle de l'entreprise.
Charges déductibles
- Achats de l'exercice y compris les droits de douane ; - Variation négative des stocks ; - Services extérieurs, à l'exclusion du loyer des biens pris en location pour une durée supérieure à 3 mois ; - Autres charges de gestion courante ; - Moins-values de cession d'immobilisations lorsqu'elles correspondent à l'activité courante de l'entreprise ; - Impôts et taxes autres que l'impôt sur les bénéfices.

II.2.2.2 - Tableau de détermination de la VA des banques et établissements financiers

Produits imposables
- Intérêts et produits financiers ; - Commissions et autres produits d'exploitation bancaire ; - Ventes et autres prestations de services ; - Variation positive des stocks ; - Subventions d'exploitation ; - Plus-values sur la cession des éléments de l'actif immobilisé à l'exception de ceux affectés à l'exploitation.
Charges déductibles
- Intérêts et charges assimilées ; - Commissions et charges sur opérations financières et autres charges d'exploitation bancaire ; - Achats de biens ; - Variation négative des stocks ; - Frais généraux à l'exclusion des frais de personnel et des frais correspondant à des locations de plus de 3 mois ; - Impôts et taxes, à l'exclusion de l'impôt sur les sociétés ; - Moins-values sur la cession des éléments de l'actif immobilisé à l'exception de ceux affectés à l'exploitation.

II.2.2.3 - Tableau de détermination de la VA des entreprises d'assurances

Produits imposables
- Primes et cotisations ; - Commissions et participations reçues des réassureurs ; - Produits financiers perçus ; - Subventions d'exploitation ; - Plus-values de cession de biens de l'actif immobilisé à l'exception de ceux affectés à l'utilisation propre de l'entreprise, - Reprises nettes de provisions techniques constituées conformément aux prescriptions du code CIMA ;

Charges déductibles
- Prestations et frais payés de l'exercice, majorées des provisions pour sinistres à payer à la clôture, et minorées des provisions pour sinistres à payer à l'ouverture de l'exercice ; - Charges de commissions ; - Charges financières liées aux placements ; - Frais généraux à l'exclusion des frais de personnel et des frais correspondant à des locations de plus de 3 mois ; - Impôts et taxes à l'exception de l'impôt sur les sociétés ; - Moins-values sur la cession des éléments de l'actif immobilisé, à l'exception de ceux affectés à l'utilisation propre de l'entreprise ; - Dotations nettes de provisions techniques constituées conformément aux prescriptions du code CIMA.

II.2.3 - Liquidation

II.2.3.1 – Montant de la CEL-VA

La CEL-VA est liquidé au taux de 1% sur la VA fiscale au cours de l'exercice précédent pour un montant au moins égal à 0,15% de ce CA. Cette VA est plafonnée à 70% du chiffre d'affaire fiscale pour la catégorie d'entreprise concernée.

$$\text{CEL-VA} = \text{VA fiscale} \times 1\%$$
$$\text{avec CEL-VA} \geq 0{,}15\%\ CA_{n-1}$$
$$\text{et VA fiscale} \leq 70\%\ CA_{n-1}$$

<u>Nota :</u> Pour les contribuables relevant des secteurs à faible marge ou ceux dans lesquels les prix sont règlementés, le montant minimum de la CEL-VA est de 0,075% du CA de l'année précédente celle de l'imposition. La liste desdits secteurs est fixée par acte réglementaire pris par le Ministre chargé des finances.

<u>Précision 1 :</u> Les exploitants de réseaux de télécommunications ouverts au public agréés au Sénégal sont soumis, en lieu et place de la CEL-VA, à une contribution égale à 0,30% de leur chiffre d'affaires. Article 337 item 8 CGI

<u>Précision 2 :</u> En lieu et place de la contribution sur la valeur ajoutée, les entreprises titulaires d'une autorisation d'exploitation d'hydrocarbures sont soumises, pour la part résultant de l'exploitation conjointe de champs d'hydrocarbures régis par un accord entre le Sénégal et un autre Etat, à une contribution égale à 0,02% de leur chiffre d'affaires annuel. Article 337 item 9 CGI

II.2.3.2 – Détermination du CA fiscal

- **Chiffre d'affaires à retenir pour les contribuables autres que les banques et assurances**

CA = Ventes de biens et services

+ Autres produits

+ Subventions d'exploitation lorsque celles-ci ont pour objet de compléter le prix des produits ou des services vendus par l'entreprise

+ Plus-values de cession d'immobilisations lorsque celles-ci correspondent à l'activité habituelle de l'entreprise.

- **Chiffre d'affaires à retenir pour les entreprises bancaires**

CA = Intérêts et produits financiers

+ Commissions et autres produits d'exploitation bancaire

+ Ventes et autres prestations de services

+ Plus-values sur la cession des éléments de l'actif immobilisé à l'exception de ceux affectés à l'utilisation propre de l'entreprise

- **Chiffre d'affaires à retenir pour les entreprises d'assurance**

CA = Primes et accessoires des primes de l'exercice

+ Commissions et participations reçues des réassureurs

+ Produits financiers perçus

+ Plus-values de cession de biens de l'actif immobilisé à l'exception de ceux affectés à l'utilisation propre de l'entreprise

II.3 – Régime particulier

Le regimbe particulier de la CEL est celui des exploitants d'installations portuaires. Ces exploitants sont soumis à la CEL, à une imposition unique fixée à 1,5% du chiffre d'affaires réalisé l'année précédant celle de l'imposition.

Toutefois, les exploitants d'installations portuaires restent imposables à la CEL-VL sur les immeubles situés en dehors de la zone portuaire, à l'exclusion des installations destinées à la sécurité des navires

III/ OBLIGATIONS DES ASSUJETTIS

III.1 - Obligations déclaratives

La CEL est un impôt de répartition, compte tenu des contraintes budgétaires des collectivités locales, elle est perçue par voie de rôle et d'avertissement.

III.1.1 - Déclaration de la CEL-VL

La déclaration de la CEL-VL s'effectue sur formulaire fourni par l'Administration des impôts. Elle doit être déposée au plus tard le 31 janvier de l'année d'imposition.

Précision : En cas de cessation d'activité, la CEL-VL des locaux professionnels n'est pas due pour les mois suivants la date de la cessation, à la condition que soit adressée au service des Impôts compétent une demande de réduction d'impôt dans le mois qui suit cette cessation. Article 334 CGI.

III.1.2 - Déclaration de la CEL-VA

Comme la CEL-VL, la déclaration de la CEL-VA s'effectue sur formulaire fourni par l'Administration des impôts. Elle doit être déposée, en même temps que la copie dûment remplie, auprès du service fiscal dont relève le contribuable. Le délai de l'obligation déclarative est au plus tard le 30 avril de l'année d'imposition.

III.2 - Paiement de la CEL

La CEL-VL et la CEL-VA sont recouvrés par la perception communale (service du Trésor) du lieu de situation du redevable. Tout paiement donne lieu à la délivrance d'une quittance.

III.2.1 - Paiement de la CEL-VL

Les rôles d'impôt de la CEL-VL établis par le service des impôts sont envoyés à la perception communale au ressort duquel dépend l'entreprise. Le paiement s'effectue ainsi après réception de l'avertissement par le redevable. Le délai est précisé sur l'avertissement.

III.2.1 - Paiement de la CEL-VA

Le paiement de la CEL-VA se fait sur présentation de la déclaration déchargée comportant la preuve du dépôt auprès du service des impôts. Le paiement doit intervenir au plus tard 31 juillet de l'année d'imposition.

IV/ CONTROLE ET SANCTIONS

Tout redevable de la CEL est tenu, dans son établissement, de présenter sa quittance de règlement de la CEL à la demande des Maires, Préfets, Sous-préfets, et des fonctionnaires dûment commissionnés des Impôts, du Trésor, de la Douane, du Contrôle économique et de tous les officiers ou agents de la police judiciaire.

Les manquements aux obligations de déclaration ou de paiement de tout ou partie de l'impôt donnent lieu à l'application d'une pénalité égale à 25% des droits éludés en conformité à l'article 671 item 1 CGI[19]. Toutefois, des intérêts de retards et amendes sont prévus sans préjudice aux sanctions suscitées sauf si le contribuable démontre qu'il a rempli l'ensemble de ses obligations et que l'erreur provient du Service des impôts.

[19] La suite du traitement de l'article 671 CGI est analysée dans la huitième partie portant contrôle fiscal et procédures contentieuses

Application 32

Cas du Salon Aphrodite

Le Salon Aphrodite, est une SARL spécialisée dans la confection et la commercialisation de vêtements pour femme. A l'intérieur du Salon est aménagée une boutique qui vend des articles et produits de beauté et de maquillages pour les soins de la peau.

Au cours de l'exercice clos le 31 décembre 2019, le Salon Aphrodite réalise un bénéfice comptable de 62 756 200F et le chiffre d'affaires retenu pour sa déclaration du titre de la CEL est de 732 080 000F hors taxes.

Les locaux d'exploitation et de commercialisation étant la propriété du Salon, sont inscrits à l'actif de son bilan pour un montant 85 000 000F. En outre le montant de la valeur ajoutée portée sur sa déclaration à la CEL-VA est de 396 800 000F.

Travail à faire :

Déterminer le montant de la CEL du au titre de l'exercice 2020.

SOLUTIONS

Application 32

Cas du Salon Aphrodite

CEL = CEL-VL + CEL-VA

- **Détermination de la CEL-VL**

Le Salon Aphrodite étant propriétaire de ses locaux, on peut retenir 7% du montant inscrit dans son actif comme base imposable
BI = 85 000 000 x 7% = 5 950 000
CEL-VL = BI x 20% = 5 950 000 x 0,2 = 1 190 000

CEL-VL = 1 190 000F
Nota : Le salon est dispensé de la CFPB[20]

- **Détermination de la CEL-VA**

CEL-VA = VA fiscale x 1%
VA fiscale = 396 800 000F
On vérifie si le montant de la VA fiscale n'excède pas 70% du CA retenu
Soit 732 080 000 x 0,7 = 512 456 000, donc on retient la VA fiscale déclarée

CEL-VA = 396 800 000 x 0,01 = 3 968 000
On vérifie le minimum 0,15% CA_{n-1}, soit 732 080 x 0,0015 = 1 098 120
Le seuil minimal de perception est dépassé, on retient le montant de 3 968 000F

CEL-VA = 3 968 000F

CEL du en 2020 = 1 190 000 + 3 968 000 = 5 158 000
CEL du en 2020 = 5 158 000

[20] La CFPB est étudiée au chapitre 23 portant Contributions Foncières

Précis de Fiscalité des Affaires
Mamadou Ngom

23

CONTRIBUTION DES LICENCES

I/ CHAMP D'APPLICATION

La contribution des licences est perçue au profit des collectivités locales. La licence est indépendante de la CEL. Le paiement du droit de licence ne dispense pas de celui de la CEL et inversement. La licence est due en entier pour chaque établissement

Cet impôt ne concerne que les personnes physiques ou morales qui se livrent à la vente en gros ou au détail de boissons alcoolisées ou fermentées, soit à consommer sur place, soit à emporter.

II/ PAIEMENT

Les droits de licence sont réglés de manière forfaitaire, conformément à l'annexe II, livre premier du titre III portant CGI au tableau D annexé au livre II du CGI.

Dans le cas où un même établissement réunit plusieurs des professions portées au tableau D, le droit le plus élevé est celui réclamé au paiement.

En cas de non-paiement intégral de la licence due, l'autorité Administrative pourra ordonner, sur la demande du Trésor, la fermeture immédiate de l'établissement, sans préjudice du paiement total des droits dus au titre de la licence pour l'année en cours.

III/ TARIFS DES LICENCES

Première classe :

- Bar, café avec cinématographe ou télévision (exploitant de...) ;
- Hôtelier – restaurateur – bar
- Supermarché ou magasin à grande surface vendant des boissons à emporter.

Deuxième classe :

- Cabaret ;
- Débitant de boissons au petit détail ;
- Hôtelier - bar ;
- Restaurateur ;
- Wagon - bar - restaurateur ;

Troisième classe :

- Cantinier ;
- Hôtelier - restaurateur ;
- Pension bourgeoise ;
- Wagon - restaurant ne livrant des boissons alcoolisés ou fermentées qu'à l'occasion des repas servis

Quatrième classe :

- Commerçant vendant des boissons à emporter.

Cinquième classe :

- Toutes autres catégories d'établissements non comprises dans les classes précédentes.

Classes	*Commune de Dakar*	**Autres Communes de la région de Dakar**	*Chef-lieu de région autres que Dakar*	*Autres localités*
Première classe	175 000	130 000	90 000	30 000
Deuxième classe	100 000	80 000	50 000	18 000
Troisième classe	70 000	45 000	35 000	12 000
Quatrième classe	50 000	35 000	25 000	9 000
Cinquième classe	35 000	25 000	18 000	6 000

Précision : Les hôtels et relais de tourisme redevable de la CEL sont, quel que soit le lieu d'exploitation, assujettis à la licence de première classe.

Précis de Fiscalité des Affaires
Mamadou Ngom

24

CONTRIBUTIONS FONCIERES

Les contributions foncières sont des impôts annuels prélevés au profit des collectivités locales. Elles sont payées par les personnes qui, au 1er janvier de chaque année, possèdent la propriété ou l'usufruit de locaux (maisons, magasins, appartements, bureaux...) et de terrains. Elles sont dues même si les terrains et les locaux ne sont pas occupés.

Les contributions foncières même si elles relèvent de la fiscalité locale tire une bonne partie de leur efficacité sur une bonne politique fiscale territoriale. Sur cette idée il est judicieux le rappeler les enjeux du principe de territoriale dicté par l'Administration centrale qui en toute évidence stipule l'application de l'impôt sur le territoire national, Cette démarche distingue les impôts d'Etat des impôts locaux ; mais celle qui attire plus notre attention consiste à aborder les contributions foncières selon les politiques d'aménagement du territoire menées par les Etats en matière d'imposition.

I/ POLITIQUES FISCALES TERRITORIALES

Notre approche vise à aborder les politiques fiscales territoriales en politique fiscales domaniale et politique fiscale locales abstraction faites des principaux impôts d'Etat tels les impôts sur le revenu et les impôts sur la dépense.

I.1 - Politique fiscale domaniale

Au début, le système foncier traditionnel, c'est-à-dire celui introduit à l'époque coloniale était axé sur le régime de la transcription par l'inscription aux registres des droits de jouissance de propriétés. L'introduction de l'immatriculation a permis de délivrer des titres de propriétés privées conférents droit de possession ou de disposition de terres.

Le régime de l'immatriculation sera réorganisé, dont la réforme majeure est traduite par la loi 64-46 du 17 juin 1964 portant sur le domaine national. Cette loi est motivée par des ambitions de mise en valeur des terres orientées sur des stratégies et programmes de développement économique et social.

Elle vise aussi à atténuer les problèmes liés aux conflits fonciers par un réaménagement du territoire national.

Enfin, la loi sur le domaine nationale a permis de diviser le territoire foncier en trois parties. Il s'agit du domaine privé, du domaine public et du domaine national.

- **Le domaine privé**

Le domaine privé est composé de deux domaines fonciers. Celui appartenant à l'Etat et qui est géré dans un intérêt patrimonial et celui appartenant aux particuliers (personnes autres que l'Etat). Les droits conférés au domaine privé sont matérialisés par la délivrance de titres (copie de titres fonciers, certificats d'inscription de droit de jouissance, d'hypothèque...) aux bénéficiaires du dit domaine.

- **Le domaine public**

Le domaine public est celui qui comprend toutes les terres ou biens qui par leur nature ou leur destination ne sont pas susceptibles d'appropriation privée. Le domaine public se caractérise par son aspect naturel (espace aérien et maritime, sous-sol, cours d'eau etc.) et son aspect artificiel (espace aménagé pour la défense nationale, et la protection des espèces animales, les aménagements des réseaux de transport et de communication...)

- **Le domaine national**

En procédant par élimination, le domaine national est la partie résiduelle. Il est constitué de toutes les terres qui ne sont pas immatriculées ou classés dans le domaine public.

Force est de reconnaitre que ce découpage domanial et foncier pose toujours un problème d'application. Face aux multiples problèmes de gestion de proximité du patrimoine foncier, une politique de décentralisation menée par l'Etat sénégalais devait conduire à renforcer les compétences des collectivités locales en matière foncière.

I.1 - Politique fiscale locale

Depuis son accession à l'indépendance, le Sénégal a opté pour une politique de décentralisation progressive et prudente. Le point de départ est l'avènement de la loi 66-64 du 30 juin 1966 portant Code de l'Administration communale qui devait assainir le système d'administration coloniale en place. Ce Code réunit en un texte de référence unique, les différentes lois qui régissaient l'institution communale. Depuis cette date, on assiste à plusieurs reformes

- **Première grande reforme**

La première grande réforme évolutive est traduite par la loi 72-25 du 25 avril 1972 qui crée les communautés rurales. Elle pose l'acte I de la décentralisation par la promotion de la déconcentration territoriale et l'octroi de plus de pouvoir économique aux communes.

- **Deuxième grande reforme**

La deuxième réforme majeure est réalisée en 1996[21] par le transfert de compétences aux régions, communes et communautés rurales. Elle est traduite par le renforcement de l'autonomie de gestion et des moyens financiers, humains et matériels des collectivités locales. Malgré tous ces efforts et progrès sur l'amélioration de la gestion des collectivités, le problème de la mise en œuvre d'une véritable politique de décentralisation se pose, d'où la nécessité d'adopter une nouvelle démarche.

- **Acte III de la décentralisation**

L'acte III de la décentralisation est marquée par l'adoption d'un nouveau Code des collectivités locales traduite par la loi 2013-10 du 28 décembre 2013 qui remplace celui de 1996.

---

[21] Loi 96-07 du 22 mars 1996 portant transfert de compétences aux régions, aux communes et aux communautés rurales.

Cette nouvelle orientation a permis le renforcement du statut communal basé sur une communalisation intégrale. Elle consiste à ériger en commune toutes les communautés rurales et les communes d'arrondissement du Sénégal.

Dans cette perspective de décentralisation, la relance des investissements sur l'ensemble du territoire demeure un objectif majeur de gestion de proximité des problèmes des populations. Il s'y ajoute l'implication des collectivités locales à la mise en œuvre et au suivi des programmes stratégiques de développement territorial.

II/ CONTRIBUTION FONCIERE DES PROPRIETES BATIES (CFPB)

La CFPB fait partie des impôts les plus anciens en matière d'impôt foncier au Sénégal. Sa création remonte de la délibération du Conseil colonial du 19 novembre 1921. Il en est de même pour la contribution foncière des propriétés non bâties et de la patente devenue CEL.

II.1 - Champ d'application

II.1.1 - Propriétés imposables

Les propriétés imposables sont celles bâties. On entend tous les immeubles construits en maçonnerie, fer et bois et fixés au sol à perpétuelle demeure, à la seule exception de ceux exonérés expressément par la loi.

L'article 284 CGI renchérit en y ajoutant les immeubles qui suivent :

1- les terrains non cultivés employés à un usage commercial ou industriel tels que chantiers, lieux de dépôt de marchandises et autres emplacements de même nature, soit que le propriétaire les occupe, soit qu'il les fasse occuper par d'autres à titre gratuit ou onéreux ;

2- les installations commerciales ou industrielles assimilées à des constructions ;

Précision : Sont visées les installations industrielles ou commerciale fixés au sol à perpétuelle demeure reposant sur des fondations spéciales.

3- les bateaux ou autres embarcations maritimes ou fluviales, utilisés en un point fixe pendant 6 mois ou plus et aménagés pour l'habitation, le commerce, l'industrie ou la prestation de services même s'ils sont seulement retenus par des amarres ;

4- les installations destinées à abriter des personnes ou des biens ou à stocker des produits ainsi que les ouvrages en maçonnerie présentant le caractère de véritables constructions tels que, notamment les cheminées d'usine, les réfrigérants atmosphériques, les formes de radoub, les ouvrages servant de support aux moyens matériels d'exploitation ;

5- les sols des bâtiments de toute nature et les terrains formant une dépendance indispensable et immédiate de ces constructions ;

6- les terrains cultivés ou non, utilisés pour la publicité commerciale ou industrielle, par des panneaux-réclame, affiches-écrans ou affiches sur portatif spécial, établis autour de toute agglomération de maisons ou de bâtiments ;

9- les ouvrages d'art et les voies de communication.

II.1.2 - Les personnes assujetties

Il faut entendre les personnes imposables et les débiteurs de l'impôt. Les personnes recherchées en paiement de la CFPB sont définies en fonction de l'acte d'usage de ces propriétés bâties. C'est la raison pour laquelle, le propriétaire, l'usufruitier, l'emphytéote ou même l'occupant du domaine public de l'Etat est assujetti compte tenu de sa qualité et de l'usage de la propriété.

Précision : En cas de cession d'immeuble, l'ancien propriétaire continue à être imposé aux rôles sauf si la mutation n'a pas été faite au nom du nouveau propriétaire.

La CFPB étant due pour l'année entière au 1er janvier de l'année de l'imposition désigne les assujettis pour les cas qui suivent :

✓ En cas d'usufruit la CFPB est due par l'usufruitier dont le nom doit de surcroît figurer sur le rôle à la suite de celui du propriétaire.

✓ En cas de bail emphytéotique, le preneur ou emphytéote est entièrement substitué au bailleur.

✓ En cas d'autorisation d'occuper le domaine public ou de concession dudit domaine, l'impôt est dû par le bénéficiaire de l'autorisation ou le concessionnaire.

✓ En cas d'occupation de terrains du domaine privé de l'Etat ou du domaine national, quelles que soient la nature et la qualification du titre d'occupation, la CFPB est dû par l'occupant.

✓ En cas de crédit-bail, l'impôt est dû par le preneur. Il en est de même pour les biens acquis par voie de financement islamique lorsque le contrat est assorti d'une promesse de vente ou option d'achat à terme. Toutefois, pour les biens acquis en souscription de sukuk, l'impôt est dû par l'émetteur dudit emprunt.

✓ En cas de contrat de location-vente, la taxe est due par le bénéficiaire dudit contrat.

II.2 - Exemptions et exonérations

Les immeubles affranchis du paiement de la CFPB sont apportés par l'article 285 et 286 CGI qui énumèrent les exemptions permanentes et les exonérations temporaires.

II.2.1 - Exemptions permanentes

Sont inscrits au titre des exemptés permanents de la CFPB:

1- les immeubles, bâtiments ou constructions appartenant à l'Etat, aux collectivités locales et aux établissements publics, lorsqu'ils sont affectés à un service public ou d'utilité générale et sont improductifs de revenus ;

2- les installations qui, dans les ports maritimes, fluviaux ou aériens et sur les voies de navigation intérieure, font l'objet de concession d'outillage public accordée par l'Etat à des chambres de commerce d'agriculture ou d'industrie ou à des collectivités locales, et sont exploitées dans les conditions fixées par un cahier des charges ;

3- les ouvrages établis pour la distribution de l'eau potable ou de l'énergie électrique et appartenant à l'Etat ou à des collectivités locales ;

4- les édifices servant à l'exercice public des cultes ainsi que les immeubles constitués en waqf et gérés par l'autorité chargée de l'administration et de la supervision du waqf ;

5- les immeubles à usage scolaire non productifs de revenus fonciers ;

6- les immeubles utilisés par le propriétaire lui-même pour des œuvres d'assistance médicale ou sociale ;

7- les immeubles servant aux exploitations agricoles pour loger les animaux ou serrer les récoltes ;

8- les cases en paille ;

9- l'immeuble occupé par le propriétaire lui-même à titre de résidence principale pour la partie de la valeur locative qui ne dépasse pas 1 500 000 francs. Cette exonération vaut pour un seul immeuble ;

10- l'immeuble occupé par le pensionné lui-même à titre de résidence principale au 1er janvier de l'année de l'imposition lorsque le montant de ses revenus nets globaux de l'année précédente n'excède pas 1 800 000 francs pour le calcul de l'impôt sur le revenu. Cette exonération vaut pour un seul immeuble.

11- les locaux et installations commerciales ou industrielles inscrits à l'actif du bilan des entreprises redevables de la CEL

II.2.2 – Exonérations temporaires

Les exonérations temporaires profitent aux entreprises minières et pétrolières et aux constructions nouvelles qui en restent toujours bénéficiaire.

II.2.2.1 – Exonérations temporaires des entreprises minières et pétrolières

Cette nouvelle exonération est prévue par l'article 286 CGI. Elle vise les titulaires de permis de recherche de substances minérales ou d'hydrocarbures. L'exonération s'étend pendant toute la durée de validité dudit permis de recherche et de ses renouvellements, dans le cadre strict de ses opérations de recherche. Elle concerne aussi à la phase de réalisation des investissements ou de développement dans la limite des durées prévues par les textes régissant les secteurs concernés.

L'entreprise bénéficie également de l'exonération pendant les 3 premières années de la phase d'exploitation, à compter la date de délivrance du titre d'exploitation.

Précision : les immeubles d'habitation sont exclus de ces exonérations.

II.2.2.2 – Exonérations temporaires sur les constructions nouvelles

L'exemption temporaire sur les constructions nouvelles s'étend aussi sur les reconstructions et les additions de construction. Elle couvre une période de 5 ans. Autrement dit, les immeubles visés ne sont soumises à la contribution foncière qu'à compter de la sixième année suivant celle de leur achèvement.

Le bénéfice de cette exemption est subordonné à une déclaration faite par le propriétaire et adressée au Chef des services des Impôts du lieu de situation des biens, dans le délai de 4 mois à dater du jour de l'ouverture des travaux.

Hormis les informations complémentaires relatives à la date prévisionnelle d'achèvement des travaux, leur localisation et leurs caractéristiques, la déclaration, stipule l'article 288 CGI doit comporter une des pièces suivantes :

- l'état des charges et droits réels ou des transcriptions délivrées par le conservateur de la propriété et des droits fonciers ;

- la copie légalisée et certifiée conforme du permis d'occuper ou d'habiter ;

- le contrat de location de l'immeuble.

En outre, dans les 90 jours suivant l'achèvement des travaux permettant une utilisation effective du bien immeuble, le propriétaire devra encore souscrire à une autre déclaration comportant les informations nécessaires à la valeur locative déterminée suivant la méthode cadastrale

Précision : L'exemption temporaire ne s'applique pas aux terrains à usage industriel ou commercial, qui sont imposables à partir du 1er janvier de l'année suivante celle de leur affectation

II.3 - Liquidation et paiement de la CFPB

II.3.1 - Liquidation de la CFPB

La CFPB est désormais liquidée au taux de 5% pour tous les immeubles y compris les usines et établissements industriels assimilés. Ces taux s'appliquent sur la valeur locative qui est le prix que le propriétaire pourrait retirer de ses immeubles s'il les donnait à bail.

Cette valeur locative est déterminée suivant la méthode cadastrale ou par comparaison avec des locaux dont le loyer aura été régulièrement constaté ou serai notoirement connu.

Concernant les locaux et installation commerciales ou industrielles inscrits à l'actif du bilan de l'entreprise, la valeur locative est égale à 7% du prix de revient en cause, y compris le terrain et les agencements et installations s'incorporant à la construction.

Précision : En ce qui concerne les usines, établissements industriels et entreprises assimilées, l'outillage mobile n'est pas pris en compte dans la détermination de la valeur locative.

II.3.2 - Paiement de la CFPB

Le recouvrement s'effectue par voie de rôle. Le paiement a lieu en principe le dernier jour du mois suivant la mise en recouvrement.

II.3.3 - Obligations déclaratives

Les obligations déclaratives en matière de CFPB sont les même pour les CFPNB. Les personnes assujetties doivent procéder au plus tard le 31 janvier de chaque année à une déclaration indiquant, au 1er janvier de l'année considérée

- l'emplacement de l'immeuble à savoir la localité, quartier, rue, numéro de voirie utilisé pour l'adressage (si existant), numéro d'identification cadastral (NICAD) ;
- la superficie totale du terrain en indiquant éventuellement la surface bâtie ;

-

- la date d'achèvement de chaque tranche de construction ;
- les prénoms et nom usuels de chaque locataire, la description des locaux qui leur sont loués, la nature, la durée et le montant du loyer principal et, s'il y a lieu, le montant des charges ;
- les prénoms et nom usuels de chaque occupant à titre gratuit ainsi que la nature et la description du local occupé ;
- la nature et la description des différents locaux y compris les locaux vacants ou occupés par le propriétaire lui-même ;
- le numéro et la date de l'exemption temporaire accordée s'il y a lieu.

Nota : A défaut de déclaration ou de déclaration tardive, les personnes soumises à ladite déclaration, encourent des amendes de 200 000 francs à 5 000 000 francs prévues par les article 666 CGI et suivants ou des pénalité de 25% à 50% des droits dus en fonction de la nature des infractions prévue à l'article 671 CGI.

III/ CONTRIBUTION FONCIERE DES PROPRIETES NON BATIES (CFPNB)

III.1 – Champ d'application

III.1.1 - Les propriétés imposables

Les propriétés imposables à la CFPNB sont les terrains qu'ils soient immatriculés ou non.

La CFPNB frappe également les terrains où sont édifiées des constructions non adhérentes au sol, situés dans le périmètre des communes, des groupements d'urbanisme, des centres lotis ou des centres désignés par arrêté du Ministre chargé des finances et qui ne sont pas expressément exemptés.

Il s'y ajoute les terrains occupés par les carrières, mines et tourbières, les étangs, les salines et marais salants.

Précision : Les terrains en cours de construction sont également imposables, si l'achèvement des travaux n'intervient pas la troisième année suivant celle du début des travaux.

III.1.2 - Les personnes assujetties

Les personnes assujetties à la CFPNB sont les propriétaires, les possesseurs ou les simples détenteurs du sol, à quelque titre que ce soit. La CFPNB est due pour l'année entière à raison des faits existant au 1er janvier

Précision 1 : L'ancien propriétaire continue à être imposé au rôle lui, et ses ayant-droits ou ses héritiers naturels, tant que la mutation n'a pas été faite, sauf leur recours contre le nouveau propriétaire.

Précision 2: Les terrains domaniaux faisant l'objet d'une délégation de mise en valeur ne seront imposables, qu'à l'expiration du délai imposé pour leur mise en valeur.

En outre, pour les cas qui suivent, on désigne les personnes :

✓ En cas d'usufruit, la CFPNB est due par l'usufruitier dont le nom doit figurer sur le rôle, à la suite de celui du propriétaire.

✓ En cas de bail emphytéotique, la CFPNB est due par le preneur ou l'emphytéote figurant sur les rôles à la suite de celui du bailleur.

III.2 – Exemptions et exonérations

III.2.1- Exemptions permanentes

Les exemptions la CFPNB sont précisées par l'art 298 CGI qui les énumère.

1- les terrains appartenant à l'Etat et aux communes qui, bien que non affectés à un service public, ne sont pas productifs de revenus, les pépinières et jardins créés par l'Administration ou par les sociétés d'intérêt collectif agricole, dans le but de sélection et d'amélioration des plants ;

2- tous les terrains nus utilisés par les commerçants ou industriels pour l'exploitation normale et rationnelle de leur commerce ou de leur industrie, notamment les terrains nus dépendant de lots déjà bâtis en partie et affectés à un usage de commerce, d'industrie, de mine ou de carrière même si ces terrains sont utilisés de façon non permanente ;

3- les terrains formant dépendances immédiates des immeubles construits en dur et destinés à l'habitation ;

4- les terrains utilisés par les sociétés et associations sportives ou d'éducation physique agréées par le Ministre chargé de la jeunesse et des sports ;

5- les terrains cultivés ou effectivement utilisés au 1er janvier, par les cultivateurs pour la vente et la manipulation des récoltes et foins ou pour l'élevage et l'entretien du bétail ;

6- les terrains servant à l'usage public d'un culte ainsi que les terrains constitués en waqf et gérés par l'autorité chargée de l'administration et de la supervision du waqf;

7- les terrains utilisés par le propriétaire lui-même à usage scolaire ;

8- les terrains constituant des établissements d'assistance médicale ou sociale lorsqu'ils sont utilisés par le propriétaire lui-même.

III.2.1- Exonération temporaire

L'exonération temporaire prévue, est amenée par l'article 299 CGI, elle profite aux entreprises minières et pétrolières. Cette exonération s'applique dans les mêmes conditions et garanties prévues en matière de CFPB.

III.3 - Liquidation et paiement de la CFPNB

La CFPNB est liquidée au taux de 5 % sur la valeur vénale au 1er janvier de l'année d'imposition.

Cette valeur vénale est déterminée par la méthode cadastrale ou sur la base des actes translatifs des propriétés imposables ayant moins de 3 ans de date.

Si par ailleurs, un terrain non bâti n'a pas fait l'objet de mutation depuis plus de trois ans, la valeur vénale sera déterminée par comparaison avec celle d'autres terrains de même consistance, sis dans la même localité, et dont la valeur vénale résultera d'actes translatifs de moins de trois ans de date.

IV/ SURTAXE SUR LES TERRAINS NON BATIS OU INSUFFISAMMENT BATIS

IV.1 – Etendue de la surtaxe

En plus de la CFPB et la CFPNB, il est établi dans les communes de la région de Dakar et celles des chefs-lieux de région, une surtaxe sur les terrains non bâtis ou insuffisamment bâtis.

Par terrain insuffisamment bâti, on entend, celui pour lequel la valeur vénale des constructions qui y sont édifiées, est inférieure à sa propre valeur vénale.

IV.2 – Les exemptions

Les exemptions à la surtaxe précisées par l'article 306 CGI qui les énumère.

1- les terrains faisant l'objet d'une interdiction générale absolue de construire résultant, par application des textes réglementaires, de leur situation topographique, et ceux qui font l'objet d'une interdiction temporaire ou conditionnelle résultant d'une précision particulière des autorités locales ne provenant pas du fait du propriétaire.

2- les terrains dont le propriétaire se trouve privé temporairement de la jouissance, par suite d'une situation de fait indépendante de sa volonté.

Cette exonération s'applique également aux terrains constitués en waqf et gérés par l'autorité chargée de l'administration et de la supervision du waqf.

La valeur vénale de ces terrains entre néanmoins en ligne de compte pour la détermination du taux de la surtaxe pour les terrains qui y sont assujettis.

3- les biens exonérés de la CFPNB en vertu des dispositions à l'exonération temporaire prévue à l'article 299 CGI, le sont également en matière de surtaxe des terrains non bâtis ou insuffisamment bâtis.

IV.3 - Liquidation de la surtaxe

IV.3.1 – Détermination de la cote unique

La surtaxe est liquidée sur la base d'une cote unique pour l'ensemble des propriétés non bâties ou insuffisamment bâties au nom du redevable de la contribution foncière.

La cote unique varie à raison des propriétaires personnes physiques ou sociétés

IV.3.1.1 - La cote unique des personnes physiques

La cote unique pour le redevable personne physique s'étend sur l'ensemble des propriétés non bâties ou insuffisamment bâties pour lesquelles le redevable est assujetti à ladite contribution dans chaque localité, tant en son nom personnel qu'au nom de ses enfants non émancipés, et pour la part dont il est propriétaire dans toute indivision ou participation à quelque titre que ce soit.

IV.3.1.2 - La cote unique des personnes morales

En ce qui concerne les sociétés, la cote unique comprend, outre les propriétés leur appartenant en propre, celles appartenant à des filiales ou à des entreprises dans lesquelles les sociétés en cause sont participantes pour au moins 30% à quelque titre que ce soit, et pour la part correspondant à leur participation dans le capital desdites filiales ou entreprises, sous déduction, en ce qui concerne les sociétés à responsabilité limitée, de la part déjà imposée au nom d'un gérant.

IV.3.2 – les taux de la surtaxe

Les taux sont déterminés en fonction du total des valeurs vénales des terrains non bâtis ou insuffisamment bâtis, imposables ou exonérés, sis dans une même localité. Les taux sont progressifs en fonction des valeurs vénales des terrains.

Le tableau qui suit établit les taux applicables aux valeurs vénales des terrains non bâtis ou insuffisamment bâtis des communes situées dans les 14 régions du Sénégal

Communes des régions	Total des valeurs vénales des terrains non bâtis	Taux
Dakar	Fraction comprise entre 1 000 000 et 10 000 000F Fraction comprise entre 10 000 001 et 20 000 000F Fraction excédant 20 000 000F.	1% 2% 3%
Saint-Louis	Fraction comprise entre 1 000 000 et 4 000 000F Fraction comprise entre 4 000 001 et 10 000 000F Fraction excédant 10 000 000F.	1% 2% 3%
Diourbel, Kaolack, Louga, Thiès et Ziguinchor	Fraction comprise entre 1 000 000 et 3 000 000F Fraction comprise entre 3 000 001 et 5 000 000F Fraction excédant 5 000 000F.	1 % 2% 3%
Fatick, Kolda, Tambacounda, Matam, Sédhiou, Kédougou et Kaffrine	Fraction comprise entre 500 000 et 2 000 000F Fraction comprise entre 2 000 001 et 4 000 000F Fraction excédant 4 000 000F.	1 % 2% 3%

Application 33

Cas de Samba Sùf

Samba Sùf, un exploitant agricole a acquis un terrain par acte de délibération adopté par le Sous-préfet et le Président du Conseil Rural de Sangalkam. Samba souhaite transformer l'acte de délibération en bail emphytéotique pour s'assurer d'une jouissance pérenne du terrain.

Travail à faire :

1/ Expliquer s'il est possible de transformer un acte de délibération en bail.
2/ Déterminer la procédure de transformation de l'acte en bail.

Application 34

Cas Petit Vieux

Petit Vieux est titulaire d'un bail emphytéotique sur une parcelle de terrain. Dans quelle mesure pourrait-il se procurer un titre foncier ?

SOLUTIONS

Application 33

Cas de Samba Sùf

1- L'acte de délibération adopté par les autorités représentant l'Etat et les collectivités locales peut bien être transformé en bail emphytéotique sur demande de régularisation par voie de bail.

2- La demande de régularisation par voie de bail doit être adressée au Receveur des Domaines de la localité où se trouve le terrain.

La présente demande doit être accompagnée des pièces qui suivent :

- la copie conforme de l'acte de délibération ;
- la copie de la pièce nationale d'identité (pour les personnes physiques) ou des statuts (pour les personnes morales) ;
- l'extrait du plan cadastral délivré ou visé par les services compétents du Cadastre.

Le dossier accepté par la Commission de Contrôle des Operations Domaniales (CCOD) fera l'objet d'instruction à l'issue de laquelle le terrain doit d'abord être immatriculé.

C'est après l'acte d'immatriculation que le dit terrain fera l'objet de bail au profit de Samba Sùf par l'Etat du Sénégal.

Application 34

Cas Petit Vieux

Pour transformer son bail emphytéotique en titre foncier, Petit Vieux est tenu d'abord du respect des clauses du contrat du bail. Il doit apporter la preuve de la mise en valeur du terrain et être en règle aux paiements des redevances dues.

Le dossier de demande de transformation doit être adressé au Receveur des Domaines dans le ressort duquel se situe la parcelle de terrain. Le dossier est constitué des pièces qui suivent :

- une demande de cession définitive ;
- une copie du contrat de bail ;
- la dernière quittance de paiement des redevances.

A la suite de l'instruction du dossier, un procès-verbal est établit par le Cadastre qui permet de constater la mise en valeur du terrain et d'indiquer le prix de cession du terrain.

Après acceptation de la Commission de contrôle des opérations domaniales (CCOD), le contrat de vente fera l'objet d'approbation par le Ministre chargé des Finances. Petit Vieux pourra même payer le prix de cession en trois annuités à la caisse du Receveur.

Précision : Le titre foncier obtenu à la suite de la transformation d'un bail ne peut faire l'objet de cession que dans un délai de 5 ans au moins en application de la clause d'inaliénabilité.

25

AUTRES TAXES LOCALES

Nombreuses sont les taxes prélevées par les collectivités locales pour couvrir leurs charges de fonctionnement et d'investissement. Il s'y ajoute aussi l'affectation de dépenses au profit des populations pour la couverture quasi intégrale des structures sociales, sanitaires et culturelles.

L'affectation des recettes fiscales aux dépenses locales consacre la notion de contrepartie des cotisations d'impôt. Ainsi l'élément clé qui différencie l'impôt de la taxe est la contrepartie directe qui sépare ces deux notions.

La classification des taxes n'est pas d'ordre fiscal mais opérationnel ou technique selon les sources de prélèvements.

I/ TAXES LOCALES D'ADMINISTRATION ET DE GESTION

I.1 - Taxe rurale

I.1.1 - Etendue

La taxe rurale (TR) est établie par la loi 72-59 du 12 juin 1972 modifiée. Avant, la TR était une taxe régionale instituée par l'ordonnance 60-50-MF du 14 novembre 1960 en remplacement de l'ancienne taxe de cercle. La taxe rurale est annuelle, elle frappe tout résident de la communauté rurale âgé de plus de 14 ans et de moins de 70 ans.

L'établissement de la TR distingue deux types de contribuables selon les cas qui suivent.

✓ Lorsque, le contribuable est assujetti à l'impôt minimum fiscal, le montant de la taxe est inscrit sur le rôle nominatif d'impôt au nom du chef de famille suivant le nombre de membres assujettis à la contribution. Le redevable est le chef de famille.

✓ Lorsque, le contribuable n'est pas assujetti à l'impôt minimum fiscal, la TR est établi par village au nom du chef de village. Celui-ci en devient redevable. Dans les rôles, sont mentionnés le nom du chef de village, le nombre de contribuables et le montant total de la contribution.

La TR possédait l'un des taux de recouvrement les plus élevés, malgré les oppositions et ripostes enregistrées dans certains villages constituant des communautés rurales. Ce succès est en partie dû aux rapports sociaux très étroits et au rendement de système d'impôt d'intermédiation. Car le redevable trouve toujours intérêt à collecter l'impôt dû par le contribuable.

I.1.2 - Tarification

L'assiette de la TR peut être déterminée sur la base des données démographiques, des rôles d'impôts, ou à partir des recensements à caractère administratifs effectués par les services de la sous-préfecture en collaboration avec les chefs de village.

Le taux de la TR est établi entre 500 et 1 000 francs. Il est fixé par délibération du Conseil Rural

I.2 – Taxe sur la publicité

I.2.1 - Etendue

La taxe sur la publicité (TSP) est due par l'exploitant du dispositif publicitaire, le propriétaire ou celui dans l'intérêt duquel le dispositif a été réalisé. C'est une taxe qui frappe tous bénéficiaires de publicité ou entreprises prestataires de publicité faite à l'aide de :

- Dispositifs publicitaires, c'est-à-dire tous supports susceptibles de contenir une publicité (affiches, auvents, panneaux lumineux, publicité sonore, réclames....)

- Enseignes, il faut comprendre toute inscription, forme ou image apposée sur un immeuble concernant une activité qui s'y exerce.

- Pré-enseignes qui permettent d'indiquer la proximité d'un immeuble où s'exerce l'activité.

Sont exonérées les publicités faites pour le compte de :

- l'Etat et les communes ;
- les établissements publics,
- les représentants diplomatiques
- certains organismes d'intérêt public.

Précision : L'application de cette taxe sur les dispositifs publicitaires situés sur le territoire d'une commune ou au niveau intercommunal est facultative. Elle doit être décidée par une délibération du Conseil municipal.

I.2.2 – Tarification

Les taux de taxe varient d'une collectivité locale à une autre. En général, la taxe s'applique par m^2 et par an à la superficie utile des supports taxables. C'est-à-dire la surface effectivement utilisable, à l'exclusion de l'encadrement du support.

Pour notre cas précis on prend exemple du Conseil municipal de Dakar.
Il convient de classer les publicités dont les tarifications sont annuelles, mensuelles ou journalières.

I.2.2.1 – Tarifications annuelles

On distingue d'après la délibération du Conseil municipal de la ville de Dakar du 9 décembre 2003, les taxes et redevances annuelles sur les mobiliers urbains.

I.2.2.1.1 – Taux annuels par mètre carré

- Les taux fixés à 20 000F par m^2 ou fraction de m^2 portent sur les enseignes lumineuses et les auvents.

- Les taux supérieurs à 20 000F par m² ou fraction de m² s'appliquent aux véhicules publicitaires et les façades vitrées.

I.2.2.1.2 – Redevances annuelles

Le paiement de la redevance annuelle est notifié par la Division des Recettes. Son paiement entraine la délivrance d'une vignette qui sera apposée sur l'objet publicitaire taxable et d'un reçu de paiement.

Les redevances annuelles s'appliquent aux dispositifs publicitaires qui suivent :

- les mobiliers urbains d'indication directionnel ou pour autres fins ;
- les chariots publicitaires ;
- les panneaux publicitaires quelle que soit leurs dimensions.

Les redevances annuelles varient de 50 000F à 500 000F

I.2.2.2 – Taux mensuels par mètre carré

Les taux mensuels s'appliquent en général sur les panneaux lumineux pour une campagne publicitaire en réseau par m² et par mois.

I.2.2.3 – Taux journaliers

Les taux journaliers sont payables d'avance et portent sur la publicité sonore. Celle-ci, compte tenu des externalités qu'elle produit est surtaxée à 25 000F par jour au lieu de 4 000F avant la dite délibération.

I.2.3 - Obligations déclaratives

La TSP est payable sur la base d'une déclaration annuelle (pour la tarification annuelle) effectuée avant le 31 mars de l'année d'imposition pour les dispositifs existants au 1er janvier aux différentes recettes de perception municipale.

Une déclaration datée et signée est souscrite par le bénéficiaire de la publicité ou par l'entreprise prestataire à la Division des recettes.

Cette déclaration comprend :

- la nature et le texte du dispositif.
- l'identité du bénéficiaire et éventuellement l'entreprise de publicité.
- la surface imposable du dispositif.
- la désignation précise de l'emplacement de chaque dispositif.
- le numéro minéralogique des véhicules.

I.3 – Droits de timbre sur l'expédition des actes d'état civil et actes administratifs

I.3.1 - Etendue

Il s'agit des droits de timbre réclamés aux citoyens nés ou résidents dans une localité et sollicitant l'obtention d'un acte d'état civil ou d'un acte administratif. On peut entendre les actes délivrés par les officiers d'état civil.

Parmi les actes soumis au droit de timbre, on cite :

- l'extrait du registre des actes de naissance ;
- le bulletin de naissance ;
- le certificat de vie collectif ;
- le livret de famille ;
- le certificat d'individualité ;
- le certificat de mariage constaté ;
- le certificat de célibat ;
- le certificat de résidence ;

I.3.2 - Tarification

Les tarifs des droits de timbre pour les actes d'état civil et actes administratifs sont fixés par délibération du Conseil municipal ou du Conseil rural.

On distingue les tarifs pour les communes et ceux des communautés rurales

I.3.2.1 – Droits de timbre des communes

Les taux applicables varient de 200 à 500 francs CFA. Les frais de législation sont fixés à 100 francs CFA

I.3.2.2 – Droits de timbre des communautés rurales

Les taux applicables varient de 75 à 150 francs CFA. Les frais de législation sont fixés à 50 francs CFA

I.4 – Redevance sur les consommations d'électricité

C'est la taxe la plus controversée du point de vue de son allocation. La taxe communale (TCO) est composée à ses origines d'un impôt d'Etat lié à la redevance sur les téléviseurs et d'un impôt local imputable à une redevance sur l'éclairage publique. Cette double répartition ne semble pas poser problème si la clé de répartition est bien définie.

Il convient de préciser que les redevables de cette redevance sont les concessionnaires d'électricité à la charge du consommateur.

II/ TAXES LOCALES RELATIVES AUX PROPRIETES FONCIERES

II.1 – Taxe d'enlèvement des ordures ménagères (TEOM)

II.1.1 - Etendue

La TEOM frappe toutes les propriétés bâties : maisons, fabriques, usines, manufactures y compris les immeubles exemptés à la CFPB et appartenant à l'Etat, les établissements publics.

Les redevables de la TEOM sont établis ainsi qu'il suit

- La TEOM est établie au nom du propriétaire ou usufruitier de l'immeuble, mais elle est exigible contre eux et les locataires principaux.

- Pour les agents de l'Etat logés dans des bâtiments publics ou dans des bâtiments loués par l'Etat, la TEOM est enrôlée et exigible au nom de ces agents.

Sont exemptés de la TEOM :

- Les propriétés précédemment citées qui sont situées dans les communes ou les parties de communes où ne fonctionne pas le service d'enlèvement des ordures ménagères.

- Les immeubles bâtis à usage militaire, médical, culturel et d'enseignement.

II.1.2 - Assiette et liquidation

La TEOM est émise par voie de rôle nominatif. Sa base est assise sur la valeur locative annuelle au 1er janvier de l'année d'imposition après abattement de :

- 50% pour les usines.
- 40% pour les immeubles autres que des usines.

Le taux maximum applicable à TEOM est fixé à :

- 6% pour la commune de Dakar. Compte tenu de l'abattement de 40% sur les immeubles, le taux est 6 (1-40%) = 6 x 0,6 = 3,6. On retient alors un taux de 3,6% pour les immeubles autres que les usines, et 3% pour les usines.

- 5% pour les autres communes du Sénégal.

Précision : En cas de vacance d'immeuble d'une durée supérieure à 6 mois consécutifs, une remise ou modération de la taxe peut être obtenue sur demande.

II.2 – Les droits d'alignement et frais de bornage

II.2.1 - Etendue

Les droits d'alignement et frais de bornage sont dus par les personnes physiques ou morales attributaires de parcelle de terrain sur le territoire des collectivités locales. Ces droits sont payés à la suite de l'attribution par délibération adoptée par les représentants des autorités locales et préfectorales.

II.2.2 - Tarification

Les tarifs applicables aux droits d'alignement et frais de bornages sont définis par délibération des autorités locales en fonction des disponibilités foncières.

II.3 – Taxe sur les permis de construire

Avec la loi 96-07 du 22 mars 1996 portant transfert de compétences, les communes et communautés rurales étaient habilitées à délivrer des permis de construire, après instruction des demandes par les services compétents du Ministère chargé de l'Urbanisme et de l'Habitat.

La taxe sur les permis de construire est due par les personnes physiques et morales bénéficiaires d'une autorisation de construire délivrée par les autorités locales.

III/ TAXES SUR LES ACTIVITES DE PETIT COMMERCE

III.1 – Droits de location des restaurants, boucheries et cantines

III.1.1 - Etendue

Elle vise les taxes perçues sur les locations des cantines, restaurants, gargotes, souks, boucheries et kiosques. La taxe frappe toutes personnes physiques ou morales qui occupent le domaine privé ou public de la commune pour l'exploitation de petit commerce. Les espaces concernés sont les marchés, les gares routières, les halles…

Par petit commerce on entend les exploitations tenues par les restaurateurs, tailleurs, coiffeurs, cordonniers, et autres métiers assimilés aux entreprises artisanales caractérisées par l'absence de progrès technique.

III.1.2 - Tarification

Les tarifs applicables aux activités de petit commerce sont définis par délibération des autorités locales. La taxation est en général journalière et varie souvent de 100 à 300 francs matérialisée par des tickets de perception

III.2 – Taxe sur les places de vente d'animaux

III.2.1 - Etendue

Cette taxe est en général perçue à l'occasion des marchés hebdomadaires ou d'aménagement temporaire de parc à bestiaux. La taxe frappe toutes personnes physiques ou morales qui occupent le domaine privé ou public de la commune pour la vente d'animaux. Il faut entendre en général le bétail vendu dans les foirails à l'occasion des fêtes religieuses.

III.2.2 - Tarification

La taxation est journalière et ne couvre que les jours d'exercice effectif de la vente. Les taux de taxes sont fixés par espèces d'animal et par tête de bétail.

IV/ DROITS SUR LES OCCUPATIONS DU DOMAINE PUBLIC

IV.1 - Droits d'occupation du domaine public

IV.1.1 - Etendue

A la différence des droits de location des restaurants, cantines et boucheries, les droits d'occupation du domaine public porte sur des espaces occupés de façon temporaire ou permanente par des exploitants commerciaux, artisanaux ou agricoles.

Les espaces ciblées par les droits d'occupation du domaine public sont :

- les chantiers débordant temporairement sur le trottoir ou sur la chaussé ;
- les wagons, kiosques ou buvettes autorisés à occuper la voie publique ;
- les extensions des restaurants, boutiques et stations-services sur la voie publique.

IV.1.2 - Tarification

La tarification s'assimile plus à une pénalité qu'une taxe. Le taux de taxe est en général journalier et s'applique par m^2 ou fraction de m^2.

IV.2 - Droits de stationnement et d'exploitation de parcs de stationnement

IV.2.1 - Etendue

Les droits de stationnement et d'exploitation de parcs de stationnement s'appliquent aux propriétaires de véhicules, ou aux concessionnaires de parcs de stationnement qui occupent sur autorisation municipale une partie du domaine public à des fins de stationnement.

L'autorisation d'occuper le domaine public se traduit par un droit de jouissance à caractère privé. C'est ce droit de jouissance privative qui confère au redevable l'autorisation de fixer des panneaux d'interdiction de stationnement ou de stationnement privé portant la mention des références de l'autorisation municipale.

Les espaces concernés aux dits droits sont :

- les parkings et espaces de stationnement privés
- les accotements délimités par des panneaux de signalisation

Les parcs de stationnement occupés par l'Etat, les collectivités locales et les représentations diplomatiques sont exemptés du paiement des dits droits.

IV.2.2 - Tarification

La tarification est mensuelle, elle s'applique par m^2 ou fraction de m^2.

Précis de Fiscalité des Affaires
Mamadou Ngom

ACRONYMES ET ABREVIATIONS

ANC : Actif Net Corrigé
A&P : Amortissements et Provisions
ARD : Amortissements Réputés Différés
ASAL : Association Sénégalaise d'Assistance aux Lépreux
ATD : Avis à Tiers Détenteur
AVN : Avantage en Nature

BA : Bénéfices des exploitations Agricoles
BCEAO : Banque Centrale des Etats de l'Afrique de l'Ouest
BEPS : Bases Erosion and Profit Shifting ou « Érosion des bases imposable et transfert de bénéfice »
BF : Bénéfice Fiscal
BHS : Banque de l'Habitat du Sénégal
BI : Base Imposable
BIC : Bénéfices Industriels et Commerciaux
BNC : Bénéfices des professions Non Commerciales
BTP : Bâtiments, Travaux Publics

CA : Chiffre d'Affaires
CAF : Coût-Assurances-Fret
CAHT: Chiffre d'Affaires Hors Taxe
CC : Coefficient de Correction
CCOD : Commission de Contrôle des Opérations Domaniales
CEDEAO: Communauté Economique des Etats de l'Afrique de l'Ouest
CEL : Contribution Economique Locale
CFA : Communauté Financière Africaine
CFCE : Contribution Forfaitaire à la Charge des Employeurs
CFPB: Contribution Foncière des Propriétés Bâties
CFPNB : Contribution Foncière des Propriétés Non Bâties
CGA : Centre de Gestion Agrée
CGF : Contribution Globale Foncière
CGI: Code Général des Impôts au Sénégal
CGU : Contribution Globale Unique
CL/P : Charges supportées par le Locataire et incombant au Propriétaire
CM : Conseil des Ministres
CNCAS : Caisse Nationale de Crédit Agricole du Sénégal

CODETE : Contribution au Développement du service universel des Télécommunications et du secteur de l'Energie
COFI : Code Fiscal
COSEC : Conseil Sénégalais des Chargeurs
CPC : Commission Paritaire de Conciliation
CP/L : Charges supportées par le Propriétaire et incombant au Locataire
CSE : Commission Spéciale en matière d'Enregistrement
CST : Contribution Spéciale du secteur des Télécoms
CUMP : Coût Unitaire Moyen Pondéré
CV : Cheval fiscal ou Cheval

DA : Droit d'Accises
DAM : Droit d'Apport Majoré
DAO : Droit d'Apport Ordinaire
DAP : Dépense d'Amélioration Permanente
DD : Droits de Douane
DE : Droits d'Enregistrement
DEC: Déduction Extra Comptable
DGID : Direction Générale des Impôts et des Domaines
DOR : Déficit Ordinaire à Reporter
DPG : Droit Progressif
DPP : Droit Proportionnel

EFE : Entreprise Franche d'Exportation
EPIC : Etablissement Public à caractère Industriel et Commercial
ESFP : Examen contradictoire de la Situation Fiscale Personnelle

FB : Foncier bâti
FF : Frais Forfaitaires
FIFO: First In First Out
FNAS : Fondation Nationale d'Action Sociale
FNB : Foncier non bâti

GIE : Groupement d'intérêt Economique

HAO : Hors Activités Ordinaires

IGR : Impôt Général sur les Revenus
IMF : Impôt Minimum Forfaitaire
IR : Impôt sur le Revenu

IRPP : Impôt sur le Revenu des Personnes Physiques
IRVM : Impôt sur le revenu des valeurs mobilières
IS : Impôts sur les Sociétés

JORS : Journal Officiel de la République du Sénégal
KANR : Capital Appelé Non Remboursé.

LB : Loyer Brut
LBC : Loyer Brut Corrigé

MEF : Ministère de l'Economie et des Finances
MEFP : Ministère de l'Economie des Finances et du Plan
MHT : Montant Hors Taxe
MTTC : Montant Toutes Taxes Comprises

NICAD : Numéro d'Identification Cadastral
NINEA : Numéro d'Identification Nationale des Entreprises et Association

OCDE : Organisation pour la Coopération et de Développement Economiques
OHADA : Organisation pour l'Harmonisation en Afrique du Droit des Affaires

PC : Prix de Cession ou prix d'aliénation
PCA : Prélèvement sur les Compagnies d'Assurance
PCS : Prélèvement Communautaire de Solidarité
PEPS : Première Entrée Première Sortie
PLV : Plus-Value ;
PR : Prix de revient ou prix d'acquisition ou valeur d'acquisition

RAS : Retenue A la Source
RB : Revenu Brut
RBC : Revenu Brut Corrigé
RBI : Revenu Brut Imposable
RC : Résultat Comptable
REC : Réintégration Extra Comptable
RFI : Revenu Foncier Imposable
RF : Résultat Fiscal
RI : Revenu Imposable
RS : Redevance
RUTEL : Redevance sur l'utilisation des télécoms

SA : Société Anonyme
SARL : Société A Responsabilité Limitée
SBI : Salaire Brut Imposable
SIGTAS : Standard Integrated Government Tax Administration System
SMIC : Salaire Minimum Interprofessionnel de Croissance
SNC : Société en Nom Collectif
SN- HLM: Société Nationale – Habitats à Loyers Modérés
SURL : Société Unipersonnelle à Responsabilité Limitée
SYSCOA : Système Comptable Ouest Africain
SYSCOHADA : Système Comptable OHADA

TAF : Taxe sur les Activités Financières
TAFIRE : Tableau de Financement des Ressources et Emplois
TCA : Taxe sur le Chiffre d'Affaires
TE : Taxe d'Egalisation
TEC : Tarif Extérieur Commun
TOB : Taxe sur les Operations Bancaires
TEOM : Taxe d'Enlèvement des Ordures Ménagère
TP : Titre de Perception
TPS : Taxe sur les Prestations de Services
TR : Taxe Rurale
TRIMF : Taxe Représentative de l'Impôt du Minimum Fiscal
TSP : Taxe Sur Publicité
TTC : Toutes Taxes Comprises ou tout droits et taxes compris
TVA : Taxe sur la Valeur Ajoutée

UEMOA : Union Economique et Monétaire Ouest Africain
UNAS : Union National des Aveugles du Sénégal

VAC : Valeur d'Acquisition
VNC : Valeur Nette Comptable
VRS : Versements des Retenues à la Source
VVR : Valeur Vénale Réelle

BIBLIOGRAPHIE

Ouvrages

- ALLAIS Maurice, L'impôt sur le capital et la réforme monétaire, Editions Hermann, 1977
- ARDAN G., Histoire de l'impôt, Livre 1, Fayard, 1971
- BA E. H. D., Droit fiscal, L'Harmattan 2016
- BAZIADOLY S., Systèmes fiscaux comparés, Ellipses, 2012
- BRASSEUL J., Histoire des faits économiques et sociaux Tome1, Armand Colin, 2003
- BRUNEAU P., DESBUQUOIS, J.F., GENTILHOMME R., LAVIELLE P., MERCIER J-Y., MONASSIER B., POILPRE F., et TUROT J., Les intox fiscales, Editions Francis Lefebvre 2019
- CISS O. A., Traité pratique de la fiscalité sénégalaise, 2003, Editions comptables et juridiques, 2003
- COLIN P., GERVAISE G. et ROSSETTI M., Fiscalité et entreprise, Vuibert, 1994
- COLIN P., GERVAISE G. et ROSSETTI M., Les bases de la fiscalité, Vuibert, 1996
- COLLETE C., Fiscalité des entreprises en France et en Europe, 2ème Ed Ellipses 2004.
- COZIAN M. et DEBOISSY F., Précis de fiscalité des entreprises, Litec, 2010/2011
- COZIAN M. et CHADEFAUX M., Exercices de fiscalité des entreprises, 2010/2011
- DIOP M., Finances publiques sénégalaises, Clairafrique, 2011
- DISLE E. et SARAF J., Droit fiscal, Dunod, 2012/2013
- DRIE J-C., le contrôle fiscal raconté aux dirigeants et à leurs conseils, 3ème Ed, LexisNexis, 2014
- DUVERGER M., Finances Publiques, Presses universitaires de France, 1975
- FABRO M-H. P., Audit fiscal, Editions Francis Lefebvre 2008
- FALL H., La fiscalité dans tous ses états, L'Harmattan, 2019
- FAYE A., Cours de droits d'enregistrement, timbres et taxes assimilées, ESP-UCAD, 2008

- FERRIE, J., Inventaire critique de la fiscalité sénégalaise en vue de sa modernisation, Editions ENA, 1999
- CHAMBAS G., Fiscalité et développement en Afrique subsaharienne, Economica, 1994
- GASTINEAU P., Le régime fiscal des fusions de sociétés et des opérations assimilées, Litec 1980
- GORE F. et JADAUD B., Droit fiscal des affaires, Dalloz, 1980
- GOVOEI B. D., Précis de comptabilité générale, Etudis Abidjan-Cotonou, 2006/2007
- GUEYE M., Pratique de la comptabilité générale, Sycohada Révisé, 2019
- LAMARQUE J., NEGRIN O., et AYRAULT, Droit fiscal général , Litec, 2009
- LAMY FISCAL Tome 1, Editions Lamy 2004
- LAMY FISCAL Tome 2, Editions Lamy 2004
- MANCABOU A. C., Gestion fiscale et comptable de l'entreprise, L'Harmattan, 2013
- MEHL L. et BELTRAME P., Science et techniques fiscales, PUF, 1984
- MOREL G. et ECOCHARD D., Fiscalité, placements et réductions d'impôt, Revue Banque, 2017
- NDIAYE M. D., et DIEYE M., La pratique fiscale sénégalaise, PF 2016
- NDIONE A., Le dédouanement des marchandises Tome 1, P I. St Paul
- NDIONE M., Le référentiel pratique du contribuable, Tome 2, 2017
- NGOM M, Précis de fiscalité sénégalaise, 2éme édition, Presses universitaires du Sahel, 2011
- PARRAT F., Fiscalité pratique, Vuibert, 2004
- SAOUDI M., L'essentiel des finances publiques, Ellipses, 2017
- SERLOOTEN P., Droits fiscal des affaires, Dalloz, 2008
- SY E. H. M., Pour un nouveau modèle économique, Seneconsult, 2010
- TAM N. C., Finances publiques sénégalaises, L'Harmattan 2015
- VIZZAVONA P, Gestion financière, Atol, 1992
- WALTER R., Fiches de droit fiscal international, Ellipses 2005

Textes communautaires UEMOA

- Directive n° 02/2011/CM/UEMOA portant harmonisation de la fiscalité applicable aux entreprises d'investissement à capital fixe au sein de l'UEMOA ;

- Directive n° 02/2010/CM/UEMOA portant harmonisation de la fiscalité applicable aux valeurs mobilières dans les Etats membres de l'UEMOA ;

- Directive no°07/2009/CM/UEMOA portant règlement général sur la comptabilité publique au sein de l'UEMOA

- Directive n°06/2009/CM/UEMOA portant lois de finances au sein de l'UEMOA l'UEMOA.

- Directive n° 03/2009/CM/UEMOA portant modification de la directive n°03/98/CM/UEMOA ;

- Directive n° 03/98/CM/UEMOA portant harmonisation des législations des Etats membres en matière de droits d'accises ;

- Directive n° 02/2009/CM/UEMOA portant modification de la directive n°02/98/CM/UEMOA ;

- Directive n° 02/98/CM/UEMOA portant harmonisation des législations des Etats membres en matière de TVA ;

- Directive n° 06/2002/CM/UEMOA portant détermination de la liste commune des médicaments, produits pharmaceutiques, matériels et produits spécialisés pour les activités médicales exonérées de TVA au sein de l'UEMOA ;

- Directive n°01/2009/CM/UEMOA portant code de transparence dans la gestion des finances publiques au sein de l'UEMOA

- Directive *n°08/*2008*/CM/*UEMOA *portant harmonisation des taux de l'impôt* assis sur les bénéfices des personnes morales dans les Etats membres de l'UEMOA *;*

- Directive n° 01/2008/CM/UEMOA portant harmonisation des modalités de détermination du résultat imposable des personnes morales au sein de l'UEMOA ;

- Directive n° 07/2001/CM/UEMOA portant régime harmonisé de l'acompte sur impôt assis sur les bénéfices au sein de l'UEMOA ;

- Règlement n° 08/2008/CM/UEMOA portant adoption des règles visant à éviter la double imposition au sein de l'UEMOA et des règles d'assistance fiscale

Lois internes

- Loi 2012-31 du 31 décembre 2012 modifiée, portant Code General des impôts
- Loi 92-40 du 09 juillet 1992 modifié portant Code General des impôts
- Loi 2012-32 du 31 décembre 2012 modifiant diverses dispositions législatives relatives aux régimes fiscaux particuliers.
- Loi 2004-06 du 6 février 2004 portant Code des investissements
- Loi 91-31 du 13 avril 1991 instituant les points francs
- Loi 96-07 du 22 mars 1996 portant transfert de compétences aux régions, aux communes et aux communautés rurales
- Loi 2019-03 du 1er février 2019 portant Code pétrolier
- Loi 2016-32 du 08 novembre 2016 p- ortant code minier
- Loi 2014-10 du 28 février 2014 portant code des douanes
- Loi 2013-10 du 28 décembre 2013 portant Code général des Collectivités locales

Textes internationaux

- Convention fiscale entre le Sénégal et la France
- Acte uniforme relatif au droit comptable et à l'information financière
- Acte uniforme portant organisation des procédures collectives d'apurement du passif
- Acte uniforme portant organisation et harmonisation des comptabilités des entreprises
- Acte uniforme révisé relatif au droit des sociétés commerciales et du groupement d'intérêt économique

TABLE DES MATIERES

www.ingramcontent.com/pod-product-compliance
Lightning Source LLC
LaVergne TN
LVHW082205051026
849532LV00012B/3681
* 9 7 8 2 8 4 5 2 4 0 3 6 0 *